沖縄空手道の真髄

THE ELUCIDATION OF PINANN OR HEIAN:
The Explanation of Okinawan Karate Kata as a Method of Martial Arts

秘伝の奥義「平安の形」の検証

新垣清
Kiyoshi Arakaki

原書房

沖縄空手道の真髄——秘伝の奥義「平安の形」の検証◆目次

まえがき

本書は空手と呼ばれる武道において、代表的な形とされる平安（ピンアン）の形の解明を試みたものである。

この平安の形とは、近代化をめざした日本政府下に組み入れられた沖縄県の武道家たちが、みずからの心身思想である武術として伝承された沖縄空手（首里手）を、社会の不易《ふえき》の部分への導入をめざし、近代化の中で生き残らせるために辛苦して創作し、伝承させたものである。そして正直に記せば古伝の沖縄空手（首里手）の形を参照にして、近代に入って児童・生徒のために創作されたものであるとされたために、軽視された面もある形である。

この平安の形は五つあり、西欧諸国の圧力に屈せず自主独立をめざし、近代化に邁進した当時の日本、沖縄の社会的背景から、数多くのバージョンが生まれてきた。そのために同じ平安と呼ばれる形でも流会派、あるいは演じる個人の違いによってまったく異なった形となってしまっている。これは前記したように近代化によって日本古来の心身文化を喪失したために、後世の平安を修行・伝承してきた空手修行者がその意味することを、まったくといってよいほどに理解できなかったからである。

武術の業《わざ》の根本的な原理・原則の意味を理解できなかったために、その身体上に現れる技が、各個人の解釈によって体育、レクレーション、あるいは踊り、または芝居や映画などの殺陣《たて》の動きとなってしまったのだ。

沖縄空手（首里手）には、ナイファンチと呼ばれる形がある。この形の含有する心身思想・操作は空手と呼ばれる武道のみならず、人類が到達した至高の心身文化の結晶の一つであるとしても過言ではない。明治の廃藩置県以前の琉球王国ではこのナイファンチの形から修行が始まり、さらにこの形をして修業の究極としていた。筆者はこのナイファンチの形を徹底的に修行・解明するために、自分の人生の一時期を懸けてきた。その鍛錬と研究、すなわち修行の末に行き着いた思いがある。

それは驚愕することだが、前記したように平安の形だけではなく、武術としての沖縄空手（首里手）の原理・原則を学ぶはずのナイファンチの形をはじめとして、他の古伝の形も、われわれ現代の空手家が修行している空手の形や動作とは、まったくといってよいほどに異なるものであるということだ。

それは動作そのものが違うという以上に、心身思想・操作がまるで違っているということである。さらに記せば現代の大部分の武道の心身思想・操作だと思われているものの多くさえもが、その本質をつくことなく、日本社会の近代化に合わせて武道を存続させるための、手段でしかなかったとしてもよいという驚くべき事実である。それは押し迫る西欧の軋轢から、明治維新によって近代化をめざしてきた日本国の国情を思った時に仕方のないことでもあったのだろう。その結果として日本国はみずからの自主独立を保持し、欧米諸国と肩をならべるほどの国力を有することになったのだ。

しかし本質を見失った文化は、かならず破局をまねく。あるいは現象のみを追い求める軽薄さをもってして、みずからの文化の根源としてしまうのだ。それが現在の空手が置かれた現状というだけではなく、二一世紀初頭を迎えた日本社会の現状だとしても極論にはなるまい。

ならば純粋に武術としての沖縄空手（首里手）を習得するためには、日本の心身文化が生み育んだ心身思想・操作のもとで、ナイファンチを理解する以外に、その本質をつかみとることは不可能なのだ。歴史の皮肉として日本国が手本として追いつこうとした西欧文明は、今世紀を迎えてさらにみずからの文化の限界を示しはじめている。ならば今後の日本国の将来とは、みずからを支えていた独自の文化によって己の未来を切り開いていくと同時に、その文化が世界文明に少しでも寄与できるような方法を模索する以外に道はあるまい。筆者が浅才をもかえりみず、ナイファンチの形を徹底的に修行し、その修行の成果で平安の形を解明して本書を記したのは、以上の理由からでもある。

さて現在の空手界においては、この平安の形は数多くの異なるバージョンが存在し、各バージョンにおいて身体操作が異なるのはもちろんのこと、その根源となる心身思想でさえ異なるのではないかと思われるほどの差異が存在すると記した。

なぜ、これほど異なるバージョンの平安の形が生まれてきたのか？　その差異は、どこにあるのか？　さらに、平安の形本来の心身思想・操作とはいかなるものであるのか？　本書はこのような、聞きようによっては至極当然で、あたりまえの質問に答えることを目的として記されたものである。なぜならナイファンチの形と同様にこの平安、そして他の首里手の古伝の形にかんしても、琉球王国が崩壊した後では誰一人として、それらの直截的な疑問に答えることができなかったからだとしても過言ではないからだ。

これも前記した日本の近代化に合わせて、性急にみずからの心身思想・操作を変革しなければならなかった空手のもつ哀しみであり、歴史の要求する非情さとしてもよいだろう。

しかしいかなるカタチにしろ、琉球王国の崩壊と運命をともにして消滅したとしてもなんら不思議はなかったはずの空手は、存続することができた。それは空手のもつ心身思想・操作が人類普遍の根本原理を明確に保持していると同時に、最良の修行方法である形を喪失しなかったからだ。

さらにいえば、空手の形は残ったのではない。幾多の空手家の努力と精進によって後世に残されたのである。そこには未来へ残すための、能動的な関与が必然として存在する。

ならば筆者にその資格があるかの是非は別として、本書は次なる世代に思いを託すために浅才をかえりみずに渾身の思いで記したとしても、ご容赦をいただけるかと思っている。

本書の制作においては、数えきれないほどの方々のお世話になった。心より、お礼申しあげるしだいである。

さらに記せば、筆者の朋友であるフレデリック・ハウシャー博士（Dr. Frederick H. Hausheer）との若い時分にかわした互いの約束を果たせたことは、友垣として望外の幸せといってもよい。

第1章

第1節　空手の歴史

日本国内だけではなく世界的に普及している空手と称される心身文化は、現在は沖縄県と呼ばれる地域にあった琉球王国《りゅうきゅうおうこく》で伝承された素手の武術のことです。

この琉球王国は沖縄本島の南部に位置する、現在は那覇《なは》市に編入されている首里《しゅり》を国都として、最盛期には北は現在は鹿児島県内となっている奄美《あまみ》諸島から、南は先島諸島（宮古諸島・八重山《やえやま》諸島）までをその支配下としていました（図1、2）。しかしこの琉球王国は日本が近代化に向けて明治維新を興した時に解体され、日本政府下に組みこまれて琉球藩、そして現在の沖縄県となっています。

武術として伝承された沖縄空手が修行されていた当時の琉球王国は、日本の鹿児島にあった薩摩藩《さつまはん》の支配下にありながら、王国の形態を維持しつつ明王朝《みんおうちょう》や清王朝《しんおうちょう》時代の中国と国交をむすんでいました。そのために王国内

図１

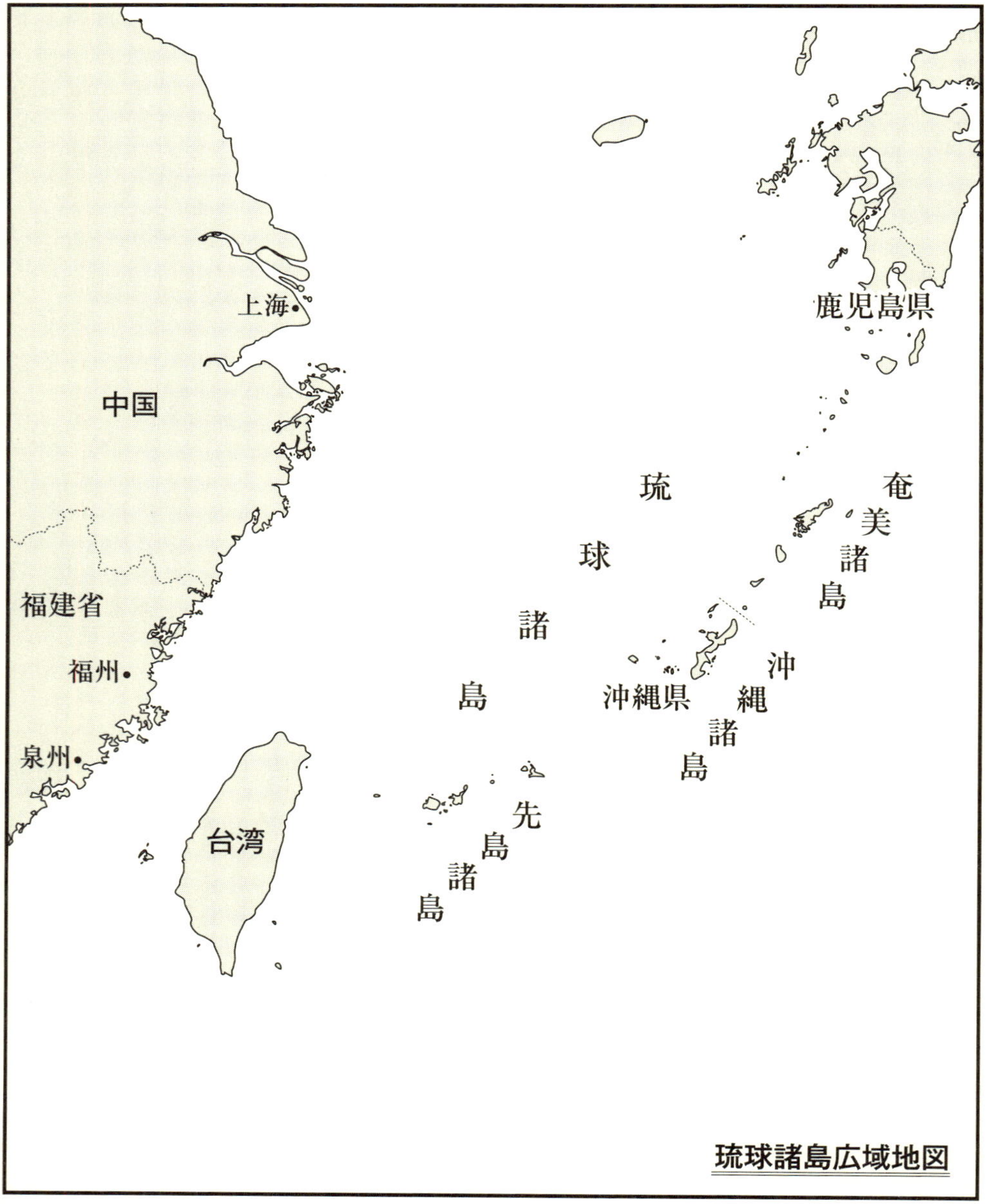

図２

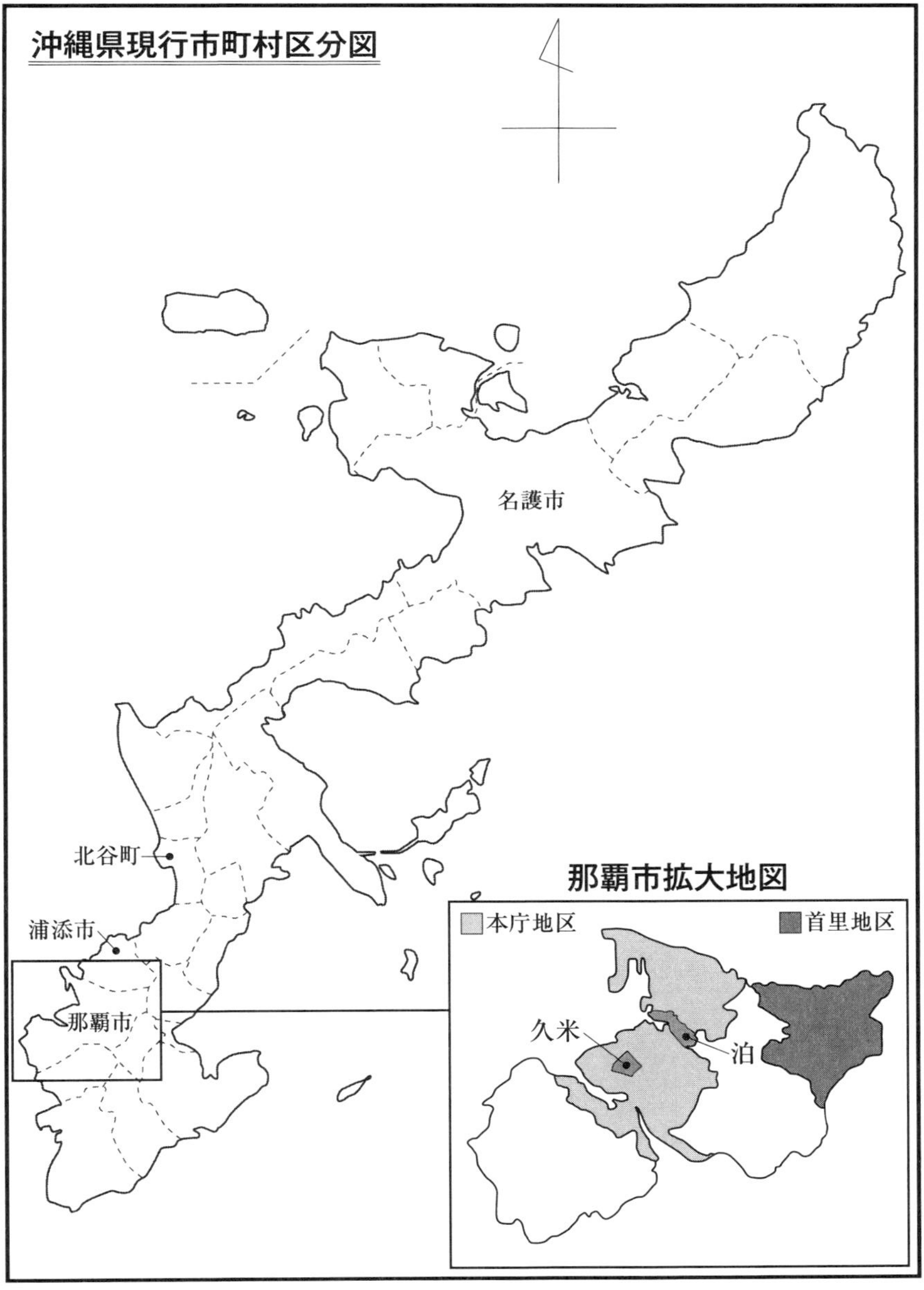

において日本文化と中国文化のふたつが混交した、非常にユニークな文化を発達させることができたのです。

この琉球王国文化の特徴は食事、衣服、礼儀作法、そして言葉などにあらわれています。そして身体文化である、空手もその一つです。

しかし誤解をまねかないために明確にしますが、琉球語あるいは沖縄方言とは日本語の一地方の言葉です。語彙、文法などは、すべて日本語のそれです。さらに薩摩に侵攻された後に沖縄風、あるいは中国風の服装や文化などを強制される前は、琉球王国においては言語はもとより文化・風俗まで、すべて日本のそれだとしても言いすぎにはなりません。武術という心身文化の事柄でも、薩摩侵攻以前には沖縄の武士階級の人間は、大刀を腰にさして闊歩していたのです。日本刀を佩《は》いているのですから、当然のごとく日本剣術やそれにともなう柔術などの心身思想と操作も移入されていました。

しかし一六〇九年に、琉球王国は北方の島津《しまづ》家の薩摩藩に侵攻されてしまい、その占領政策の下で暮らすことを余儀なくされることになります。その占領政策の一つとして琉球王国は自衛の軍をもつことを禁止され、かつ当時の武士のシンボルでもあった刀を差して公けの場に出歩くことを禁止されてしまいます。いわゆる、禁武政策といわれるものです。

この禁武政策が、現代にまで伝わる空手を生み出す原因になったとしても、まちがいではありません。しかしここで注意しておかなければならないのは、歴史を詳細に調べてみると、この禁武とは日本刀などの武器を携帯することを禁止してはいても、自分の屋敷内などで武器術を含む武術の修行の禁止ではなかったのです。

じつはいままでの空手の伝承や歴史に大きな誤解やまちがいが生じたのは、この日本刀を公けの場で帯刀することを禁じられていながら、武術の修行を個人的には大いに行なっていたという矛盾する事柄が、歴史の表に現れにくいために、とり違えて理解されてしまっていた可能性があります。

それらの歴史上の事柄を詳細に説明することは本書の意図ではありませんが、武術を含めた心身文化のすべてにおいて、沖縄とは日本文化の最南端に位置するものだと理解しても極論にはあたらないでしょう。

第２節　空手の発祥

空手はもともとは唐手と漢字表記されていたように、中国の素手の武術のことです。現在の中国で武術《ウーシュウ》や、功夫《クンフー》とよばれる中国武術がその原型にあります。その中国武術の拳法《チュンファ》の套路《とうろ》と呼ばれる攻防の技の集合体が、沖縄空手の形の原型となったものです。

しかし日中混交で独自の文化を生み出した沖縄の人々は、この中国武術をとりいれる時でも日本の武術と混交させました。この日本武術とは、とくに当時の武士たちの修行の主流であった、日本剣術の身体思想とその操作です。

日本剣術の使用する日本刀と、その身体思想と操作は非常にすぐれたものであり、現在においても世界中で大いなる尊敬を集めています。空手のもつ身体思想とその操作が世界において最高位の水準にあるのは、このような幸運といってよいほどに、日本と中国の二つの文化のすぐれた部分をとりいれることのできた場所に沖縄が位置していた利点を、琉球王国時代の首里の武士たちが大いに利用、あるいは活用した結果だといえるでしょう。

琉球王国が日本（薩摩藩）の支配下にあった江戸時代には、薩摩藩に示現流《じげんりゅう》という非常に実践的な剣術がありました。そして琉球王国の武士たちで、示現流の修行で名をなした人間たちも多く存在しました。

琉球王国時代の最高の武道家としてもよい松村宗昆《まつむら・そうこん》先生（一八〇九―一八九九）は、この示現流の雲耀《うんよう》の位まで極めた達人であったという言い伝えが存在します。

さらに琉球王国時代に移入された示現流だけではなく、薩摩藩の琉球侵攻以前にも、おそくとも日本本土の平安時代に勃興した武士階級の習得した武術が、延々と多重的に沖縄に移入されていました。ですから前記したように行儀作法をも含む、身体操作などの文化的な背景は日本の一地方のそれなのです。そのために沖縄の首里の王城を護る士族階級は、示現流に代表されるような日本剣術の身体思想のもとで、中国武術をとりいれて自分たちの技術としたのです。すこしむずかしい言葉でいえば、沖縄の士族階級の人々は移入された中国武術を、もともと古くから沖縄に存在していた日本武道の思想で解体して、その後に日本武道の原理・原則に沿って一つ一つの身体操作を再構築、あるいは再構成しました。

このように武器をもつことを禁じられた禁武政策の中で、中国武術の移入の影響を受けて、沖縄の文化的特徴をいかした素手の武術が生まれてきました。首里手とよばれるものの、誕生です。そしてこの首里手の事実上の創始者は、前記した松村宗昆先生だといわれています。なおこの「手」とは日本の昔のいい方で、身体技術や（個人の）戦いの技術という意味です。ですから首里の手、あるいは首里手とは、首里の武術という意味になります。

そして首里は琉球王国の国都であったために、この首里手を沖縄手という名称で呼ぶ場合もあります。この首里手、あるいは沖縄手が、後に空手とよばれるものの原型になったものです。

他に首里の近隣であった泊、そして那覇地域で修行されたものが泊手、そして那覇手とも称されました。

しかし泊手と首里手は同一だとしてもよく、心身思想にはその差異はあまり見られません、ただ琉球王国時代の沖縄においては、国王の住む首里が当然のことながら行儀作法が国中でいちばん厳しいものでした。そしてその行儀作法の大部分は、日本本土の武家社会に通じるものでした。しかし泊や那覇地域は首里と比較した場合には、武家社会の心身規範というものが緩やかであったと思われます。

そのために同じ中国拳法の套路を琉球化、あるいは沖縄化して形を作り上げても、首里においては作法のすべてが日本の心身思想に準じるものとなっています。しかし首里と比べると泊や那覇地域では中国武術が導入された時には、日本の文化の加入度は様式にかんするうえでは比較的希薄だったと思われます。そして那覇地方で修行された「手」の歴史は、明治期を境にして琉球王国時代のそれとは異なる流れが移入されたことから、さらに複雑になります。

これらの事柄を整理して簡単に説明してみると、王国時代においては古流那覇手としてもよい、那覇地方で修行された首里の手と同じ、または非常に類似した武術が存在していました。しかしそれとは別に官制のチャイナ・タウンとしてもよい特別行政地区であり、中国渡来人の子孫が居住していた久米《くめ》村というところで修行された、日本文化の影響が非常に希薄な、あるいは皆無である純粋な中国武術の存在もあったのです。

この首里とわずかに違う那覇地域で修行された手は、王国が崩壊した明治後に大きく変化していきます。それが東恩納寛量《ひがおんな・かんりょう》先生によって新たに移入された中国拳法と、さらに高弟であった宮城長順《みやぎ・ちょうじゅん》先生がみずからの修行後に中国へ渡って、当時の彼の地で修行されていた怒責作用《どせきさよう》という呼吸法などをとりいれた、新興那覇手としてもよい流れです。

この流れには鶴拳という当時の中国で盛んであった中国拳法を移入した、呉賢貴《ご・けんき》先生の流れも加味されることになりました。この当時の中国拳法の心身操作の影響を強く受けた拳法は、琉球王国時代に首里の武士たちが習得していた「手」とは非常に異なるものであり、極論すれば正反対の心身思想・操作である部分が多々みられます。

本書とのかねあいで述べれば、この新興那覇手としてもよい流れの影響は、現在修行されている平安を含む空手の形に、数多くのバージョンがある一つの理由にもなりました。

さて日本が近代化にむけて開国した時期に、琉球王国も日本政府下で沖縄県となっていきます。その時期に武術として伝承されていた沖縄空手（首里手）も、体育としての空手というものに変化していきました。

それは琉球の士族階級のあいだで行なわれていた武術としての修行が、国民すべての体育として学校教育に導入されていくことを意味します。これは琉球王国という、日本的な規模からみれば一地方の武術が、全国的な広がりを見せるという非常に画期的な変革でした。その後に空手はますます体育、スポーツ化していき、いまでは世界のすみずみまで行きわたるようになったとしても過言ではありません。

ただ武術としての空手を省みてみると、この近代化をなした時点で、武術としての沖縄空手（首里手）の思想と技術は、失伝したとしてもよいでしょう。

第2章

第1節　「平安の形」の成り立ち

その1

武術として伝承された沖縄空手は、形という攻防の技の集合体を修行体系の主体として発達してきました。一説によると、琉球王国時代には八十数種類以上の形があったようですが、師から弟子へと極秘に伝えられました。八十数種類という多数の形ですが、その中でおもに沖縄全域で修行されたのは一〇種類ほどです。さらに首里手においては、五、六種類ほどに限定できるほどです。

とくに重要な形は「ナイファンチ」と呼ばれる形で、首里手を語るうえでナイファンチの修行の背景がなければ、他の形を完全に理解することは不可能だとしてもよいでしょう。この「ナイファンチ」という形は、他に「ナイハンチ」や「鉄騎」などという名称で、現在でも多くの空手流会派で修行されている形です。

じつは首里の武士たちやその流れをくむ修行者たちには、近年まで「良い形」とその他の形という認識がありました。すなわち多数ある形の中でも、峻烈な歴史の選別によって、「武術的な意味あいのものが多く習得できる形」と、他の少ない形が区別されていました。その「良い形」の代表がナイファンチであり、他には「クーシャンクー」あるいは「クーサンクー」と呼ばれる形がありました。現在は「公相君《こうそうくん》」、「観空《かんくう》」などとも呼ばれる形のことです。それにくわえて「パッサイ」の形などが、首里の代表的な形です。

そして現存する多くの空手流派が修行する形の中に、平安とよばれる形があります。この平安の形は糸洲安恒《いとす・あんこう》（一八三一―一九一九）という人物が、当時は唐手《からて》と表記された琉球王国の素手の武術を、明治維新以後の近代化をめざした日本国内で広く普及させる目的で創作したものです。

「近代空手の父」としてもよい糸洲安恒先生を筆頭として沖縄の空手家たちは、空手を一般社会に普及させるという大きな目標をはたすために、まず公的な政府機関である学校教育に空手を導入させようと努力しました。

しかし武術としての形を、そのまま学校教育の場に導入するには困難が生じます。相手に対して致命的なダメージを与えることを目標とした技を、そのまま教えてしまうと社会的なイメージとしての空手の普及に支障が出てくるのです。それに武術的な身体ができていない学童・生徒に、武術としての形をそのまま教えても、形の要求するような身体操作ができるはずがありません。

糸洲安恒

そのために糸洲安恒先生は、いままで伝承されていた形を、一般の学生が習得しやすいように改めたのです。それと同時に古い形のエッセンスを集めて、初心者にもわかりやすいような形態にして形を創作しました。それが本書でとりあげる、平安と呼ばれる形です。

その2

この形は「平安」と漢字表記して、「ピンアン」と発音されていました。平安の形は、首里手の代表的な形である「クーシャンクー」、「パッサイ」など、それにくわえて泊手としてもよい「チントウ」の形などの部分を簡素化して創作されたもので、五つの形からなりますが、これをおのおの平安初段、二段、三段、四段、そして五段と呼びます。

この「段」の呼称は直接的には空手に大きな影響を与えた、薩摩藩のお家流ともよばれた示現流剣術の「段の打ち」からの影響だと思われます。もともと日本文化には「算段をつける」「段取り」などの言葉があるとおり、物事の難易をあらわす言葉として「段」という呼称が存在します。さらに「平安」の名称も示現流の段の打ち「三段・礒月《そげつ》」に、「平《へい》・安《あん》・行《ぎょう》」というものがありますが、この平・安から暗示をうけた可能性も筆者は否定できないと思っています。

なぜ示現流剣術の影響であると推察できるかといえば、当時の琉球王国の士族階級では示現流剣術がおおく修行されていたからです。そして前記したように糸洲安恒先生の師匠の一人である、首里手の祖ともよばれる松村宗昆先生は、示現流剣術の達人でもあったという言い伝えも残っています。さらに非常に形而上的、あるいは思想的な事柄ですが、現代の空手でも使われる言葉に「一撃必殺」という思想があります。これは示現流の「一の太刀を疑わず」や「二の太刀要らず」などの思想と同じく、自分の最初の攻撃になんの迷いもなくすべてをかけるということです。琉球王国時代の武士たちが中国拳法をとりいれて解体し、さらに再構築した時にこの「一撃必殺」の思想を、素手の拳法（空手）にとりいれたと思われます。

しかしここで注意しなければならないのは、武道的にいう「一撃必殺」とは、一突きで相手を殺傷するなどという、表面上のものではないということです。これは他の日本剣術流派のいう「抜即斬《ばっそくざん》」などと同じく、剣はむやみやたらには抜かない。しかし相手に殺傷される危険性や、相手をかならず殺傷する必要がある時には躊躇《ちゅうちょ》なく、そしてみずからの命をすてる覚悟で剣を「抜」いて、「即」座に相手を「斬」るということなのです。

このように薩摩の示現流の思想につらなる、「一撃必殺」の思想をとりいれた沖縄空手の想定する闘いの場面とは、相手はからかい半分や、気まぐれで自分に向かってくるのではありません。あくまでも殺傷する目的で自分を攻撃してくるという前提において、すべての業・技が成り立っているということです。自分を殺傷する目的で向かってくる相手の攻撃に対応するためには、自分の動きも相手を殺傷できるだけの大いなる可能性を秘めたものでなければ役に立ちません。そして武術として伝承された沖縄空手（首里手）の形は、すべてみずからが最大の殺傷能力を発揮することのできる業・技で成り立っているのです。

このように日本剣術に代表される武道とは、治安の良い平和な世の中で武器を携帯する必要のない暮らしをしている現代のわれわれとは違う思想で、武術の技が成り立っているのを理解する必要があります。これは琉球王国時代に武術として伝承された沖縄空手（首里手）でも、当然同じです。現代の空手修行者には非常に困難ですが、このことを理解しなければ本書の平安の形だけではなく、武術として伝承された沖縄空手（首里手）の形に含有される本来の業や技の意味を汲みとることは不可能になりますので、くれぐれも注意が必要です。

さらにいえば、当時の琉球王国には示現流以外にも他の日本剣術流派、月山流の薙刀（長刀）術、そして天流槍などの武術が多数移入されていたようすがうかがえます。それと平行して、琉球王国時代は「トゥイディ」など呼ばれた、日本柔術の「捕り手」法などもひんぱんに稽古されていました。そしてこの「トゥイディ」の技術は、平安の形の中にも多く含まれています。

なお後に「日本空手道の父」とも呼ばれ、沖縄から日本本土へ空手を移入させることに大きな貢献をはたした船越義珍《ふなこしぎちん》先生（一八七〇―一九五七）が、「ピンアン」を日本語読みの「ヘイアン」とあらためました。それに初心者が習得しやすい順序として、初段と二段を入れかえました。そのために船越先生の影響下にある流派では、平安の初段と二段がそれぞれ入れかわることになります。

さて非常に重要なことですが、平安がつくられた時期が、糸洲安恒先生が公的機関に空手を教えはじめた直後であるために、そのシンボル的な役割をはたしたであろう平安の形はより安全に、より簡単に形を習得できるようにと、形の中の技の使用にかんして試行錯誤をくりかえした可能性があります。

船越義珍

すなわち指導した時期、指導した人間たちのちがいによって、創始者の糸洲安恒先生が教えていた初期の頃から、平安の形自体が少しずつ変わっていった可能性が否定できないのです。

さらに重要なことは、じつは糸洲安恒先生自身が修行に占める割合では、首里手は四〇パーセント程度でしかなく、他の六〇パーセントは心身思想・操作の異なる那覇手といわれた流れで、みずからの武術を練り上げていった人物です。そのために糸洲先生の形や戦いの方法における、立ち方や技の出し方、さらに重要な力学的エネルギーの創出方法などが、首里手本来のそれとはまったく異なっていた可能性も否定できません。この事柄にかんしては、後記して詳しく吟味していきます。

その３

首里手の古伝の形であるナイファンチ、クーシャンクー、そしてパッサイなどの形が修行された琉球王国時代には、空手は武道における武術としてのみ存在していたのであり、それ以外の存在理由はありませんでした。

しかしそれらの古伝の形を原型とした平安の形は、近代に入って教育体系の中において学童・生徒を指導するために創作されたものです。ならば当然、これらの学童・生徒にわかりやすいように創作されたはずだとの、推察がわいてきます。

本書では五つの平安の形の詳細を各形ごとに記していきますが、その際に明らかになるのは、この形の構造は他の首里手の古伝の形の形式を踏襲《とうしゅう》しているということです。さらに技の一つ一つにおける各動作の様式は、武術としての古伝の形と同じ機能をもっています。

しかしこのこれらの技を、平安を指導する時に武術の技として、そのまま指導したのかの疑問はあります。その疑問の一つは、那覇手をおもに修行された糸洲安恒先生が、どの程度まで首里手の形と、その原理となった心身思想を理解していたのかが不明だからです。

つぎに武術的思想の背景が皆無、あるいは未熟な学童・生徒に対して、武術的に正しい方法でこれらの技を指導することは不可能であるからです。そのために外見からは古伝の武術としての首里手の形と同じような動作でも、身体操作の内容的には体育として、またはスポーツとしての身体操作で行なわれた。あるいは、理解された可能性もあります。それは糸洲安恒先生の改変をまぬがれた流会派の古伝の首里手の形と、平安の形を比べてみると、武術的には非常に簡素化された動きであるのが如実にうかがえるからです。

首里手の古伝の形は武術的には非常に高度で複雑な動きで構成されていますが、平安の形はその構造や機能は武術的には正確ではあっても、習得しやすい技が大部分を占めています。

この古伝の形と近代になって学童・生徒用に創作された平安の形の差異を、現代の読者にわかるようにたとえとして語ると、ＡとＢの技があるとします。すると平安の形の技の出し方では、直截的にＡの技を出しその後にＢの技が出されます。しかし古伝の形では、このＡの技を出した直後に、ＡＢの技が出てその後にＢの技へとつないでいきます。

誤解をまねかれないように明確にしますが、これは隠し技などと呼ばれるものではなく、人間の身体を分割して、できるかぎりの身体操作で技を出すということを学ぶことが、武術としての首里手の形の存在理由の一つだからです。これがさらに武術的に巧妙な古伝の形になれば、当然のごとく、Ａ、ＡＡＢ、ＡＢＢ、そしてＢなど

屋部憲通

とさらに細分化しつつ、一つの行動の中で多数の技がくりだせるようになっています。

さらに重要なことは、ＡからＢへ移行する際の身体動作が古伝の形では明確ですが、平安の形ではその間の動作の大部分が欠落してしまっています。そのために松村宗昆先生の晩年の弟子であった屋部憲通《やぶ・けんつう》先生（一八六六―一九三七）などは、「平安の形をやるくらいなら、（古伝）クーシャンクーをやれ」とまでの言葉を残しています。武術としての沖縄空手（首里手）を学んだ最後の世代であり、さらに近代日本の軍人として多くの戦場でも活躍した屋部憲通先生には、この古伝の形と平安の形の差異が明確に理解できたのでしょう。

さらに非常に言いがたいことですが、近代に入って古伝の首里手の形そのものが、平安の形の様式に従って簡素化されてしまったという驚くべき一面もあるのです。これは形を指導する人間、そして学ぶ人間の武術的背景の喪失として時代の必然ともいえますが、一面では歴史の皮肉だともいえます。

この武術的に高度な技から安易な技への移行、そして武術から体育への変更は、創作者である糸洲安恒先生の首里の心身思想の欠落から生じたのか？　または学童・生徒に学びやすいように、意図的に行なったのか？　あるいは次の代の指導者として教える人間たちが意図的に、または武術的背景の希薄さから無意識のうちになされたのか？　または指導された学童・生徒が武術的には理解できずに、体育あるいは体操の動作としてのみ学んでしまったのか？という疑問がわいてきます。筆者が思うに、それらのすべてが複合的にからみあった結果なのでしょう。

これらの事柄を明記したうえで、本書で述べるのは「武術として伝承された沖縄空手（首里手）の解釈による平安」、すなわち「首里手の『平安の形』」であると明記しておきます。

第2節 「チャンナン」の形

「平安」の形は、糸洲安恒先生が「クーシャンクー」や「パッサイ」、そして「チントウ」と呼ばれる古伝の形の部分をとりいれて、学校教育用に創作されたものだと記しました。そして平安の形と、これらのクーシャンクーやパッサイなどの古伝の形を交互に見比べてみると、どの部分を参考にしたかがよく理解できます。さらに古くから沖縄空手界では、糸洲安恒先生は「チャンナン」という形を参考にして、「平安」の形をあみだしたといわれていました。

その口碑をもとにして筆者は長年にわたって、平安の形と「チャンナン」の形の事柄にかんすることを調査してみました。以下はその調査をもとにした、筆者の私見です。まず多くの口碑や古流と呼ばれる流派の形の存在から推測するに、たしかに古くは「チャンナン」と呼ばれる形が存在していたでしょう。現在では、このチャンナンの形は平安の初段、または船越義珍系列の平安二段と同様なものであったという意見があります。

しかしそれらの意見とは異なり、筆者はチャンナンの形は平安二段、または船越系列の平安初段の原型（オリジナル）そのもの、あるいは非常に近似した形であっただろうと推察しています。筆者の推察の根拠になるのは、平安二段は他の首里手の古伝の形の部分を導入して創作された平安初段、三、四、五段とは、技術系統が違っているからです。

さらに近代における稀代の名人としてもよく、その実戦の強さから「本部の猿」という勇名で呼ばれた本部《もとぶ》朝基《ちょうき》先生の興した本部流には、「白熊」という名の形が伝承されています。じつはこの「白熊」は、「チャンナン」の形が基本にあるということが一部でいわれていました。

そしてこの「白熊」は筆者の主観として述べますが、一部の違いはみられるものの、現存の平安二段に形の構造などが酷似しています。すなわち、「白熊」≒「平安二段」となります。さらに「白熊」が「チャンナン」の

本部朝基

形を基本にしてできあがったという口碑が真実ならば、「白熊」⇒「チャンナン」となり、すると「チャンナン」⇒「平安二段」が成り立ちます。この本部流の白熊の形の存在で、チャンナン⇒白熊⇒平安二段となり、後記するように他の平安とは形の機能と構造の異なる二段を創作する時にこれを参照したとしても納得がいくからです。

　そしてなぜ非常にチャンナンと平安二段が近似していたかと推察するかは、前記した「白熊」の存在があるという事実と、平安二段の存在で事実上「チャンナン」の形が消滅したことでうかがえます。これは結果的に古い形（チャンナン）に、新しい形（平安二段）を上書きした。または、オーバーラップしたために起こった現象であると思っています。すなわち平安二段を修行すれば、事実上チャンナンも稽古することになり、チャンナンの存在理由がなくなってしまったからだと思われます。

　さらにもし「平安二段」と「チャンナン」の形のつながり、そして「チャンナン」と「白熊」の形のつながりなどを述べた筆者の憶測が正しいとしたならば、近代になって日本本土の空手家によって体育として創作された、太極初段―三段の形はチャンナン系列だということになります。そしてこのチャンナン（⇒平安二段）とともに、糸洲先生がクーシャンクー、チントウ、パッサイと呼ばれる形などを分割したものを再構成して、それが他の平安（初段、三段、四段、五段）となりました。

　そのために後記するように、平安の各段にあるすべての形の構造は同じようになっていますが、その機能の面で二段と他の形はまったくといってよいほど異なっています。

　それと平安・初段―四段までとは別に、平安全体の最後にあたる平安五段は糸洲安恒先生がじかに作ったものではない、という言い伝えのようなものも存在します。じつは筆者のとぼしい武才で理解するには、平安五段の一部がどうしても構造的に解明することが不可能な部分があり、その解決法に悩んでいる時にこの言い伝えを聞いたのですが、これは確証が得られません。

ただ様式や機能の面を追求していくと、平安五段は他の平安とは違う部分があり、さらにそれは首里手の様式と異なるものではないか?と筆者は愚考しています。この事柄にかんしては、詳細を後記します。

第3章

第1節　首里手の変革

その1

平安の形の変革を記しましたが、じつは首里手の多くの流派は、琉球王国が崩壊した後で最低でも三回、数え方によっては四度の変革をへています。この変革は、本書の平安の形の成り立ちと伝承に非常に重要な役割を果たすものです。まず本稿では歴史的な流れを記していき、次に身体操作の変革を述べていきましょう。

日本剣術の心身思想で中国武術を解体し、再構築していた首里の手は、明治以後は琉球王国自体が崩壊してしまい、士族階級の必要がなくなったことで失伝していきます。

しかし、この変革は沖縄の空手だけではありません。日本武道の代表としてもよい日本剣術も、明治以後は純粋な武術としての剣術の大部分は失伝の憂き目にあいました。

嘉納治五郎

その武術としての剣術がようやく生き残ったのは、明治維新（一八六八年）をなしとげた武士階級の基礎教養であったためと、西南戦争（一八七七年）などで火器を使った戦闘においても、白兵戦における剣の重要さが再認識されたからです。

しかしこの存続した剣術流派の大部分も、修行方法の一形態でしかない竹刀競技が主になっていくにしたがって、その独自の心身操作が徐々に失われていったと思われます。それと同時に剣術と併行して学ばれていたと思われる柔術などは、すべてといってよいほどに廃れてしまい、嘉納治五郎《かのう・じごろう》先生の興した柔道に統合されるような形になりました。

さらにそれに輪をかけるようにして第二次世界大戦の敗戦後に、占領軍によって大日本帝国武徳会の解散などに象徴されるように、日本武道が一時期全面禁止になりました。その後に竹刀競技として復活させたために、一面においては本来の剣術とは非常に違ったおもむきのものとなっています。

武術として伝承された沖縄空手（首里手）においても、この剣術がたどった歴史上の遍歴と同じ現象が起こったとしてもよいでしょう。空手の歴史においても、琉球王国内で示現流をはじめとする日本剣術の修行が廃れてしまったことで、日本剣術の心身思想の理解度が希薄になり、新しく中国拳法を移入した場合に、それを日本剣術の思想で解体することが不可能になってしまったのです。解体することが不可能なので、それを再構築する必要性も、そして可能性もなくなってしまいました。

この琉球王国崩壊後に新しく移入された中国拳法の影響を述べるのは、非常に煩雑《はんざつ》な作業になります。なぜなら従来は空手が「唐手」と記されたように、中国拳法を沖縄に移入したからこそ、空手が誕生してきたと思われているからです。

しかし空手は中国拳法そのものではなく、日本剣術の心身思想で解体、再構築したものであると、本書では再三述べています。ただ首里地方とは異なり、王国時代でも那覇地区で修行された中国拳法は、日本剣術の影響は比較的少ないものであった可能性もあります。この琉球王国時代の那覇地域での拳法とは、現在修行されている新興の那覇手とは異なる、古流の那覇手と称してもよいものです。さらにいえば官制のチャイナタウン（中国人街）としてもよい、那覇に隣接する久米村で修行された武術は中国拳法そのものだったのです。

平安を創作した糸洲安恒先生は、この古流那覇手の使い手である長濱《ながはま》という人物に師事していました。そしてこの那覇地域で、明治期になってさらなる中国拳法が移入されることになります。それが中国から帰郷されて指導を始められた、東恩納寛量先生の流れです。この東恩納寛量先生の流れには少なからずの久米村の武術、あるいは古流那覇手としてもよい武術の流れがあるはずですが、詳細は明らかではありません。そして平安の形を創作された糸洲安恒先生は、この東恩納寛量先生を自宅に招いて修行された時期もあります。

純粋に首里の武士たちの手によって修行された首里手と比べてみると、「糸洲の手は首里手が四割、那覇手が六割」といわれるのは、これらの理由からです。

ここで筆者の趣旨を明らかにしますが、技術的にいえば糸洲先生の空手は首里手の祖としてもよい松村宗昆先生の手とはあきらかに異なるものです。その差異を明らかにしなければ、首里手の本質を語るのは不可能です。

これが、最初の変革としてよいでしょう。

その２

さらに「平安」の形を述べるうえで重要なことは、糸洲先生も師事したことのある東恩納寛量先生の高弟であった宮城長順先生の興した流派の影響が、昭和初期の沖縄空手界において非常に大きな影響力をもつことになったということです。これはすでに平安の創始者である糸洲安恒先生が亡くなった後での出来事ですので、平安の創作には直接的な影響はありませんが、平安が普及される過程で大きな影響を与えています。

この新興那覇手の勃興は宮城長順先生の他にも、多くのすぐれた空手指導者を輩出させると同時に、宮城先生自身が日本本土はもちろんのことハワイにまで渡って普及にあたるなどと、寝食を忘れるほど空手の普及に没頭していた結果から生まれてきたものです。さらにこの宮城先生と高弟たちの影響は、世界戦史上においても激戦の一つに数えられる第二次世界大戦における沖縄戦後の、荒廃と混乱の時代に大きなものとなりました。

沖縄における日米の激戦は、戦場になった彼の地を荒廃させると同時に、戦後の一時期に沖縄本島全体が収容所と化したとしても過言ではない状態を生み出しました。その時に沖縄において空手の復興に大きな力を発揮した一つの集団が、宮城長順先生の下で育った弟子たちだったのです。そのために新興那覇手の心身思想が広く沖縄県で普及していき、多くの首里手の流れもその影響を受けることになりました。

このように同じ東洋心身思想の中でも、首里手は本来のそれとは異なるものの影響を、明治維新直後と第二次世界大戦敗戦後の二度にわたたって受けています。

つぎにそれに輪をかけるように明治維新後から、琉球王国の士族階級の心身思想である空手を、体育として教育機関である学校などへ導入させる運動がおこり、西洋の身体思想であるスポーツ体育の身体思想で、空手のそれを操作するということになっていきました。すなわち当時の近代化をめざした日本本土と同じく、沖縄においても西洋心身文化のスポーツ化の現象、あるいは学校教育という公共機関において、体育の思想を追求する動きがあったのです。

当時の沖縄で教育程度の高い「進取の気質」にあふれた若者たちが、空手の身体操作を西洋心身操作のそれで理解しようとした、あるいはスポーツのそれに適応させようと意図的に変革していきます。スポーツと記しましたが、それはある面においては当時の富国強兵の思想にもとづいた西洋から移入された軍事教練などでなされた、非常に膠着《こうちゃく》した身体の使い方であったとしてもよいでしょう。

この西洋身体操作であるスポーツの思想と、日本の心身思想の極致である武術の身体操作とはまるで異なるものです。しかし近代化を迎えて空手を教育機関に導入するためには、西洋身体思想のもとで生まれたスポーツや体育の動きでなければ不可能でした。そのために明治以後の大部分の空手の身体操作は、スポーツ、あるいは体育のそれへと変化していきます。

なおすこし本題からは離れますが、この西洋心身思想であるスポーツの影響は空手が日本本土に移入された後からは、さらに深まっていきます。というか、このスポーツや体育に代表される西洋心身思想そのものが、日本本土から教育体系を通じて沖縄へ伝わったものなのです。

さらに空手が日本社会に移入された時期に教育界、政府機関に大きな影響をもつ、組技系の武道である柔道との差別化をはかるために、空手における突き蹴りの打撃系の技術が異常に強調されるようになります。

集団演武（沖縄県立第二中学校）

さて琉球王国が崩壊した後の、日本剣術の思想で解体されることのなかった中国拳法の思想による空手、あるいはスポーツ体育として変革された空手、または両者の混交による空手は、当時の沖縄における有識者として沖縄県の最高教育機関である沖縄県立第一中学校、あるいは沖縄県立師範学校などで学んだ人たちのあいだに浸透していきます。そしてこれらの教育機関で空手の指導にあたったのが、平安の形の創始者である糸洲安恒先生と、その補佐役をつとめた人々たちなのです。

そのために当人たちの認識の是非にかかわらず、これらの流れにつらなる人々は糸洲安恒先生の影響下にある、首里手には存在しない身体操作を主として、空手の修行方法でみずからの心身を鍛錬してきた人間です。

それでも糸洲先生が指導した初期の頃には、まだ琉球王国時代の武術として伝承された沖縄空手（首里手）によって心身操作を学んだ人間たちが、指導者として補佐役をつとめたり、生徒の中にもそれらの生活環境で育ってきた人間が存在していました。そのために前記したように糸洲先生の師範代をつとめた、松村宗昆先生の晩年の弟子である屋部憲通先生は、「平安の形をやるくらいなら、（古伝）クーシャンクーをやれ」と言っていたと同時に、みずからは首里手の基本であり究極の形であるナイファンチだけを修行して、それのみを指導していたとされています。

しかし時代をへるごとにそれらの人間の数は少なくなっていき、糸洲先生の指導する那覇手六割・首里手四割の心身思想によって体系立てられた指導方法で、首里手の平安の形を修行するという体系になっていったと思われます。

このように現在では首里手系統に属する多くの空手流会派の身体操作に相違があるのは、日本剣術で解体された中国拳法を再構築・再構成した、純粋に武術として伝承された沖縄空手（首里手）の身体操作を少なからず伝承してきた流派。あるいはそれ以後の日本剣術が廃れたなどの理由のために、解体することなしに受け入れた中国拳法の身体操作をそのままとりいれた流派の違いなどが、存在するからです。これらの流れの上に、さらに西洋心身思想のスポーツによる身体操作も加味されることになってしまいました。

ですから本書で意図する「武術として伝承された沖縄空手（首里手）」の心身思想・操作で「平安の形」を解明するとした場合には、平安の伝承過程で加味された新興那覇手の影響のある身体操作、西洋身体思想であるスポーツの身体操作の二つの大きなファクターをとりのぞいていくという、非常に煩雑な作業をへなければならないのです。

第２節　武道の価値

しかし、そのような煩雑な行為で武術として伝承された沖縄空手（首里手）の真髄を知ることに、いったいどのような意味があるというのでしょうか？

現代の空手修行者は好む好まざるにかかわらず、あるいは本人が認識しているか否かにかかわらず、武術的な思考方法は完全にといってよいほどに喪失してしまっています。それにくわえて武術的身体操作というものを語った場合には、それを理解してなしうる人間は皆無であるとしても極論にはならないでしょう。なぜならわれわれは西洋心身文化のスポーツや体育の思想で教育を受けて育ってきており、社会全体がそのような仕組みでしか動いていないからです。

この事柄は個々人の能力や知能レベルの問題などではなく、幕末の時代に迫りくる西欧文明の圧力の下に近代化を試みてみずからの国の独立を守るために、日本国社会が選んだ道なのです。近代日本国の歴史とはみずからの自主独立のために政治、経済、軍事力で西欧諸国と肩をならべるために、国家と国民が一体になって近代化への道のりを懸命に進んでいったとしても過言ではないでしょう。そして近代化とは従来の東洋の心身思想をかなぐりすてて、西洋のそれを受け入れるということでもあったのです。

しかしまがりなりも、日本国が西洋文明に追いつくことができたと思われる現代において、皮肉なことにみずからの近代化のモデルであり、目標としていた西欧の文明自体がその限界に達した様相を示すことになってしまいました。この限界を打開して新たなる世界の文明を創出することが、これからの人類の課題になるのでしょうが、その創出の一因になれるのがわれわれ日本国が立脚する東洋文明、そして日本文化です。

その始まりが、世界的規模で見渡しても至高の極みに位置する、日本の心身文化である日本武道であり、その一つである空手道の心身思想と操作なのです。しかしこの心身思想を世界に問うて、他の心身文化と激突させて新たなるものを創出するためには、まずみずからの立脚する心身思想を明らかにする必要があります。

そしてこの先達のたどり着いた究極の思想の原理・原則を明らかにすることは、後世のわれわれの義務であり権利でもあるのです。歴史を俯瞰《ふかん》してみるとわかりますが、一つの社会的、あるいは文化的な運動が起こった時には、その勃興期《ぼっこうき》から最盛期にかけて起こった事柄が、その運動の特質をいちばん顕著《けんちょ》に伝えるものです。

そして現在にまで続く空手の歴史において、その心身思想・操作の勃興・最盛期とは明治維新直前の激動期です。これは、沖縄空手の歴史だけではありません。封建制度の下に鎖国を続けていたために長い安寧《あんねい》な時代をへて廃れかかっていた日本剣術が、その最後の輝きを発揮したのが、明治維新直前の幕末の時代であったこととまったく同じ現象です。

日本の歴史においては武家社会が七〇〇年もの間、支配者階級として日本社会をリードしていました。その長い伝統の中で文化・教養の担い手として武士たちが果たした役割とは、非常に大きなものがあります。中国武術の多くは民間伝承にその担い手をゆだねていますが、日本武道の特徴とは、武士たちが文化・伝統の担い手であったゆえに、武が不易《ふえき》の文化として当時の最高の科学・哲学としてもよい禅の影響をも受けて、人類が到達した最高の心身文化を作りだしたということです。これは世界中を見まわしても非常にまれな出来事であり、一九世紀に西欧諸国の外圧に対して西欧以外の国として独立を保った数少ない国（三国のみ）の一つとして、日本国が存在していた理由の一つにも数えられるものなのです。

沖縄空手の歴史においては、首里手の事実上の創始者としてもよい「武士・松村」との異名さえある松村宗昆先生が生存していた時代こそが、西欧諸国から外圧を受けて琉球王国内が政治・社会的に沸騰していた時期です。そのために王国内において多くの名のある武道家たちが輩出し、沖縄空手の心身思想が頂点を極めました。西欧諸国からの外圧を受けた時に、「剣」をみずからの矜持《きょうじ》の支えとして国の自主独立のために闘ったのが日本本土の武士階級であり、その「剣」を「拳」に代えてみずからの矜持の礎《いしずえ》にしたのが、琉球王国時代の沖縄の武士たちだったとしてもよいでしょう。

そして彼らが極めた心身思想の頂点こそは、世界的規模で見ても、人類が到達した至高の極みにあるとしても過言ではないのです。この頂点を極めた沖縄空手の心身思想・操作を理解することで、「空手とは何か?」、そして「武道とは何か?」、さらにいえば「日本文化とは何か?」が明確に理解でき、かつ究極的には「東洋文明とは、いかなるものか?」を知ることになります。激動する二一世紀において人類の究極の心身思想を極めた空手に立脚することで、武道とは何か?　そして日本とは何か?を理解するということは、その本人のアイデンティティを確立する便《よすが》となりえます。

しかし沖縄空手の心身思想・操作を理解するということは、これだけにはとどまりません。大局的に立つことが可能ならば、世界的規模においてわれわれの先達がたどりついた心身思想から生まれた文化を、西洋のそれと激突させることによって、より高い極みに引き上げることが可能になるのです。

歴史を眺めてみると、みずからの文明・文化と他の文明・文化の激突は、一面では力が均衡していた場合に武力による戦争や、他方がおとっていた場合には強者による征服などの悲劇的な結果をもたらします。しかし他の一面では、素晴らしい新たなる文明・文化を生み出す原動力にもなれる、可能性を秘めたものでもあるのです。

二一世紀を迎えた今日において、一六世紀以後に世界を支配していた西洋文明の限界が明らかになっています。それは政治、文化、そして宗教などを含めたすべての部門において、人類が転換を余儀なくされているということです。

そして沖縄空手をはじめとする日本武道の心身思想は人類の頂点を極めたものであり、他のいかなる文明・文化と比較してもすぐれるといえども、決しておとるものではありません。ならばこのわれわれの先達が生み出したすぐれた文化をもってして、西洋文明・文化と激突させて新しいものを生み出し、世界の発展に大きく貢献することが可能になるのです。それこそが武術として伝承された沖縄空手（首里手）において、究極的には戦いの術である「兵法」が、平和を作り維持していく「平法」へと昇華されることでもあります。

これらの事柄を理解したうえで、武術として伝承された首里手の心身思想と操作を習得しようとした場合に、首里手の基本であり究極の形であるナイファンチの形と、学童・生徒のために創作された平安の形の存在が非常に重要になってきます。

なぜならば、ナイファンチの形が含有する至高の心身思想と操作を理解して己のものとし、かつその応用としてもよい平安の形を解明することで、他の古伝の首里手の形の全貌をうかがい知ることが可能になるからです。それは体育として、スポーツとして、そしてリクレーションとして広く普及している現代の空手の源流を知ることであり、この源流になる首里手の心身思想の至高さ、深遠さこそが空手の世界的普遍性をおしすすめていくうえで必要不可欠になるからです。

さらに記せば平安の形自体が古伝の首里手の形と比較してみると、武術的な技を簡素化して創作され、かつ現在においては体育化した動きで指導、学習されています。しかし逆説的に述べれば簡素化され、体育化されてしまったからこそ、武術的な思考方法を失ってしまった後世のわれわれ空手修行者にとっては、武術として伝承された首里手の形の解明への足がかりとなれるのです。

第4章

第1節　身体思想の変化

現在まで伝承されている空手においては、首里手は三度、あるいは数え方によって四度の大きな歴史的な変移を経験していると前記しました。

本章では歴史上の変移にともなう、身体思想・操作の変化を記していきます。

歴史的にみてこの三、四度の変移は非常に複雑であり、かつ時代を重複して継続的に行なわれたために、純粋な首里の手（武術）を語るうえでその心身思想・操作において、大きな問題を生み出すことになりました。まずこの変移・変化の影響下にある修行者たちが、その変化に気づかなかった。あるいは気づいたとしても、歴史の流れにおける必然として是としてしまったのです。そのために沖縄、日本本土、さらに世界中で伝承された現代の空手は、純粋な武術として伝承された沖縄空手（首里手）とは、まったくといってよいほどに異なったものとなってしまいました。

その一つは、沖縄空手の基本であり究極の形であるナイファンチの形の立ち方、いわゆるナイファンチ立ちに代表される日本剣術、そして日本武道に通じる部分であり、かつ武術にとっていちばん重要である「立ち方」を喪失してしまったことです。これは本書で述べる平安の形の創始者である糸洲安恒先生が、前記したように首里は四割、そして那覇は六割という心身思想で武術を理解していたことの影響が大きかったと思われます。

さらにその影響もあって新興の那覇手としてもよい、近代の中国拳法を移入させた東恩納寛量先生から学んだ、古伝の沖縄空手（首里手）には基本として存在しない立ち方を、首里手に導入しました。

このために重力の作用する地球上で二本足直立歩行をする人間の自然な歩行方法である、「動歩行」が主体の首里手の基本であり究極であるナイファンチの形が、「静歩行」主体の動きへと変革されました。なお本書ではこの武術としての沖縄空手（首里手）を語るうえで、非常に大切なものの一つである「動歩行」と「静歩行」の違いを、後記して詳しく説明します。

この導入は糸洲先生が学校教育に空手を導入させるという偉業をなしえたために、当時の若い次なる社会のリーダーとなる世代に、絶大な影響を与えました。そのために当時の知識層が集中していた沖縄県の県都である那覇市（首里、泊、久米を含む）の若い空手家の立ち方は、すべてといってよいほどに武術として伝承された沖縄空手（首里手）のそれとは異なった立ち方で、技術を習得するということになってしまいました。

武術にとって立ち方とは、みずからのエネルギーの創出方法、伝達方法であり、基本でありかつ究極でもあります。とくに武器を使用しない空手という武術においては、みずからの身体を武器として戦うために、生身の人間が創出するエネルギーの使用こそがその存在価値であるとしても過言ではありません。この「立ち方」の変化、あるいは喪失は武術としての空手の存在意義さえも左右するものです。そのために純粋に武術として伝承された沖縄空手（首里手）は、この時点で喪失したともいえます。

次に糸洲先生が公共機関に導入する動きに誘発された沖縄の若い空手家たちが、首里の武士たちに伝わった古伝の沖縄空手（首里手）を、近代において生存させるために、スポーツの思想で解明することの嚆矢《こうし》としました。この若者たちの心身思想は、当時の国家戦略として公共教育機関である学校で学んだ、西洋の心身思想から成り立っていました。そのために東洋の心身思想で成り立っていた古伝の空手の身体操作を、意図的に変化させていったのです。

その結果として、並列身体操作とも呼べる武術としての沖縄空手（首里手）の身体操作が、目で見てダイナミックな全身運動である直列的な身体操作、あるいは連動する動きとなってしまいました。そして重力を利用して動き技を出す行為、すなわち重力に抗して二本足で直立する人類が創出する「位置エネルギー」を「運動エネルギー」として放出する立ち方が、当時の軍事教練などで強調された、居着いた、あるいは後方へ反《そ》っくり返った立ち方などへ変化していきました。

現在まで伝わる沖縄空手において、純粋な首里手を追求していくうえで非常に困難が生じるのは、これら大きな変革によって、伝承している本人たちも気づかないほどに心身思想・操作に変化が生じてしまったということを、認知しなければならないからです。さらにこれらの変革を認知して、変革以前の武術としての沖縄空手（首里手）を追求し、修行することは並大抵の事柄ではありません。身体文化の宿命として口碑、紙碑が皆無に近く、さらに古い空手家の動きは、動画などにもあまり残ってはいないからです。首里手の形を純粋に武術として理解し、そして修行したいと思っている人間にとっては、非常に絶望的に思える状況です。

ただ幸いなことに、廃藩置県によって職を失った士族が地方へ流失して、彼らの一部が首里の手をわずかながら伝承させることが可能でした。それと同時に学校教育という公《おおやけ》の場ではなく、在野で空手を学んだ立場の空手家の存在がごく少数ながらあったのです。

さらに沖縄空手には現代にいたるまで、首里手、那覇手、そして泊手を統合したような組織がありません。たびたびそのような組織の編成が試みられたのですが、現時点まではいずれも成功せずに終わっています。

　そのために近年にいたるまで当時の不便な交通状況の影響もあり、那覇市（首里、泊、久米を含む）などの都会で行なわれた首里手の身体操作と、明治の廃藩置県などで地方へ流出した武士たちが伝えた首里手の身体操作が、ひんぱんに交わることがあまりなかったのです。すると、県都であった那覇市などの流会派で喪失した形の操作が、他の地域や流派で存在（生存？）していた。また地方ではハナディー（華手、花手＝華法のこと）と呼ばれる動きが混入されてしまった部分が、都会の流派には武術の動作のまま残っていた、などの出来事が、それこそひんぱんに起こってしまったのです。

　そのために純粋に武術として伝承された沖縄空手（首里手）の原型に迫ろうとすれば、その「動歩行」主体の心身思想を理解し、かつ首里の文化の根源である日本武道を研究すると同時に、多くの流会派の形を検証して実像に迫るという非常に手間隙がかかる作業をへなければなりません。しかしそれらの時間と労力をおしまなければ、原型を明らかにすることは可能になるのです。

　それと同時に筆者の私観と明記して述べますが、じつは唯一絶対としてもよいほどの解決方法があると思っています。それは、ナイファンチという形の存在です。首里手の心身思想の根源は、首里手の基本であり究極の形であるとされる、ナイファンチの形という稀代の心身操作修行方法に凝縮されているからです（図①②）。

　首里手の心身思想と記しましたが、これは日本武道の心身思想・操作のすべて、あるいは人

ナイファンチの形

間がもっとも効率よく動く、または歩くことのすべての答えが、この首里手のナイファンチの形にあるのです。日本武道では、そして沖縄空手では「歩くことこそ、業・技である」という認識があります。その人間が歩くことの究極を習得させるナイファンチの形を修行の基本に置くということ自体が、沖縄空手（首里手）の到達した境地の高さを物語るものです。

さらに重要なことはナイファンチの形には、このような身体操作だけではなく、首里手の形の根本的な構造が非常に明確に表れています。すなわち「どのような形式で、形が成り立っているのか？」が、ナイファンチの形を修行すれば明確になるのです。

このナイファンチの形に表れる構造は、他の首里手の古伝の形の根源ともなるものであり、本書の平安の形の構造も例外ではありません。本書における平安の形の解明は、筆者の首里手の基本であり究極である武術としてのナイファンチの形の修行、それに並行した平安をはじめとした古伝の首里手の形の修行、さらに沖縄内に存在する首里手系統の多くの流会派の形を検証した結果です。

そのために文責を筆者としたうえで、本書の「平安の形」とは筆者・新垣清の平安の形であり、かつ筆者の主催する沖縄空手道「無想会」の解釈による「平安の形」であると明記しておきます。

第2節　動歩行と静歩行

武術として伝承された首里手のナイファンチの形が、動歩行から静歩行に改変されたために、まったく異なった心身思想による身体操作となってしまったと前記しました。本稿では、この動歩行と静歩行の違いを述べていきましょう。

重力の作用する地球上で唯一、常時二本足直立歩行をする人類は、通常は歩く時には左右の足の外に自分の重心をおいた歩き方をします。このようにして歩く方法を、「動歩行」といいます。この「動歩行」とは異なり、自分の両足の間に重心を置いたまま歩く方法を「静歩行」と呼びます。この「静歩行」は、人間が通常自然に歩く方法とは正反対としてもよい方法です。

すなわち人間が「歩く」という行為をよく見てみると、じつは二本足で立った時に、重心を外においたために重力に引かれて倒れてしまったということなのです。でもそもまま倒れてこんでしまうと、身体が地面に激突してしまいます。その激突を防ぐために、足を前に送るのです。簡単にいってしまえば、これのくりかえしが人間が歩くということです。ですから人間は自分の筋肉が作り出すエネルギーだけで移動しているのではなく、重力の作用する地球上で重力落下をうまく利用して動いているのです。

じつはこの動歩行とは歩くことだけではなく、人間が相手に対していちばん有効にエネルギーを使う方法、すなわちすべての「わざ（業・技）」の根源の一つなのです。ですから人間の行なう「動歩行」を完全に理解するということは、空手の業・技の本質を理解するということにもなります。そして自分の業・技の原理を理解することができれば、相手のそれも理解できることになるのです。

「動歩行」では重心が自分の両足の外にあるために、自分の身体は地球の重力の影響で地面に引かれます。これが物理でいう、「位置エネルギー」を「運動エネルギー」として利用することです。そしてこの重力を利用して創出した「位置エネルギー」を「運動エネルギー」へ転換すると同時に、自分の筋肉運動で創出した「運動エネルギー」をくわえたものが、「力学的エネルギー」と呼ばれるものです。

物を動かすエンジンにたとえるならば、重力の作用する地球上で二本足直立歩行をする人間は、地球の重力というエンジンで作りだされるエネルギーで動いています。その他には、自分の筋肉の働きをエンジンとして創出される「運動エネルギー」があります。日本のすぐれた武道家も、そして琉球王国の優秀な空手家も、この合計二つのエンジンが存在しエネルギーを創出できることに気づき、それを活用することができるようになったということです。

そして日本武道の影響を強くうけた武術として伝承された沖縄空手（首里手）こそが、この二種類のエネルギーを峻別してもっとも巧妙に使える、世界に卓越した心身文化なのです。

筆者は重力を利用するエンジンで創出されるエネルギーを「他動力」、そしてみずからの筋肉操作を利用するそれを「自動力」とも呼んでいます。

重力の働く地球上で二本足直立歩行をする人類が、重力の働きを利用するということは、もっとも効率のよい身体操作であり、もしこの重力の存在を無視する、あるいは重力に反するだけの行為をした場合には、いちばん効率の悪い身体操作となることは明白なことです。

しかし通常の人間はみずからが生まれた時から存在する重力や、空気などはあまりにも身近にあるのが自然な状態なために、その存在に気づくことはありません。その存在に気づきみずからの心身思想として理論立てて活用するということは、歴史上の多くの文明・文化においても非常にまれなことであったとしても、過言ではないのです。

これはなにも心身思想だけではなく、天文学などにおいてもコペルニクスが地球が太陽のまわりをまわっているという地動説を唱えるまでは、歴史上に興った大部分の文明・文化においては、地球のまわりを太陽がまわるとする天動説があたりまえであるとされていました。さらにニュートンが重力の存在に気づき、（古典）物理学における四大法則を打ち立てる以前は、重力の存在や活用というものは理論立って存在していなかったとしても、極論にはならないでしょう。

それほどに自然であるがゆえに気づかなかった事柄を、武術として伝承された沖縄空手（首里手）ではその存在を理解して、かつ活用するだけではなく、理論立った体系として伝承する方法までも確立していたのです。その体系の総体集が首里手の形である、ナイファンチと呼ばれる形です。さらにいえばこのナイファンチの形では、重力の働きと自分の身体の働きで最大の「力学的エネルギー」を創出するだけではなく、そのエネルギーを最小の動き（身体操作）で相手に放出するという、相手と対峙する武術において必要不可欠な条件さえも満たすことが可能なのです。

第3節　腰と骨盤

重力の生じる地球上で二歩足直立をする人間が、いちばん効率のよい移動方法が「動歩行」です。この「動歩行」の時の姿勢の一部を切りとったとしてもよいナイファンチの形における姿勢と、そのまま膝を伸ばして直立させせて横から見た場合の腰と骨盤は、図のようになります（図③④）。骨盤の後方が上がり、前方へ傾斜しているのがはっきりと見てとれると思います。

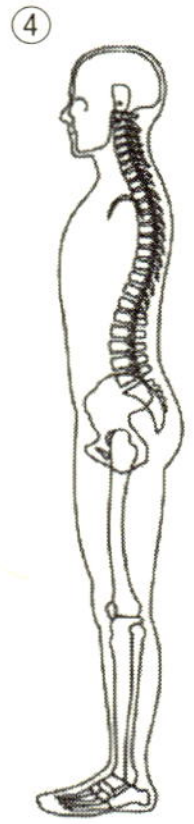

ナイファンチを横から見たときの腰と骨盤

この前方へ傾斜した骨盤の位置こそが、人類が進化の過程で獲得した二本足直立歩行をなせる立ち方を作るものであり、さらに武術として伝承された沖縄空手（首里手）をはじめとする、日本武道すべての正しい骨盤のようすでもあります。そしてこのような骨盤のようすはその形状から「袴腰《はかまごし》」とも、または男性と比べて女性の方が骨盤の前方への傾斜が著明なために、「女腰」とも呼ばれる姿勢なのです。

そしてこの腰と骨盤の位置こそが重力の働く地球上で進化の過程において、唯一常時二本足直立歩行をなしとげた人類の特徴を現すものです。

この骨盤の状態によって人類はみずからの脊髄《せきずい》を、重力に抗して強靭に立てることができるようになりました。その結果として、脊髄の上部にある脳が拡大することを可能にしました。すなわち、人類の大きな脳を支える身体ができたのです。さらに直立することで、みずからの身体を支える役目から自由になった手と腕の筋肉と神経が、物をつかむ操作ができるまで研ぎ澄まされて、それが脳の働きを活発にして道具を使用する段階まで進んでいきます。

そして人類は、呼吸の自由さを得ました。なぜなら人類とは違って四本足で地球上を歩く他の哺乳類は、前足と後ろ足の動きで横隔膜《おうかくまく》をアコーディオン状の蛇腹鞴《じゃばらふいご》、または箱状の箱鞴《はこふいご》を操作するように、肺の中の空気の強制換気を行なっているとしても過言ではありません。しかし人類は二本足で直立することで、腕（前足）が自由になることで、腕と足の動きにとらわれることなく、自由自在に呼吸をすることが可能になりました。

そして直立することによって喉やそれにともなう声帯、ならびに呼吸器官が発達していき、自由に数多くの異なる音を出すことができるようになり、言葉を話すことができるようになったのです。

驚くべきことですが、首里手の基本であり究極とされるナイファンチの形は、この人類が重力の作用する地球上で進化の過程で獲得した二本足直立をなしたことによる「動歩行」、手と腕の精密な操作、そして呼吸の自由さの三大要素のすべてを網羅し最大限に活用しているのです。

筆者はつねづね、「ナイファンチの形こそが、人類の究極の心身思想・操作の集合体である」と、述べています。なぜなら世界中の心身文化を見渡しても、人類が進化の過程で獲得した生物的特徴を明確に理解して、これほどのまでの高み、あるいは深遠さをもつ集合体になしえたものは存在しえないと確信しているからです。

人類が重力の作用する地球上で直立二本足歩行をするかぎりにおいて、ナイファンチの形に凝縮されている心身思想・操作は、至高のものだとしても決して過言ではありません。

そして本書で意図する武術としての「平安の形」の解明は、このナイファンチに代表される首里手の心身思想にもとづくものでなければ意味をなさなくなるのです。首里手においては人間が直立した時の自然な状態である、骨盤の前傾を基本的な身体操作としています。直立して二本足で移動する人類にとっては、この方法がいちばん効率のよい行動操作だからです。この骨盤の前傾を理解することで、人間のもっとも自然で効率のよい歩行方法である「動歩行」とはいかなるものであるか？　そして動歩行を、いかに武術的に活用することができるのか？という思考の体系化が可能になるのです。

そして驚くべきことですが、この動歩行の原理・原則は、近年になるまで西洋心身文化であるスポーツには皆無であったとしても極論にはならないのです。さらに記せば、西洋のスポーツの思想で理解された現代の空手にも皆無だったのです。

第4節　不安定の中の安定

ここまで述べたように、ナイファンチの形に代表される「動歩行」が、首里手の基本的な心身思想であり身体操作なのです。

ただこのような身体操作をするための「動歩行」では、その逆の身体操作としてもよい、自分の両足の間に自分の重心がある「静歩行」と比較した場合に、自分の身体は安定しません。しかし人間は安定していては動けない、すなわちすばやく移動できないのです。そしてこの移動のエネルギーこそが、空手の威力であり速さの秘訣なのです。

古来から日本武道、そして沖縄空手（首里手）において「歩くことこそ、業・技である」ということは、この重力を利用したエネルギー創出こそが戦いにおいていちばん大切であるという意味です。ですから空手の技を例にしていえば、安定していたら相手に威力のある技を出すことは、不可能になるということです。

しかしここで、一つの大きな課題につきあたります。それは人間の作り出す技の精度とは、安定した状態の時がいちばん高まるものであるということです。例をあげて述べてみると、もし弓を射る操作で、立っている状態と自分が動いている状態とでは、どれが的《まと》に当たる確率が高いのかということを鑑みた場合に、明白になるでしょう。ならば重力を利用してエネルギーを創出して相手へ放出するために、みずからの身体を不安定な状態に置き、かつ技の精度を高めるために自分の身体を安定な状態に保つという、一見矛盾する身体操作を同時になさなければ、もっとも効率のよい武術の心身操作にはならないということになります。

この矛盾する事柄を理解させ、かつ自分の身体操作となす修行が首里手の基本であり究極の形である、ナイファンチの形の修行目的なのです。そのためにナイファンチの形とは「動歩行」主体の修行によって身体の「不安定」を作りだし、かつ技を出すための身体の「安定」を確保するという、非常に厳しい心身操作を修行者に要求します。すなわち「不安定の中の安定」とも呼んでよい状態を作りだすことを、目標としているのです。

そしてこの「不安定の中の安定」を理解しないかぎり、武術の理想とする心身操作をなすことは適いません。だからこそ首里の武士たちは「動歩行」主体の修行体系の基本であり、究極の形であるナイファンチの形を、徹底的に修行することとなったのです。

第５節　相互否定と心身並列操作

さらに人間の出しうる最大の「力学的エネルギー」を最小の動きで創出するためには、身体を分割して「位置エネルギー」と「運動エネルギー」に峻別して、それぞれの部分を操作しなければなりません。そのために日本武道、そして武術としての沖縄空手（首里手）では、みずからの身体を分割して別々に使うという、非常に高度な心身思想・操作が要求されるのです。

この自分の身体を別々に峻別して使用するという考えを、少しむずかしい言葉で述べてみると「相互否定《そうごひてい》」といいます。たとえば胴体内の左右の筋肉の片方が、おもに位置エネルギー（を運動エネルギーに転換して）の創出に関与し、他の一方が筋肉の運動エネルギーの創出に関与するという身体操作を、厳密に行なうということです。そしてこの「相互否定」の後に、「相互相関《そうごそうかん》」あるいは「相互浸透《そうごしんとう》」という言葉で表されるように、二つのエネルギーを統合して最大の「力学的エネルギー」を得るのです。

さらにこの相互否定の心身操作によって、エネルギーを相手に向かって放出する時、すなわち業・技として相手に向かっていく時に、自分の身体操作をむだな動きの皆無なものとすることができます。すなわち「最小の動きで、最大のエネルギーの創出・放出」という、武道の理想とする心身操作をなすことが可能になるのです。

この重力の生じる地球上で二本足直立歩行をする人間の進化の過程から得た、もっとも効率のよい身体エネルギーの活用の理論化、そして修行体系化こそが世界に冠たる日本武道、そして沖縄空手（首里手）の存在意義であるとしてもよいでしょう。このエネルギーを瞬時に創出して、瞬時に力学的エネルギーとしてみずからが望む場所へ統合させるためには、西洋の思考方法である直列的な心身操作では決してまにあいません。そのために日本武道、そして沖縄空手では並列心身操作と記してもよい、相互否定した各部分を同時に、そして瞬時に一つの場所に統合して使用する心身操作を行ないます。

これらの理由から武術として伝承された沖縄空手（首里手）には、スポーツで奨励される全身運動や、それに付随する連動する動きという認識はありません。

極論になりますが、西洋の心身文化であるスポーツの思想には、重力を利用してみずからの身体操作をなすという概念が非常に希薄なために、体系立った修行理論が皆無に近いのです。そのためにすべての動きが、みずからの筋肉による運動エネルギーの創出・放出という全身運動、あるいは連動する動作に始終することになるのです。

さらに記せば、この「相互否定」、そして「相互相関」または「相互浸透」の思想によってなされる心身操作の有無こそが、現代のスポーツ化した空手や、近代になって移入された中国拳法の影響を受けた沖縄空手と、武術として伝承された沖縄空手（首里手）の決定的な相違としても極論にはならないでしょう。

第５章

第１節　異なる心身思想

さてナイファンチを基本とする、武術として伝承された古伝の沖縄空手（首里手）においては、現在の空手の形で演じられる腰をふる、腰をまわすなどの身体操作は存在しません。なぜでしょうか？

端的にいってしまえば、首里手においてはそれらの身体操作は、「必要ない」からです。そして正しい「動歩行」を行なった場合には、不可能な身体操作でもあるからです。そして武術において必要のない、むだな身体操作をすることは「悪癖《あくへき》」といって、諫《いさ》められた身体操作なのです。

ではなぜこのような首里手にとっては「悪癖」と呼ばれる腰をまわす、あるいは腰をふる身体操作が近年になって勃興してきたのでしょうか？

その理由の一つは、首里手の基本である「動歩行」主体の身体操作が、明治維新後に首里の文化が崩壊したことによって、「静歩行」主体とする異なる心身操作の思想をとりいれてしまったからだと思われます。

筆者の文責と明記したうえで記していきますが、この「動歩行」を主体とするナイファンチの身体操作が「静歩行」の立ち方に変化したのは、那覇手が六割といわれるように那覇の長濱という武道家から学ぶと同時に、中国から帰国した東恩納寛量先生を招聘して学んだ糸洲安恒先生の影響が大だからなのでしょう。

糸洲先生はこの長濱先生と東恩納寛量先生の影響から、人間が自然に歩く状態である「動歩行」を徹底的に修行させて、武術が要求する動きを満たすための身体操作を習得させるためのナイファンチの形を、静歩行主体のそれに変化させました。この場合の静歩行を主体とする立ち方の一例とは、左右の両足の膝が自分の内側に入るという方法です。あるいはまれに首里手の立ち方である袴腰に代表されるような骨盤の前傾ではなく、骨盤を後ろ側へ傾けた方法を主体とする修行法でもあるかと思われます。

しかし首里手の思想から考察すると、静歩行の影響下にあるナイファンチの立ち方で膝を抜くと、自分の重心がそのまま自分の身体の中央へとどまる、あるいは後方へ移動することになります。すなわち、座りこんでしまうことになってしまうのです。これは大雑把にいえば、骨盤の後傾の場合も同じ結果となります。

さらにこれらの身体操作につらなる猫足立ちという極端な身体操作の場合には、自分の後ろ足に重心を九〇パーセントもかけるとされる立ち方で突きを放つとしています。これは猫足立ちでの蹴り技の際も同様で、後ろ足に体重の大部分をかけて、前足で蹴るとされます。

しかし武術として伝承された沖縄空手（首里手）には、静歩行のナイファンチ立ちや猫足立ちの思想は存在しません。あるいは現代空手で使用されるのと同じ名称であっても、まったく違った身体思想によって動いています。琉球王国時代の首里の武士たちが、この日本武道には存在しない中国拳法の静歩行主体のナイファンチ立ちや猫足立ちを学んだ場合には、みずからの心身思想とはまったく逆の思想となるためにとりいれるのを拒絶したと思われます。あるいはみずからの心身操作にあるもので代用した、またはみずからの心身思想に沿って変革し

ナイファンチ立ち

撞木立ち

使用したと思われます。

現在も一部の首里手系列に残るセイサン立ち、またはセイシャン立ちは、「静歩行」を修行の主体とする一部の中国拳法のサンチン立ちを、ナイファンチの動歩行の思想で分解・再構成したものだと筆者は愚考しています。さらに述べれば中国拳法の一部で使用される猫足立ちの場合には、その立ち方を使用しないか、または異なる用法で使う。あるいは同じくナイファンチの片方の足を横に開いた立ち方である、撞木《しゅもく》立ちを使用したはずです（図①…ナイファンチ立ち、②…撞木立ち）。

これらの相違は、沖縄に現存する古い首里手系統の形の一片や、日本本土で空手を普及された船越義珍先生の初期の書物の中にある写真や図などを参照すれば、一目で理解することができます。

第2節　腰をまわす

ではなぜ首里手の心身思想・操作には元来は存在しない腰をまわす、あるいは腰をふるなどの動作が生まれてきたのでしょうか？

首里手の基本である「動歩行」と、その逆の身体操作である「静歩行」の差異としてもっとも大きいのは、「静歩行」では身体を安定させることができるということです。動歩行は自分の身体を不安定にして重力落下に身をまかせて歩くということですから、身体は不安定の状態です。しかし自分も、そして相手も動くということを想定している、武術として伝承された沖縄空手（首里手）では、「『動歩行』の不安定な状態が、エネルギーを創出するのである」ということを認識した、明確な思想が存在します。しかし前記したように、弓術や射撃、あるいはゴルフなどで理解できるように、身体の安定していた状態で技の精度が高まるのです。

自分の両足の外に重心のある動歩行においては、自分の身体の筋肉の創出する「運動エネルギー」と、重力落下を利用した「位置エネルギー」の両方を統合して、最大の「力学的エネルギー」を創出することができます。

しかし両足の間に自分の重心が存在する静歩行では、その状態を維持しながら動歩行と同程度のエネルギーを創出しようと試みてみると、「位置エネルギー」が完全に欠落しているのが理解できます。自分の両足の間の外に重心のある「動歩行」とは逆に、自分の両足の間に重心を保たなければならない「静歩行」主体の修行方法では、重力落下を利用して相手へエネルギーを放出することができないからです。そのためには、自分の両足の間にあった重心を通常は前方へいる相手側へ移動すればよいのですが、それでは非常に緩慢・悠長な動きになってしまいます。さらに、その行為そのものが大部分の場合には「静歩行」を「動歩行」に変化させるという、武術としての修行体系における矛盾を生じさせることになってしまいます。

ならば「静歩行」主体の身体操作において、「位置エネルギー＋運動エネルギー＝力学的エネルギー」を創出する、首里手のナイファンチの「動歩行」と同じような規模の力学的エネルギーを静歩行の状態を保ったままで、短時間のうちになす方法はないのでしょうか？

一つだけ、あります。それは、位置エネルギーの欠落によって失われのと同程度のエネルギーを、筋肉のみによる身体操作でなして増加をはかる方法です。これが重力を利用した「位置エネルギー」の創出を無視して、すべての力学的エネルギーを筋肉操作による「運動エネルギー」で生み出すという身体理論です。これは「運動エネルギー＝力学的エネルギー」とも記せる方法で、すべてのエネルギーを作ろうとする身体操作です。

心身理論をエンジンにたとえて述べるならば、動歩行のような二つのエンジンを合わせてその総力を利用するのではなく、一つのエンジンで二つ分の働きを担わされるということになります。

そのためにこの「静歩行」のみの操作だけでエネルギーを創出しようして、重心を両足の間に置いたまま突きに体重をのせると、身体部分において広大な部分を占める大腿部や大臀部の筋肉（の体積）を、相手に向かってそのまま使用することになります。さらにこの広大な身体部分を操作する際には、身体が安定している「静歩行」による身体操作が非常に都合がよいのです。これが腰をまわす、あるいは腰をふる身体操作が始まった理由だと筆者は愚考しています。

古来から伝わる日本武道、その影響を受けた武術として伝承された沖縄空手（首里手）には、腰をまわす、あるいは腰をふるなどの「円で円を描く」などと記される回転運動は存在しません。

この時に琉球王国時代に武術的教養の裏づけのある首里の武士ならば、「膝を抜いてしまえばよいではないか?!」。あるいはもっと直截に、「（重力落下にまかせて）落ちてしまえばすむではないか?!」との感想を述べるはずです。すなわち現代の言葉でいえば「『動歩行』をなしとげる際に必要な、地球上において二本足直立歩行をする人間が重力を利用して創出することのできる『位置エネルギー』を、『運動エネルギー』として解放してしまえばよいのだ！」と、言ったはずなのです。しかしこれは自分の両足の外に重心がある、「動歩行」を行なったために、かつ静止している時でも「動歩行」を行なえる姿勢をつねに保ったがゆえに可能なのです。それが、ナイファンチの形の立ち方なのです。

さて武術として伝承された沖縄空手（首里手）のその場突き、あるいはその場基本でナイファンチ立ちのまま前方へ突きを放った場合に、腰が「ブルッ！」と震える場面があります。武術の基本的思考方法を理解しないと、この動作は腰をふっている動作だと思ってしまいます。

これは通常ならばそのまま前へ一歩入っている状態を、その場基本であるために前に進むことができず、身体をその場に戻すための腰をゆり戻した行為です。しかし形の中では通常は一歩前へ進むために腰をゆり戻す必要がなく、そのまま次の業・技へと続ける身体操作になります。当然のことながら、実戦の場合でもまったく同じです。これは筆者の私見と明記したうえで記しますが、武術として伝承された沖縄空手（首里手＝沖縄手）は「動歩行」を主体とした、「不安定の中の安定」を根幹において修行する。そして「静歩行」主体の修行とは、「安定の中の安定」を基本として修行しているとしてもよいかと思われます。

以上のように琉球王国時代に、武術として伝承された沖縄空手（首里手）の心身思想とは決して相容れない「腰をまわす」、そして「腰をふる」などの身体操作は、このように琉球王国が崩壊して首里の武士たちの心身思想が喪失していく過程によって生まれ出てきたものなのです。

「動歩行」主体の首里手には「動歩行」の心身思想にかなった、非常に効率のよい修行体系が存在します。かつ「静歩行」主体の空手には「静歩行」の心身思想と、その修行体系が存在すると思われます。現在では多くの流会派が入り乱れ、その心身思想も混交してしまった観のある空手界です。しかし筆者が修行時代の沖縄では、首里手は重力の生じる地球上で直立二歩足歩行をする人間の自然な歩く動作、すなわちを「動歩行」を基本とすることが明確にされており、かつ「動歩行」と「静歩行」を、一緒に学んではならないという不文律が存在していました。

第３節　平安立ち

現在でも「平安の形」は首里の心身操作の思想の強い流会派では「平安立ち」とも称された、日本剣術の「撞木《しゅもく》立ち」で演じられます。この「撞木立ち」は、竹刀競技である現代剣道では見られません。しかし古流の日本剣術においては、「一文字立ち」と呼ばれる沖縄空手（首里手）のナイファンチ立ちに酷似した立ち方と、このナイファンチ立ちの片方を開いた立ち方である「撞木立ち」がすべての立ち方の基本だったのです。

少し専門的になりますが、琉球王国時代の沖縄で武術としての首里手を修行した人間たちにとっては、「一文字立ち」、「撞木立ち」、そして「平安立ち」も、すべて首里手でもっとも重要な「ナイファンチ」の形の立ち方の変形として理解・操作できます。このように首里手の基本である「ナイファンチ立ち」、日本剣術の基本である「一文字立ち」と「撞木立ち」、そして本書でとりあげる平安の形で用いられる「平安立ち」の心身思想・操作は、すべて同一のものです。

さらにいえば、「ナイファンチ」立ちでみずからの武術的身体思想・操作を練り上げてきた修行者にとって、前記した「猫足立ち」、あるいは新興那覇手の代表的な立ち方である「サンチン立ち」のような立ち方で修行しろ、あるいは闘えと言ってもむりがあります。または同じ「猫足立ち」という呼称はついていても、その身体操作は現在の多くの流派が行なうそれとは、まったく別な用法です。

なぜなら厳密に述べてみると、動歩行主体の首里手の修行体系には「猫足立ち」や、「サンチン立ち」などが入る余地がないからです。現行の「猫足立ち」、あるいは「サンチン立ち」は両足の間に重心があって歩行する、いわゆる「静歩行」主体の立ち方です。しかし「ナイファンチ」は両足の外に重心をおいて移動する、「動歩行」を徹底的に学ぶために修行する形です。

剣術が武術の主体であった日本の武士たち、そして沖縄の武士階級の人間にとって、剣を自分の身体に呼びこむことになる結果さえ生みかねない「猫足立ち」、あるいは「サンチン立ち」などの「静歩行」主体の修行は事実上不可能なのです。あるいはもしできたとしても非常に効率の悪い修行方法となって、上達（?）の過程において多くの弊害を生むことになるかと思われます。

ここまで記すとおわかりのように、武術的な意味で理解しようと試みた場合に、平安の形を創作された糸洲安恒先生ご自身が「猫足立ち」で指導されたのか?　あるいは首里の思想である「平安立ち」、またはそれと同類の「撞木立ち」で指導されたか?ということが非常に重要な問題になります。

じつは筆者はここで「平安立ち」や「撞木立ち」のことを述べても、首里手でいちばん重要な「ナイファンチの形」の立ち方である、「ナイファンチ立ち」の事柄を詳しくは記していません。なぜなら那覇手の影響の大きい糸洲安恒先生の指導した「ナイファンチ」の形の立ち方自体が、従来の武術として伝承された首里手のナイファンチの立ち方とは、その心身思想・操作がまったく異なっているからです。

平安の形が創作された時代とは、糸洲先生から教授を受けた人間たちのあいだにも、まだ平安の形における統一された心身思想と操作がいきわたっていなかった時代でした。そのためにある人間は糸洲先生自身が指導した方法で、ある人物は従来からの首里の手一〇〇パーセントの方法で「平安」の形を修行するなどと、地域、時代、個人の修行体系の背景において、いちじるしい違いをみせることになりました。さらに空手が大いに広まっていく過程で、数多くの空手家が誕生し、多くの流会派が生まれました。それと並行して、形も個人や流派の特徴をとりいれて変革されていきます。そのために現在では同じ平安と表記されて「ピンアン」、「ヘイアン」と呼ばれる形でも、流派のちがいによって動作や解釈が違っています。

本書で記すのは琉球王国時代に武術として修行された沖縄の空手である「首里手」、あるいは「沖縄手」の思想、すなわち日本武道・武術の影響下にあった心身思想による、「平安」の形の解釈ということを明記しておきます。なぜなら、平安の形は動歩行主体の首里手の古伝の形である、「クーシャンクー」や「パッサイ」などの身体操作をとりいれて創作されたのは明らかです。ならば「ナイファンチ」の形をはじめとする、古伝の首里手の形の基本的立ち方で身体操作をしたという推察が立ちます。

しかし前記したように、糸洲安恒先生が創作し指導していた平安自体が、「猫足立ち」主体の静歩行の身体操作によって行なわれていた可能性を一概には否定できません。そのために本書においては、すべて首里手本来の「ナイファンチ立ち」とその変形である「平安立ち」、あるいは「撞木立ち」での、武術として伝承された沖縄空手（首里手）の「平安」を解説していくことを理解しておいてください。

第４節　神速

世界の心身文化においてもまれにみる、これほどすぐれた沖縄空手の形が改変されてしまった結果、何がどう変わってしまったのでしょうか？

それは「神速」と呼ばれる、武術的に正しい心身操作のみで生まれる速さを、失ってしまったのです。

首里手の創始者としてもよい、「武士・松村」こと松村宗昆先生は「武士は神速を尊ぶ」と、つねづね語っていたといわれます。これは薩摩の示現流の達人でもあったとされる松村先生が、示現流の雲耀《うんよう》の位に達したことによって自得された境地を述べたものだと思われます。この神速を尊ぶ、すなわち武術の修行によって人知を超えた神の領域ともされる速さを追求することこそが、武術として伝承された沖縄空手（首里手）の最大目標なのです。その神速をなしうる心身操作の修行が、ナイファンチをはじめとする首里手の形の存在意義でもあったのです。

さらにこの神速の思想は古伝の沖縄空手（首里手）のみならず、日本武道でも同様であり、日本武道においてはその心身思想の基準を「刹那《せつな》の間」にまにあうことを至上目的としています。この刹那とは、漢字における命数法の単位です。命数法とは千や万などの数詞で数を表現する方法ですが、東洋文明では数の多いものの最大を「無量大数」として、これは一〇の六八乗と数えられるとしています。

その逆の小数の部類においては「涅槃寂静《ねはんじゃくじょう》」が最小の位となり、これは一〇のマイナス二四乗だとしています。なお仏教ではこれらとは若干異なる数詞を用いて、数を表す方法もあります。この小数の部で一〇のマイナス一七乗にあたるものが「刹那」という単位ですし、仏教では一秒の七五分の一という時間を表す言葉だともされています。

さらに空手の心身思想に大きな影響を与えたはずの薩摩藩の示現流剣術には、太刀の速さを「雲耀《うんよう》」という時間で表すことがあります。この「雲耀」とは稲妻《いなずま》のことですが、その速さを示現流では、「堅き板の上に薄紙を一枚敷いて、それを研ぎ澄ました錐で、表から裏まで突き抜く時間である」と表しています。

もちろん現代のように細かい時間を計ることのできる時計やストップウォッチのない時代ですので、大部分の日本武道の流派と同じく示現流では人間の脈拍をもってその基準としました。まず人の手（首）の脈が四回半鼓動する基準を、「分」としていました。その「分」の八分の一を「秒」、そして「秒」の一〇分の一を「糸《し》」として、「糸」の一〇分の一を「忽《こつ》」として、前記の「雲耀」はこの「忽」の一〇分の一の速さであるとしています。

でもいかに脈拍を基準として分割したところで、昔の人々にはこれほどの短い時間を計る方法はなかったはずですから、この「刹那」にしろ、「雲耀」にしろ観念としての時間であり、実際的な時間ではないのでしょう。ですからこの間の事情を古人は、「瞬息、須臾、頃刻、皆不久之詞、与釈氏一弾指間、一刹那頃之義同」と表しています。すなわち瞬息《しゅんそく》、須臾《しゅゆ》、頃刻《けいこく》というのは、みな久しからざるの詞であり、釈氏（お釈迦様）の「一弾指の間」「一刹那の頃」の義と同じなりということです。

このように日本武道、そして武術として伝承された沖縄空手（首里手）の基本思想、あるいは精神とは、この「刹那」や「雲耀」の時間を基準として、心身思想・操作が成り立っているということは理解しておいてください。松村宗昆先生がつねづね述べていた「武士は神速を尊ぶ」の「神速」とは、これらの人知を超越した速さの総称だとしてもよいでしょう。

物理の法則においては、運動エネルギーは、質量と速さの二乗に比例します。すなわち速いということは、相手が反応できないというだけではなく、運動エネルギーが増す、すなわち相手へ対する技そのものの威力が増すということでもあるのです。さらに実践ではこの方法でしか、確実にみずからの身を守る術はありません。ですから究極的には、この時間を基準としていない武術の修行方法は無益なのです。

昭和期に剣術の大家として名をなした大森曹玄《おおもり・そうげん》先生（一九〇五―一九九四）が有名な『剣と禅』を著した時の

道歌に、「いまといふ、いまなる時は、なかりけり、まの時くれば、いの時は去る」とあります。神速とは、この「いま」の「い」の時にまにあう業・技のことです。

そしてこの神速を生み出す身体操作とは、重力の作用する地球上において常時二本足直立歩行をする人間が自然に移動する際に行なう、自分の両足の外に重心を置いて歩行するという、前記した「動歩行」が基本になります。この「動歩行」による「不安定の中の安定」を理解して修行しないかぎり、「刹那の間」にはまにあわないのです。だからこそ首里の武士たちは「動歩行」主体の修行体系の基本であり、究極の形であるナイファンチの形を、徹底的に修行することとなったのです。

ナイファンチの形における正しい立ち方とは、極論すれば重力の作用する地球上で二本足直立歩行をする人間が、いま支えを失って重力に引かれて落ちていく寸前の状態のことです。このギリギリの状態で立ち、自分が突き技を出すために腕を前にもっていくと、極限の状態で安定を保っていた身体のバランスが崩れます。そのバランスを崩して、安定を失った身体はそのまま前方へ、つんのめるようにして出ていきます。

じつは武術本来の沖縄空手においては、この場合はガマクと呼ばれる腰方形筋《ようほうけいきん》の作用によって業《わざ》となる身体操作を行なうのですが、本書では紙面の関係でそこまでは触れません。

非常に大雑把な表現になりましたが、これが動歩行における身体操作の基本です。そのために人間の身体操作において、自然な状態である動歩行を一分のむだもなく行なうための姿勢が要求されます。それが武術として伝承された沖縄空手（首里手）の、正しい「ナイファンチ立ち」です。

これらの事柄は非常に重要でありながら、明治維新後に琉球王国が崩壊して、武術としての沖縄空手（首里手）が一般に公開された時に、前記した三、四度ほどの変革によって完全に失われたとしてもよい思想なのです。

そのために手と腕の操作である突き技を出す場合に、足から先に行く、または突きが相手にとどく前に足が地面に着く。あるいは腰はまわす、または腰をふるなどの、現在は沖縄空手の身体操作の特徴とされている事柄は、古伝の武術として伝承された沖縄空手（首里手）には存在しません。

なぜでしょうか？

それは腕で突く場合には、武器としての腕が最初に始動して、さらに腕がいちばん最初に相手にとどいていなければならないからです。胴体と足は、この腕の速さに一致する、あるいは腕の速さの邪魔にならないように処理すべきものなのです。どのような人間でも、生死の狭間で相手を打つという時には、かならずといってよいほどに手から先に出ます。それこそが、人間の本能にたよった自然な動作だからです。

そして武術の形とは、自然に反する行為を形で習得するのではなく、重力の作用する地球上で直立二本足歩行をする人間の自然な動きを取り出して、その動きに付随するむだな動きを削ぎ落とし、もっとも純粋にして業（ワザ）、あるいは技（ワザ）となすということです。そしてそのような行為の際にも重要になるのは、「動歩行」の身体操作をなせる自分の立ち方なのです。

しかし、生死の狭間においては本能によってもっとも自然な行ないをなすはずの人間は、武術的に正しい修行の意味を理解しなければ、身体の安定度を得たいがために、足から先に出て身体を固定した後で技を出してしまいます。あるいは相手に伝えるべきエネルギーを、みずからの身体感覚を満足させるために、腰をまわす、あるいは腰をふるという、いうなれば自分の作りだしたエネルギーを、自己で消費してしまうという修行になってしまうのです。

このように身体を安定させた状態で突きを出すと、武術的に熟練しなくとも身体が安定しているために、技を速く正確に出すことができます。しかし、これは「速くて、遅い」操作なのです。すなわち技（この場合は突きの腕）は速くても、業（身体操作の全体）が遅いために武術として伝承された沖縄空手（首里手）には、存在しえないワザ（業・技）となってしまうのです。

「刹那の間」を心身操作の基準とする日本武道、そして武術として伝承された沖縄空手には、現代の言葉でいう「位置エネルギー」と「運動エネルギー」の峻別があると同時に、この人間が作りだせる二つのエネルギーを瞬時に合体させて「力学的エネルギー」として、最小の動きで相手に放出する思想が存在します。この「武士は神速を尊ぶ」ことから生まれてきた、二つのエネルギーの総和をもっとも効率よく、かつ最小の動きで創出するという思想の確立があり、かつ体系立った修行が存在したからこそ、南海の島である沖縄という小さな地域で生まれた空手が、世界中の人々の尊敬を集め、これほどまでの普及をみたのです。

後記する首里手の口碑には、「突きは手が先」という教えが存在しますが、これが神速を得ることの身体操作としての第一段階なのです。

第6章

人間にとって、いやこの地球上に生存している多くの生物にとっても、空気の存在は欠かすことのできないものです。

第1節　呼吸

では、なぜ人間には空気が必要なのでしょうか?

簡単にいってしまえば、人間は空気中の酸素をとりいれて、みずからの生存のためのエネルギーとするからです。他に人間のエネルギーの創出に欠かせないものとしてはブドウ糖がありますが、これは通常は人間は摂取する食物から作り出します。この酸素を体内にとりいれるために、呼吸運動というものが存在します。この呼吸運動は呼息《こそく》と吸息《きゅうそく》の二つの運動を表し、呼息とは息を吐くことで、胸に位置する肺を包む肋骨の内肋間筋《ないろっかんきん》や、胃の上部にある横隔膜の弛緩《しかん》によって、胸腔《きょうくう》を収縮することで息を肺の外へ吐き出します。

その逆に吸息とは息を吸いこむことであり、これは外肋間筋《がいろっかんきん》や横隔膜の収縮によって、胸腔を拡大して息を吸いこむことになります。他の多くの哺乳動物と同じく、人間は口や鼻から空気を吸いこみ、気道（空気の通り道）を通って胸の左右の肺へ空気をとりこみます。肺に入った空気は、肺にある肺胞と呼ばれるもので酸素を血液中にとりいれます。それと同時に、血液中の二酸化炭素を肺胞に押し出します。いわゆる肺において、ガスの交換が行なわれるのです。これらの運動を人間は延髄《えんずい》の呼吸中枢によって、反射的に規則正しいリズムでとりおこないます。ですから、人間は意識せずとも寝ている時でも呼吸ができるのです。

じつは自然状態での呼吸運動は、現在ではさまざまな名で呼ばれます。本稿では論旨を明確にするために、呼吸方法を明確に区切って記述していきましょう。

二本足直立歩行をする人類とは違って、四本足で歩行する哺乳類は横隔膜と腹筋を使って、前の足と後ろ足を交互に動かすことで、肺がフイゴを開閉するようにして空気を出し入れして呼吸します。余談になりますが、多くの哺乳類は毛皮に覆われているために、呼吸で体温の調節も行ないます。読者の方々も、夏の暑い日などに運動した犬が口から舌を出してハアハアと大きく呼吸をして、体温を調節しているのを見たことがあると思います。この横隔膜と腹筋を使って呼吸をする方法を、「腹式呼吸」と呼びます。

しかしこの腹式呼吸は前足と後ろ足が動くことで、フイゴのように肺を動かさなければなりません。そのために四本足動物が寝ていて四肢（手と足）の動きが止まっている時などは、胸の肋間筋をつかって肺の空気を出し入れする呼吸方法を行ないますが、これが「胸式呼吸」と呼ばれるものです。これは二本足直立歩行の人間も同様で、通常は睡眠中の人間は胸式呼吸を行ないます。

胸式呼吸は腹式呼吸と比べると横隔膜を使用しないので、一回の動作でとりいれる酸素の量が少なくなってしまいますが、睡眠中などの静止状態においては酸素の消費量が少なくてすむのでなんら支障はありません。

このように人間の呼吸は、胸式と腹式を併用しているために胸腹式呼吸《きょうふくしきこきゅう》とも呼ばれます。

ここまで人間にとって、そして他の大部分の動物にとっても非常に重要な生存のための行為である呼吸を説明しましたが、武術として伝承された沖縄空手（首里手）においては、呼吸はどのようにとらえられているのでしょうか？

首里手では、「呼吸は自然に！」です。あるいは現代のわれわれに解かりやすい言い方ならば、「呼吸は自由に！」と言葉を代えてもよいでしょう。この自然、あるいは自由とは、呼吸によって身体の動きを束縛してはならないということです。なぜなら呼吸は、人間が生存するためには生理的に不可欠な操作だからです。前記したように酸素とブドウ糖は人間が生存するうえで欠かせないものですが、ブドウ糖をとりこむための食物を二、三日摂取しなくとも人間は生きていけるものの、呼吸を長く止めることは人間には不可能です。これだけでも、呼吸が人間にとっていかに必要かが理解されると思います。心臓が血液の循環を果たす役割を示す鼓動、あるいは脈拍と同じく、人間の呼吸も人の生存にとってはなくてはならない生理的現象です。

さて示現流をはじめとして、日本武道では人間の脈拍を時間の基準としていると前記しました。この脈拍とは、心臓の鼓動のことです。細かい時間を計る時計などのない時代には、その鼓動を時間の目安にしました。

しかしそれは時間の目安などであって、直接的には業・技の操作には大きな影響を与えることはありません。いや、この場合は技は心臓の鼓動に影響を与えてはならないし、鼓動で技を操作してもならないのです。すなわち心臓の動きで業・技の速度を計ることはあっても、その鼓動に沿《そ》って技を出すということはありません。ですから前記したように、日本武道では脈拍を強調する時とは、身体操作における時間の基準であって、身体操作そのものの基準ではありません。

でも人は興奮したり、緊張したりした場合には鼓動（脈拍）が早くなります。それと同じく、呼吸も速く胸が波打つようになります。そして武術としての空手が、その修行の過程で想定する生死の狭間にある状態とは、極度の興奮と緊張を生むものなのです。

しかしこの鼓動の速さや呼吸の多さに沿って技を出すという状態を、日本武道そして沖縄空手は是とはしません。その反対に日本武道、沖縄空手が理想とする状態とは、どんな非常時でも平常心でのぞむことであり、それをめざして修行を積むことこそがその本質なのです。

この平常心とは読んで字のごとく、平常なバランスのとれた状態の時の、心のあり方の意味です。すなわち心臓の鼓動も、呼吸も通常の状態を示します。このような緊迫した時に平常心を保つためには、心臓の鼓動（脈拍）と呼吸が非常に重要になります。あるいはこのような時に平常心を保っている状態こそが、鼓動と呼吸が通常の状態で行なわれているという証明だとしてもよいでしょう。

ですから呼吸は自然にということは、呼吸は重要ではないから無視しろということなどでは決してなく、その反対に呼吸は生理現象として人間の存在に非常に重要だからこそ、それに心身操作を左右されてはならないということです。これは呼吸と表裏一体と記してよい、心臓の鼓動（脈拍）についても同様です。

ここまで首里手では、修行者が「呼吸法はどうなりますか？」と師にたずねた際に、「呼吸は自然に」との答えが返ってくるとする意味を記してきました。すなわち首里手における呼吸法の教えとは、「胸式呼吸」や「腹式呼吸」、あるいは「胸腹式呼吸」などの二本足直立歩行をする人類が、自然に行なう呼吸法だということです。

さらに「呼吸は自然に」という呆気ない答えに満足せず、またはその意味を理解しえない弟子が重ねてたずねた時に、もし師が親切ならば「呼吸は隠すものだ」という答えを得ることが可能かもしれません。なぜなら呼吸とは、身体操作の拍子を表す時が多々あるからです。この際の拍子とは、現代の空手修行者にとっては技を出すタイミングだと理解すればよいでしょう。この技を出すタイミングを読まれてしまうと、敗北につながります。そのために沖縄空手においては、呼吸は隠すということが鉄則になりますが、これは沖縄空手、日本武道のみならず、世界中の格闘技と呼ばれるものでも共通の認識だと思っています。

さて、これは非常に重要な事柄なので筆者の意見と明記したうえで述べますが、筆者はこの呼吸の重要さを近代に入って日本武道をはじめとして沖縄空手も、その多くの場面で誤解しているのではないか?と思っています。この筆者の意見には賛否両論があるとは思いますが、その意見を明確にするために、まず武術として伝承された沖縄空手（首里手）の心身操作には存在しなかった可能性の高い呼吸法を、さらに現代武道で強調されるようになったが、古伝の沖縄空手には存在しなかった可能性が大である心身思想の事柄を詳細に記していきます。

これらが以下に述べる「丹田呼吸法」、「腹の思想」、「怒責作用」、「気」、「脱力」、そして技における「立ち関節技」などです。

第2節　丹田呼吸

その1

琉球王国が崩壊した後の明治期を境にして、新たなる中国拳法が導入されたり、西洋心身思想がとりいれられました。その流れの中に、従来の首里の思想で行なわれていた武術には存在しない、あるいはきわめてまれな呼吸の方法が導入されたと思われます。

一つは「丹田呼吸」と呼ばれるものと、もう一つは「怒責作用」と呼ばれる呼吸法、あるいは呼吸を使って身体を操作する方法です。

「丹田呼吸」とは、禅の修業などで非常に重要視されるものです。

そして人類の八〇パーセントが自然に行なうとされる前記の「腹式呼吸」と、この「丹田呼吸」が巷ではよく混同されたり、一緒くたにされて語られる場合があります。現代においても巷では「腹式呼吸」と「丹田呼吸」にかんしては、主張するそれぞれの人間によって、おのおのの定義が異なるとしてもよいほどに整理されていません。

しかし本書では「腹式呼吸」と「丹田呼吸」とは、厳密には非常に違うものだという認識に立って説明していきます。なぜなら腹式呼吸は延髄の呼吸中枢による自然呼吸ですが、丹田呼吸は人為的、あるいは任意的な呼吸だと筆者は認識しているからです。さらにいえば「丹田呼吸」は座禅を主体とする禅の修行などの静止状態では多用されるはずですが、人間が立って動く武術においては琉球王国時代の武術として伝承された沖縄空手（首里手）や、武器類を使用をする沖縄古武道または琉球古武道のみならず、首里手の心身思想のもととなった日本武道の動きにも根源としては存在しません。

この丹田呼吸を二本足で直立して動く武術に応用する思想が沖縄において広まったのは、琉球王国が崩壊した明治期に東恩納寛量先生が中国本土から導入した時をして、嚆矢《こうし》とすると思われます。

沖縄空手界においては巷で「サンチン裁判」とも呼ばれた、民話のような伝承が存在します。これは中国から帰国された東恩納先生と、「空手といえば湖城、湖城といえば武士一族」とも称された、当時の中国拳法の達人たちを輩出した湖城《こじょう》家の者とがサンチンの形の際における呼吸法をめぐって論争が存在し、その成否を医師が決めたといわれるものです。この時に東恩納先生が説明したサンチンの呼吸方法とは、筆者が「サンチン裁判」を記している書物を理解するかぎりにおいて、日本本土において丹田呼吸とよばる方法に類似するものだと思われます。さらに空手界の一部で現在行なわれている呼吸の原型が、この時に移入された呼吸法だと思われ、それは丹田呼吸そのものだとしてもよいでしょう。

日本本土の歴史においてこの丹田呼吸が重要視されはじめたのは、江戸時代の中期に仏教の禅宗の一つである臨済宗《りんざいしゅう》において中興の祖とも称された、白隠慧鶴《はくいん・えかく》師が著した『夜船閑話《やせんかんな》』に記されているものの影響が大だと愚考しています。この書は厳しい禅の修業で心身を病んだ白隠和尚が、京都北白川の白幽子という道者の教えにしたがって、みずからの心身の健康をとりもどすという体裁になっています。その中に、丹田呼吸法が詳しく説かれています。

しかしこの丹田呼吸そのものは白隠和尚があみだしたものではなく、白幽子という名の道者から学んだものだとしていますし、じつはこれはお釈迦様が説いたとされる、「アナパーナ・サチ（安般守意）」の呼吸法がもとになっていると思われます。なお仏教には、「大安般守意経《だいあんぱんしゅいきょう》」という経典も存在します。

人間の腹部、いわゆる臍下丹田部《せいかたんでんぶ》とは太陽神経叢《たいようしんけいそう》とも呼ばれる、自律神経を整える働きをする場所です。腸が「第二の脳」とまで呼ばれるのは、これが一つの理由でもあります。この自律神経系は、交感神経と副交感神経によってなりたっています。簡単に述べてみると、人間は激しい運動をすると交感神経が活発に活動します。それとバランスをとるのが副交感神経です。

東洋医学において丹田とは個々人の臍《へそ》から指一本の幅ほど奥に、そして指三本ほど下にあるとされます。または臍と恥骨結合の中間に位置するという、言い方をされます。この部分と、その反対の背中側に位置する命門を意識する丹田呼吸とは、武術としての効用を語る際には緊迫した状態において自律神経を調節して、緊迫した場面においても平常心を保つ効果があります。そのために丹田呼吸とは、呼吸を利用した一種の精神安定法だと記してもよいでしょう。

さらに沖縄語（日本古語＝方言）でクシと呼ばれる腰と後方の筋肉は、この丹田と命門にあてはまります。しかし沖縄空手の心身思想は徹頭徹尾にクシ（腰・後）であり、身体の前面に位置する丹田を身体操作の要とはとらえていないのです。

その２

さらに私観を記しますが、筆者は古伝の沖縄空手のみならず日本武道の根幹をなす古来からの日本剣術も、すべて前記したクシ（腰・後）の操作によって行なわれており、ハラという言葉で表せる「肝・腹」の思想は、すくなくとも武術としての身体操作においては存在していなかったのではないかと思っています。

もっと端的に記すと「丹田呼吸」が武道において存在するとすれば、これは心法の領域に在するものだということです。わざ（業・技）を担う、直接的な身体動作ではありません。胆や腹《はら》（ハラ・はら）は「第二の脳」と呼ばれることに象徴されるように、人間の動きを正常に保つことには必要不可欠なものです。しかし「刹那の間」における身体操作を思想の根源とする首里手においては、ハラ（胆・腹）の思想は存在しません。

琉球王国時代の首里の武士は建前上はすべて禅宗に帰依していますが、もともとの沖縄文化とは古日本の文化であって、土着の宗教とは古神道の御岳《おんたけ》信仰としてもよいものです。

ふたたび私見として明記したうえで述べると、肝・腹という文化はおもに仏教からの流れであって、古日本、古神道、あるいは沖縄語で「ウタキ」と呼ぶ聖地にあたる御岳（おんたけ＝ウタキ）を文化の基調とする沖縄空手には希薄だと思われます。これは武術として伝承された沖縄空手（首里手）だけではなく、古流の日本剣術の場合も同様だと思われます。古流剣術の総本山の一つと記してもよい香取の剣自体が、香取神宮に在するものであり、かつ同じく鹿島の剣の鹿島神宮も同様です。

これらの古剣術はすべて神道、あるいは古神道系統の思想体系を背景として伝承されたもので、古来から続いてきた琉球王国の沖縄文化なるものも古日本、かつ古神道をその思想体系に有するものだと筆者は考えています。そのために人間が動くこと、すなわち動作の根源として、あるいは動作の最中において丹田呼吸を強調することはないと思っています。それは丹田呼吸をしてしまうと「神速」を得ることが不可能になり、「刹那の間」にまにあわなくなってしまう可能性が非常に高いからです。

4章3節で「袴腰」そして「女腰」とも称される二本足直立をなすための、人間の腰のようすを説明しました。その直立歩行をするために人間の腰を横から見た図では、前傾しています。しかし丹田呼吸の多くの説明では、呼吸によって、あるいは呼吸をするためにこの腰を後傾させてしまうのです。これでは腰と骨盤のところで説明した直立二本足する人類の自然なエネルギー創出法と、まったく逆のことが起こってしまっています。

人間の祖先が二本足で歩く以前に、四足で歩いた時代には後ろ足を前にもっていく動作、すなわち前傾していた骨盤を後傾させることで歩行と同時に、肺をフイゴの働きのように使用して呼吸を行なっていました。しかし、これでは四肢（この場合は足・脚）の働きで呼吸をすることになり、呼吸そのものの自由さを得ることはできません。それと同時にこの方法で呼吸をすることは、移動に必要であり、かつ蹴りなどの重要な武器として使用される足・脚が、呼吸をすることに使われてしまい武器としての役割を果たせなくなります。そして「呼吸」の節でも述べたように、「刹那の間」にまにあう身体操作においては、呼吸による操作は使い物にならないのです。

さらに丹田呼吸とは、他の自然呼吸とは違って延髄の呼吸中枢によるものではない人為的なもののために、意識しなければ実行するのは不可能です。その意識をするという行為は、相手に「刹那の間」で対峙しなければならない自分の心身を束縛することになります。

人類は二本足で直立することで、呼吸の自由さを得ました。そして武術として伝承された沖縄空手（首里手）においては、この身体の自由さをもってしてワザ（業・技）となしているのです。

白隠和尚も丹田呼吸に目覚めたのは、禅の修業に没頭したあげくに「禅病」という、いまでいう心身症のような状態にまでおちいってしまったからなのです。すなわち厳しい修行で衰弱してしまった心身を正常の状態に治すために、人間が四足で歩いていた時代まで身体を戻し、原始の時代の強靭さを得る手段であったとしてもよいでしょう。

しかしこの呼吸法は「静呼吸」という別名がついていることからもわかるように、心身を静的状態、すなわち仰向けに寝た状態や座禅の状態等にすることにおいては可能で、非常に有効です。または現在のわれわれ人類も四足で歩行した場合には、自然にこのような状態になるのかもしれません。

しかし二本足で直立して、突く蹴るなどの動的な動きを行なうことを主たるものとする空手、あるいは斬る、突くなどの剣術を主とする日本武道の身体操作には非常に不向きです。武術として伝承された沖縄空手（首里手）にとって必要なのは静呼吸ではなく、動作の始動を助ける、あるいは動作の最中でも無意識のうちに、最大のエネルギーのもとである酸素を身体に供給することのできる呼吸です。そうでなければ、実戦の役には立ちません。丹田呼吸法を「静呼吸」と呼ぶならば、これは「動呼吸（筆者の造語）」としてもよい呼吸法なのです。

相手と対峙した場合に呼吸の働きで臍下丹田へ力を溜めると、自分の心身が適度の緊張の中にリラックスをするという、武術において理想とする精神状態を保つことができ、そのために冷静に動くことができます。さらに自分が冷静なために、相手の動きを明確に眼でとらえ、自他の動きを冷静に判断することが可能になります。

しかし武術として伝承された沖縄空手（首里手）では、丹田呼吸によるこの状態を保つことを奨励してはいません。なぜでしょうか？　それは呼吸によって、臍下丹田に力を入れる、あるいは力を蓄えているからです。前記したように、呼吸によって身体のリズムを作り出す行為とは、無拍子、一拍子を基準とする日本武道や沖縄空手においては、悪癖としてもよいものだからです。

では呼息、吸息を交互に行なう呼吸で臍下丹田に力を集めるのではなく、呼吸に左右されずにつねに臍下丹田部に力を溜めるという行為でよいではないか？という意見もでてくるでしょう。しかしこの場合には、臍下丹田部の腹筋が膠着してしまうのです。すると腹筋と横隔膜が自由に動くことが阻害されてしまい、多くの酸素をとりこめ、かつ相手から呼吸のリズムが読みとるのが困難であるという、武道には最適な腹式呼吸が困難になってしまうのです。するといちばん自分にとって酸素が必要な生死を分ける戦いという場面において、酸素の供給が限定された胸式呼吸でしか、動くことができないということになってしまうのです。

じつは沖縄空手においては、この臍下丹田の存在とは武術本来の腰を据えるという動作にほかならないのです。この腰を据えるとは、あるレベルからの武道家、空手家においては、日常における当然の身体操作でなければなりません。さらにやや厳しく記せば、この状態における精神的な役割を強調することは「刹那の間」以前の事柄でしかないのです。すなわち、まだ相手と正面切って対峙する時間を与えられた時にのみ可能だということです。

首里手の創始者としてもよい松村宗昆先生が、晩年の弟子に与えた武道の心得を説いた立派な書が残っていますが、この書には「手数計り踊の様にて相成る『学士の武芸』、または争論或いは人を害する『名目の武芸』などの稽古を諌《いさ》め、本来の「武道の武芸」に励むように」という意味の言葉があります。さらには「武道の武芸は、放心致さず工夫を以《もっ》て成就致し、己が静を以て敵の譁を待ち、敵の心を奪って相勝ち候。成熟相募り候て妙微相発し、万事相出来候共橈惑もなし、乱譁もなし。忠孝の場に於て、猛虎の威、鷲鳥の早目自然と発して、いかなる敵人も打修め候」とあります。これこそが武術として伝承された沖縄空手（首里手）の意地、心がまえ、心法、あるいは心身思想だとしてもよいものです。

その中における「放心致さず」、すなわち注意散漫にならず、「己が静を以て敵の譁を待ち」すなわち自分の冷静さをもって敵の譁《か》、あるいは「かまびすしさ」、またはとり乱しさを待つという部分の心のもち方、あるいは心法の部分を錬るための腹・肝は必要不可欠です。そしてこれは心身思想の心の部分、すなわち心法と呼ばれるものです。

心と身体の関係において、日本文化には一元論を基本とした「心身不離」の思想があり、相互相関・相互浸透における心身の一元化は当然です。しかしその相互相関・相互浸透は、心と身体のおのおのの役割を峻別した、すなわち「相互否定」の後での相互相関・相互浸透でなければ、用を足さないということは熟知しておく必要があります。

そのために非常に厳しい言い方となりますが、刹那を身体操作の基準とする古伝の沖縄空手では、人間が自然に呼吸する腹式呼吸、または胸式呼吸、あるいはその複合である胸腹式呼吸で心身操作を行ないます。さらに自然に呼吸をすることによって動転しない心を作る、あるいは動転しても自然な呼吸を荒らさない方法、または激しく動いても呼吸が荒れない方法など、いわゆる「呼吸のとり方」というものは当然のごとく存在します。

しかし丹田呼吸などに代表される、呼吸で操作される身体操作は皆無であったはずであると記しておきます。

第3節　腹の思想

さて日本武道でも「腹」や「肝」などの心理面を強調する心法の場合ではなく、純粋な身体操作を説明する際にも「腹に力を入れる」という言い方がされる時があります。沖縄空手でも現代風にいえば、「（この場面では）腹をわずかに張れ」という言い方もされる指導者も存在しました。

しかしこの身体操作は厳密にいえば、沖縄語で「ガマク」と呼称される「腰方形筋」を前方へ向けて伸展させた結果の現象でしかありません。すなわち「腹筋」の後方に位置する「腰方形筋」の伸縮の操作で、前方に位置する腹が前に出たという結果です。ですから身体操作の原理・原則を熟知していた指導者は、「ここでガマクを（前方へ）かけろ（そして、前方へクシ［腰］をもっていけ）」という表現を使っていたのです。あるいは正しい武術の修行の結果として、小・大腰筋が発達したためなのです。

そして当然これは沖縄で生まれ育った筆者のひいき目ですが、武器をもつことを禁止されたがゆえに、生身の心身操作にかけては沖縄空手の心身思想は日本剣術以上の境地に達している部分があるかとも思っています。そのためにもし、日本の剣術家が「ガマク＝腰方形筋」の名称と存在活用を示されていたならば、この場面では「ここで、ガマクをかけろ」と語ったのではないかと愚考します。

じつは肝と腹は「ハラを据える」などと同じ読み方も存在しますが、その意味は微妙に異なるとされています。すなわち肝とは通常は（生まれつきの）性格的、あるいは先天的なものであり、腹とは意思や覚悟などの後天的に作り出すことのできるものであるとされます。

そして武道の技術、すなわち武術とは、究極的には生死の境におけるみずからの戦いのための技術です。そのために戦う意思、または闘志として、あるいは非常時における落ち着きなどの意味で、「肝《きも》を据える」あるいは「腹を据える」という意味でのハラは当然のごとく存在します。さらに一部の首里手系列の道場では、指導者が禅宗に帰依していたために座禅を組ませ、その際にハラを据えるということは強調されました。持って生まれた肝《はら》ならいざ知らず、後天的に鍛えられる可能性のある腹《はら》の鍛錬を、生死の狭間でのやりとりを修行の際の心身思想とする武道家、空手家が追い求めるのは当然のことでしょう。

そしてこのみずからの覚悟や意思を表す「腹」は、腹部の腹の漢字をあてるために腹式呼吸と関連させて語られることが多々あります。すなわち横隔膜と腹筋の働きで腹部で呼吸をするために、腹《はら》が錬られるとする意見です。この腹式呼吸は人為的な「丹田呼吸」とは異なり、自然呼吸であるために技を相手に放出する際の動作になんら支障なく、かつ前記したように胸式呼吸より多くの酸素を肺へ送りこむことができるうえに、相手に拍子を読まれるおそれが減少します。そのために日本武道、そして武術として伝承された沖縄空手（首里手）において腹式呼吸が主体になるのは当然のことでしょう。ただ近代に入って、この人間が自然に行なえる腹式呼吸と、精神安定法の呼吸であり、かつ人為的な動作を必要とする「丹田呼吸」との混乱が起こったと考えます。

ここで以後の混乱を避けるために明確に記しますが、武術として伝承された沖縄空手（首里手）において奨励された「呼吸は自然に」という呼吸法は、人間が自然状態でなす「腹式呼吸」のことであり、作為が必要な「丹田呼吸」ではありません。

さらに「神速」を目安とする沖縄空手において強調されたのは、沖縄方言で「クシ」と呼称された二本足直立歩行をする人間の腰（クシ）、または突きの際に腕の操作を行なう身体後部の筋肉である広背筋などを意味する、後（クシ）という言葉だったことをここで記しておきます。首里手において業・技を使用する時には、動呼吸としてもよい自然呼吸である腹式呼吸、あるいはまれに胸式呼吸、または複合の胸腹式呼吸の呼吸法です。そして腹ではなく、すべてクシ（腰・後方筋肉）の操作で動作を行なうということを理解しておいてください。

第4節　怒責作用

つぎに東恩納寛量先生の高弟であった宮城長順先生が中国へ渡り拳法を研究なされ、帰郷された時に「怒責作《どせきさ》用《よう》」と呼ばれる呼吸法を導入しました。この怒責作用とは、辞書を引いてみると「いきむ」ことだとあります。さらに「いきむ」とは「息をつめて力を込める」こと、または「おなかに力を入れてふんばること」だとあります。

厳密な意味では「息をつめて力を込める」ことと、「おなかに力を入れてふんばること」は違います。なぜなら前者の説明では呼吸が存在しますが、後者には呼吸のことは触れられていません。すると怒責作用と呼ばれる身体作用には呼吸をともなった方法と、または呼吸とは無関係に行なわれるという二つの意味があるということです。そして武術として伝承された沖縄空手（首里手）には純粋な身体操作としては、前者の呼吸で操作する方法も、そして後者の呼吸を使わない方法においても、怒責作用をともなう身体操作は存在しません。なぜならこのような「息をつめて力を込めること」、あるいは「おなかに力を入れてふんばること」の状態を続けるなどは、武道では悪癖とされる「居着いてしまう」ということだからです。

この「力を入れる」や「ふんばる」動作が武術の動作として奨励されていると思われるのは、前記した腰方形筋の存在を理解していないことから生じた誤解だと思います。そして重力落下を利用する日本武道、さらに沖縄空手の「動歩行」主体の身体操作を理解していないことから生じたまちがいです。

さらに記せば、このようなおなかに力を入れてふんばる状態を呼吸法を使って行なう怒責作用も、二重の意味で存在しません。居着く状態とは悪癖であると認知している武術として伝承された沖縄空手（首里手）では、この状態をさらに呼吸法を使って生じさせることはありえないからです。

この居着く状態の「腹に力を込める」ことにかんして述べれば、たとえば自分が息を吐いていようが、あるいは止めたとしても、または息を吸っているなどの呼吸作用による動作の場合でも、呼吸とは無関係に動作を行なった場合でも、武術的にいえば「刹那の間」での出来事でなければならないのです。なぜならこれらの状態は言葉をかえていえば、呼吸において「呼息」から「吸息」へと換わる瞬間に、「呼息」でもなく「吸息」でもない、すなわち呼吸がゼロの状態になるのと同様だからです。

　これは古来から行なわれていた素手の武術としての沖縄空手（首里手）のみならず、棒や釵《さい》などの武器を使用する琉球古武道、あるいは沖縄古武道にも、両者の意味での「怒責作用」は身体操作原理として存在しません。前記しましたが、沖縄空手では腹はわずかに張ります。あるいは、張られます。しかしこれは腹筋の後方に位置する腰方形筋を伸展させた状態、または、小・大腰筋が発達した状態すなわち沖縄空手で「力はクシから」といわれた、後方（クシ）にある腰（クシ）の筋肉を使用した結果にしかすぎないのです。

　ですから沖縄の武術は素手の武術、そして武器術のいかんをとわず、二つの怒責作用の説明が意味する動作は存在しないのです。

第5節　首里手の呼吸

　首里手においては日本剣術と同じく、自然な呼吸を主とする身体操作で行なわれます。

　人間が呼吸するということは、空気を「呼息」そして「吸息」するという身体操作です。詳細に検証してみれば理解できますが、この「呼息」と「吸息」の動作だけでも、二動作となります。すなわち、呼吸という身体操作で空気を吸う行為をAとした場合には、呼すなわち吐くというBの行為との二つの行為の結果なのです。

　しかし、人間は吸った空気をすぐに吐き出すことはできません。前記したように、呼吸とは「呼息、停止、吸息」というすくなくとも三つの動作をともなうものです。すなわちどんなに急いでしても、AからBとはならないのです。Aでもない、Bでもない、すなわちABとも表せる呼吸が止まった状態が存在します。さらに、厳密にいえばBAの状態も存在し四動作になってしまいます。ですからどんなに急いでやってみても呼吸とは、「吸」った後に一瞬動作が止まり、その後に「吐」くという動作が続くのです。さらに「吐」いた後に動作が止まり、その後に「吸」うという動作に移るのです。このようなすくなくとも三拍子を要する身体操作では、「刹那の間」にまにあわないことは明白です。

さらに武術としては居着きにさえなりかねない、この一瞬でも呼吸を止めることを忌避して、急いで呼吸をしてしまうと過呼吸という障害にさえつながることになります。これでは、武術の身体操作どころではなくなってしまいます。

そして人間は通常の状態では、呼息をしても肺の中にはある程度の空気がまだ残っていますが、それでも呼吸で技をコントロールした場合には呼息、止まり、そして吸息という動作になってしまいます。

すこし余談のようですが、このように呼吸という人間の身体操作などを、一つ一つ峻厳に細かく分けて各動作を理解する方法を、以前にも記したように相互否定といいます。日本武道ではこのように人間の身体操作だけではなく、森羅万像《しんらばんしょう》さえも相互否定で明確に区別した後で相互相関、あるいは相互浸透させます。

この思想は日本が誇るもう一つの心身思想である、禅のもつ修行体系とまったく同じだといってよいでしょう。本書でたびたび述べるように、この「相互否定、相互相関・相互浸透」の思想こそが、日本武道を世界最高峰の高みに引き上げたものだとしても過言ではありません。

だからこそ日本武道には禅の修業で強調された丹田呼吸などが、導入されたのだと思っています。しかし武道と禅は重なる部分が多くありますが、すべての部分で同じではないのです。武術としての武道の厳しさとは、この両者の重なる部分と異なる部分を峻別しなければならないことでもあります。

武術として伝承された沖縄空手（首里手）の戦略・戦闘思想は、一秒の七五分の一の時間である「刹那の間」

において の攻防を仮想していると記しました。その時には、呼吸を意識する時間はありません。「刹那の間」を基準とする日本武道、沖縄空手（首里手）の想定とは、呼吸によって自分の身体をコントロールするのではなく、武術本来の呼吸とは後からついてくるものなのです。すなわち相手の攻撃を感知した瞬間に、自分の技は出ているのです。その出た技が相手の身体にとどく瞬間、あるいは相手の身体をつらぬく瞬間に呼息になるというのが、本来の首里手の理想的な呼吸なのです。

そのために日本武道では「ひとつ拍子」、あるいは「無拍子」で動作を行なうことが奨励されます。これは一気呵成ということであり、この際における呼吸の重要さとは、この一気呵成を何度もこなせるだけの身体能力が要求されるということです。

琉球王国時代の空手に大きな影響を与えたであろう薩摩藩の示現流の熟練者は、息を吸った後で息を吐きつづけながら三〇本の打ちこみが可能であったとされます。すなわち「一息」でどれほどの打ちこみが可能かで、その人物の上達度が決まったとしてもよいでしょう。この一息とは前記した「瞬息、須臾、頃刻、皆不久之詞、与釈氏一弾指間、一刹那頃之義同」の表す「瞬息」と同じだとしても、大きなまちがいにはならないでしょう。さらにいえばこの一息の時に示現流では、有名な猿叫《えんきょう》とも呼ばれる独特の気合を発して行なったはずです。

ここで注意しなければならないのは「一息」とは呼吸ではない、すなわち吸って吐く動作ではなく呼息のみ、あるいは極論して逆の場合では吸息のみの行為だということです。ですからこの場合に発する猿叫には、とぎれはありません。あるいは呼吸によるとぎれをを防ぐために、「猿叫」と呼ばれる気合を発するとしてもよいでしょう。

首里手の事実上の創始者としてもよい松村宗昆先生は、示現流の「雲耀」の位まで極めた人物であるという口碑もありますので、この三〇本の打ちこみと同等、あるいはすくなくともそれに非常に近い数の打ちこみをなせるだけの技量をもっていたはずなのです。

ですから現代のわれわれに理解しやすい説明でいえば、呼吸がＡとＡＢ、そしてＢの動作ならば、Ａの状態（のみ）でどれほど多くの業《わざ》をなしうるか、またはＢの状態（のみ）でどれほど多くの技を出せるのかが、武術として伝承された沖縄空手（首里手）と、日本武道の奥義なのです。

そして自然状態においては人間にとっては、吸息の時よりは、人類の祖先が地上を四足で歩き、歩行することで肺へ強制換気を行なっていた影響から、呼息の時が全身を使って相手へエネルギーを放出するのに都合がよいので、呼息の時に技が出るということになるのです。

しかし沖縄空手の思想である「相互否定」の理念を厳密に応用するならば、技と呼吸とはそれぞれ独立した動きであり、極端な場合には吸っている最中に相手に襲われたならば、そのまま吸う状態で技を出せることが理想なのでしょう。

第7章

第1節　気合

ここで述べる気合とは空手の形において、相手に決定打を放つ時に「エイッ!」などと発せられる、掛け声のことです。

示現流の影響を多分に受けたはずの、武術として伝承された沖縄空手(首里手)ですが、筆者の知るかぎりにおいては示現流の特徴としてもよい猿叫とも呼ばれる独特の気合を、沖縄空手が導入することはありませんでした。それは空手の形の移入元となった中国拳法に、そのような気合が存在しなかったからなのか? あるいはこの独特な気合を発することは、公《おおやけ》には武術を修行することが憚《はばか》られた社会事情には合わなかったためなのか? または琉球王国時代には他の剣術諸流派も移入されており、かつ首里武士は江戸上がりなどで日本本土へも出向いていて、他の日本武術を併習することによって示現流の気合が特殊であることを認知しており、その独特な気合をとりいれることを避けたのか？などの理由があるはずですが、明確なことはわかりません。

さらに日本剣術では、古来から「エイッ！」や「ヤッ！」という掛け声に合わせて、「トゥッ！」と応じます。剣道の形でも打太刀と仕太刀に分かれ、まず打太刀が「ヤッ！」と掛け声を出して打った後、仕太刀がそれをかわしながら「トゥッ！」という掛け声で技を返します。江戸時代に剣術を表す俗語に「やっとう」というものがありますが、この俗称はこの掛け声からきたものでしょう。

筆者は薩摩藩の示現流、あるいは薬丸自顕流などの猿叫とも称される独特の気合も、この「エイッ！」という掛け声が時代をへて、独自の発声に変わっていったのではないかと愚考しています。

しかしこの打太刀と仕太刀の掛け声は、単独形を修行の骨格とする首里手には、琉球王国時代においても存在していない可能性が高いです。本書の平安の形のみではなく、武術として伝承された首里手の単独形で気合が発せられるのは、通常は相手に自分が決定打を放つ場面です。本書の平安の形では前方への四歩目、そしてさらに後方への四歩目で技を出す時に「エイッ！」などという気合が放たれます。

しかし平安三段では多くの流会派では、前方へ進んだ時の最後の四歩目、そして後方への四歩目でも気合は発せられません。筆者はこの平安三段における気合の現象は、形の構造を理解するうえで非常に重要な事柄だと思っていますので、後記して詳細を述べていきましょう。

さらに剣術では相手の攻撃の「エイッ！」の声に応じて、「トゥッ！」という受ける人間の声が出ますが、沖縄空手の形においては受け技の時や、投げで極める時には気合を発しません。

しかし平安初段の後方への最後の四歩目、そして平安二段の前方への最後の四歩目での動作では、大部分の流会派では「エイッ！」という気合が発せられます。この動作は、前者の平安初段では相手の中段への攻撃に自分が両手による中段への受け、すなわち中段諸手受けをなしている。そして後者の平安二段では、相手の上段への攻撃に対して、自分が上段受けをなしている、というのが大部分の流会派の解釈です。

しかしこれらの場面で気合が出るならば、この平安初段の前方への上段受け、平安二段の後方への最後の四歩目での動作は、受け技ではないのではないか?という推測が成り立ちます。そして平安四段と五段の前方への四歩目の裏拳でも、それに併行する左右の足の交差時でも、大部分の流会派では気合が発せられません。ならば平安四、五段においては、この裏拳は決定打の役割を果たすものではないという推測が成り立ちます。

後記しますが、形には暗喩《あんゆ》の動作が存在します。そして平安の形における気合は、厳密な意味での暗喩ではありません。しかし武術としての形の構造や機能への理解が喪失してしまった現代では、平安の各形の異なる場面に登場する気合の有無などによって、武術的に構成された形のあり方を推察することができると思っています。

そのために、この気合の存在と形の構造にかんしては、上記の平安三段における気合の有無などを含めて、各形の解明を述べてく過程で詳細を記していきます。

第2節　合気

さて現代の日本武道界で多くの武道が肝・腹の心身思想で動く(?)のとは異なり、クシ（腰・後方筋肉）の思想で動くのが沖縄空手ですが、さらに沖縄空手には、現代の一部の日本武道で強調される事柄とは異なるものがあります。それは武術として伝承された沖縄空手（首里手）には、丹田呼吸、あるいは怒責作用と同様に現代の日本武道でよく語られる「合気」、さらに「脱力」と呼ばれる思想がないということです。

これらの言葉で表される心身操作は、現代において一部の人々にとっては、日本武道の真髄を表す言葉として使われる場合もあります。しかし合気や脱力という言葉のみならず、それらの言葉で示される思想が沖縄空手には存在しません。この沖縄空手には合気や脱力の思想が存在しないことを語るには、筆者が学んだ沖縄空手には「合気」や「脱力」の思想が存在していなかったために、存在しなかったもののことを語るという矛盾を生む可能性もあり、筆者が適任者ではないことは重々承知しています。

さらに同じ合気という言葉を使用する各武道の間で、あるいは各流会派間においても「合気」の定義が違うと同時に、その定義自体があやふやな場合が多々あります。

しかし前記した呼吸法と同じく、現在の空手は武道としての武芸・武術の思想とは異なった多くの心身思想が混交してしまったために、首里手自体に大きな誤解をまねいています。そのためにこの「合気」と「脱力」の思想にかんして、筆者は門外漢であると明記したうえで、以下の文を記していきます。

まず論旨を明確にするために記しますが、本節で述べる「合気」とは大雑把にいってしまえば、攻撃してくる相手の気、あるいは気持ちと合いして、みずからの動きをするということの意味です。すなわち肉体的な技とは別に、心理的作用を利用して相手の身体をコントロールしつつ、自分の身を守ることであると定義しておきます。

さて七つの海を支配していたイギリス帝国の海軍は、ロイヤルネイビー（王立海軍）とも呼ばれました。このイギリス海軍の伝統は、「見敵必攻《けんてきひっこう》」という戦陣訓で有名です。これは敵艦を発見したら、相手の軍艦の大きさ、すなわち彼我の戦力差などを考慮せずに、まず攻撃しろというものです。これは相手の軍艦が自分より大きくとも、まず攻撃することで自分は敗北しても、最終的には全体的な作戦の戦機を得るということを、七つの海をかけめぐり、多くの戦いにおける経験から学び理解していたからだといいます。

ここで注意しなければならないのは、むやみやたらに攻撃するいわゆる「匹夫《ひっぷ》の勇」などではなく、相手を見て攻撃した場合に相手に対して確実なダメージを与えるだけの攻撃力を保持するために、つねにそなえておけという戦陣訓でもあるのです。

これほど勇猛果敢な精神でなければ、あの小国であるイギリスが世界の海を支配することは不可能だったでしょう。筆者の私見として、このロイヤルネイビーの「見敵必攻」を、個人の闘いにあてはめたのが日本剣術の「抜即斬」などの思想だと思います。あるいは「抜即斬」の思想を、戦う集団である軍隊にあてはめたのが「見敵必攻」だとしてもよいでしょう。

琉球王国時代の首里の武士たちの倫理観、あるいは日本の武士たちの倫理観とは前記したように、「一撃必殺」あるいは「抜即斬」の思想なのです。触れれば切れる剣を常時帯刀していた時代の人間たちは、冗談半分やからかい半分で相手の身体を拘束したり、危害をくわえようとはしません。前記したハラの事柄で記せば、すくなくとも相手も一廉《ひとかど》の武士ならば、自分に危害をくわえようとする時には相手の腹《はら》は、すでに据わっているはずなのです。そこには「身をすててこそ、浮かぶ瀬もあり」という言葉で象徴されるように、みずからの命をすてることによってでも目的を果たすという、明確な意思が働いているとしても過言ではありません。

なぜなら当時においては相手を倒すことは個人の意思だけではなく、主命であったり、集団の運命を担う役割を果たすための行為である場合も多々あったはずだからです。そのような時には人は己の感情を殺しても、あるいはみずからの命を懸けてでもみずからの役割、あるいは義務を果たすことに全力を注ぎます。それこそが、当時の武士の矜持《きょうじ》でもあったのです。だからこそ自分の思いを剣、あるいは拳に懸けうるほどの修行をなしていくのです。そしてこのような精神状態にある相手に対して、自分の気を相手に合わせて身を守るなどという行為を修行するならば、護身の術としては役に立たないことになります。

再三強調しますが、武術として伝承された沖縄空手が修行において仮想する状態とは、相手の突きが面前に突き出される時、あるいは相手が剣を抜いて切りかかってくる状態です。これは非常に重要なことなので明確にしますが、相手の刀は鞘にあって、今しも抜いて自分へ切りかかってくるという状態を、日本剣術の体術や沖縄空手の身体操作は基準としているのではありません。

古来からの日本武道、あるいは沖縄空手が基準としている状態とは、相手の刀はすでに鞘から抜かれており、自分に向かって切りかかってきている状態です。あるいはもっと緊迫している状態なら、相手の刀はすでに自分の面前まで迫っている、あるい自分の首筋へ紙一重で肉薄している状態です。このような緊迫した互いが生死を懸けた状態こそが、「刹那の間」でもあるのです。さらに記せばこの状態においては、相手の気の存在などは問題外になります。ですから気の有無を問う前に、想定した局面に大きな違いが生じるのです。

なぜなら極論してしまえば日本武道、そして武術としての沖縄空手においては、相手の剣・拳はすでにそれを操作する人間の意志とは無関係に、自分に向かってくるという純粋に物理的、かつ即物的な物《もの》としてのみ存在するからです。だからこそ、「神速」の対応が要求されるのです。

さて10章１節「形の攻防・その２」で詳細を述べていますが、武術として伝承された沖縄空手（首里手）の形では、「後の先」で相手へ自分の反撃を決めたあとで、延々と相手と自分の作りだすエネルギーの「先」を読んで、自分の業・技をくりだすことが非常に重要なこととなります。

しかしこれとても相手と気を合わすのではなく、技術によって完全に相手を自分のコントロール下に置くという、非常に即物的、現実的、かつ合理的に説明できるものでなければなりません。この「ありのまま」の現実を冷静に受け入れて、生き残るために最善の道を模索した結果こそが武術としての業・技だという厳しさが、日本の心身思想をここまでの高みに引き上げたのです。

第３節　心身一如

この純粋に技術を極めていこうとする態度と、心を自分のコントロール下に置くという二つのことを混同せずに相互否定してつきつめ、その後で相互相関・相互浸透することこそが、日本の心身文化の極致である武道の思想なのです。これが、日本武道における心身一如《しんしんいちにょ》としてもよいでしょう。

平和な時代に武道を学んでいるわれわれには非常に理解しがたいことですが、日本武道がその心身思想を完成させた時期とは、武士はすべて帯刀し、かつすくなくとも社会規範としては、死ぬ覚悟で生きるという倫理観が大勢を占めていたのです。

自分に切りかかってくる相手も、一廉《ひとかど》の武士です。ならば形が身を守るうえで想定している局面とは、相手が剣を抜き、自分に切りかかった瞬間において、相手の心には気の迷いなどは入る余地はありません。現代武道で強調される相手の気を抑える、あるいは相手の攻撃心を抑えるなどの心理的段階は、すでに通り越しているという想定で武術というものは成り立っているのです。そしてこの刹那の瞬間を感知した時には、相手の攻撃を受けるなどの時間はありません。受けるという行為は、攻撃してきた相手と受けた自分の身体が一瞬居着くということです。さらに人間の戦いにおける攻防というものをエネルギーの面から考察すれば、その居着いた直後の次の局面とは、通常は最初に攻撃してきた相手が自分に向かって二打目、三打目を放てる状態になっているということです。

ですからこの場合に唯一自分の有利にできることとは、相手の攻撃の的《まと》になってしまった自分の身（の部分）を、相手の攻撃からはずしながら、相手が自分を攻撃する行為によって生じる隙《すき》をめざして、みずからの攻撃をしかけて身を守る以外に方法はありません。文字どおり敵（の隙）を見た瞬間に攻撃をする「見敵必攻」、かつ「抜即斬」なのです。その時に相手に攻撃するために入っていく自分の身体は、相手の攻撃をかわす行為ができるだけの身体操作を要求されますが、それこそが首里手の形の修行なのです。すなわち相手へ技を出す行為そのものが、自分の防御となるのです。

これは相手の行為（アクション）に対する反応、または対抗行為（リアクション）ではありません。相手のアクションに対する、自分のアクションなのです。そしてこの方法以外に、これらの場合にはみずからの生存を確保する術はないのです。その時に相手の技に合わそう、あるいは受けようとする行為は、リアクションとなってしまい一呼吸遅れてしまいます。

薩摩藩の琉球侵攻後に禁武政策が行なわれたために、琉球王国の武士たちは帯刀を禁じられました。しかしこの琉球の武士たちが規範とした心身思想とは、この日本武道の生死観なのです。これほどまでに緊迫した、刹那の時間しか与えられない場面を想定し、生存する術《すべ》を獲得することが本書の「平安の形」を含む、古伝の首里手の形です。

そのために後記するように、首里手の形には厳密な意味での「受け」技の思想は存在しません。自分を守る術とは、すべて自分の攻撃時の際の防御なのです。このようなアクションのみと記すと、まかりまちがうと「匹夫の勇」となってしまいます。しかし本来のアクションのみの勇猛果敢とは生死を超越した無心の状態で、松村宗昆先生の記す「猛虎の威、鷲鳥の早目自然と発して、いかなる敵人も打修め候」をなすことです。さらにこの段階においては松村先生が、この文章の前に記している「己が静を以て敵の譁を待ち、敵の心を奪って相勝ち候」の状態は、すでに終了しているとしてもよいでしょう。

ちなみに孫武の記したとされる「孫子の兵法」の兵勢篇に、「鷹鳥《しちょう》ノ撃《う》チテ毀折《きせつ》ニ至ルハ、節ナリ…ソノ勢イ険ニシテ、ソノ節ハ短ナリ」という記述があります。「その節は短なり」とされるように、この状態の一瞬後は自分の身体が相手の刀で一刀両断されている、または相手の拳によって倒されるという結果しか残っていないのです。しかしそのような状態においてさえも日本武道、そして沖縄空手にはみずからの身を守る術を追求し、かつ習得させるだけの技術体系を確立したということが、世界的規模においてさえも驚愕《きょうがく》すべき出来事だということです。

世界中を見渡しても、個人の戦いにおいてこれほど緊迫した状態を仮想して、修行体系を確立した心身文化はまれです。

正直に記しますが日本武道においては、これほどの「刹那の間」にまにあうほどの技術的にも精神的にも厳しい修行をしてきたからこそ、「刹那の間」になる以前で相手の気を削ぐ、あるいは相手の気をコントロールすることも可能なのです。しかし、その逆はありません。そしてこの一瞬においてみずからの身を守れる身体操作とは、直立二本足歩行をなしている人類においては、そのまま膝の支えをはずし、すなわち「膝を抜いて」重力落下によってみずからの身体を操作して、相手の攻撃から身をかわすと同時に、その動作によって生じた「位置エネルギー」を「運動エネルギー」として技に結びつけることなのです。

さらに記せば沖縄空手の形とは、この刹那の間でまず自分の身を守り、それと同時に相手の身体を一瞬膠着させることを目的として構成されています。そしてその一瞬膠着させた相手を、今度は自分がいかに行動不能にしていくかを、彼我の置かれた数々の相対的な位置関係を想定して学ぶ仕組みになっているのです。ですから沖縄空手を修行している空手家一人一人が誇りにできることは、相手から攻撃された時に、その最後の一瞬までみずからの身を守る術を沖縄空手では確立しているということです。

誰にでも推察できることですが、この自分の生死を分ける最後の瞬間である「刹那の間」を基準とした厳しい修行に耐えて心身操作を確立した人間には、その一歩手前の技の攻防や、互いの心理のやりとりなどは比較的楽に凌駕することができます。さらに記せば、どのようなカタチでさえ安全性と公平性が確立されているならば、筆者が若い修行者に組手の試合を勧めるのは、すくなくともスポーツ空手の試合においても、両者の実力が均衡していた場合には相手の業・技に合わせてなどという動きではなく、相手より早く、かつ速く破壊力のある技を出す以外に必勝の道はないと理解できてくるからです。

出場する両者はみずからの厳しい練習の成果と、個人あるいは所属する団体の名誉をかけて試合にのぞんでいます。このような場面は、相手の気と合わせて相手の攻撃を避けるなどという段階は、すでに通り越しているとしてもよいものです。

ですから筆者は、勝負に拘《こだわ》れとつねづねいいます。そして非常に逆説的ですが技というものに拘り、勝負というものに拘り、勝つための無心の技ということを目標において修行すればするほど、最終的には究極の意味での、それらを超越した「心法」というものが理解できてくると思っているからです。

第4節　無心

さて試合競技において合わせ技、あるいはカウンター技などで勝利をおさめうる人間もまれに存在します。しかし誠に厳しい言い方ですが、それは大部分の場合には限定された技を出す、一定のルールに沿った試合形式に慣れた人間の技の結果でしかありません。そのためにその試合のルール以外の戦いになってしまうと、このように間合いやタイミングに頼った合わせ技で勝利を得た人間ほど、相手の出す技がまったく異なるために敗北に帰すということになってしまうことが多々あります。

これは非常に誤解をまねく記述になるかもしれませんが、筆者の指導の経験から述べると、純粋に武術として伝承された沖縄空手（首里手）の心身操作の結晶である形は、現在の形競技の競技者や、形を主体に空手を修行している人間より、単純に、または純粋に実戦や組手などで強くなりたいと思っている人間たちの方が、一面においては非常にたやすく理解できるということは、これらのことに由来しているからだと思っています。

それは人間が戦うという局面において、実戦に強くなるため（のみ）に修行している人間や、道場内での組手や大会における組手競技で強くなりたいと願い、組手や試合を多くこなした人間には、机上の空論としての相手との気のとりあいと、目前に迫った剣や拳への対応策の区別が明確になせるからです。

なぜなら、この両者の違いが同じ戦いの場面を語る際でも、われと彼の置かれている局面の想定がまるで違っているという単純な理由からです。再三にわたって強調しますが、これらの戦いの場合の相手とは、厳しい修行をへてきた自分と同じく無心の境地を得たうえで、さらに自分へ向かって「技を出してきた」状態なのです。決して、「技を出す直前」の状態ではありません。

その「無心」とは、極論して「合気」の「気」のレベルで語れば、「無気（筆者の造語）」の状態であるとしてもよいのです。ならば、この局面においては合気の思想が介入する余地はありません。すなわち古来からの剣、そして拳の極意としてもよい、幼い子どもがもつであろう「無邪気」な心で相手に向かっていく技こそが究極の技であり、その究極の技に対応するためには己も「無気」、あるいは「無邪気」な心でなければ術になりようがないということです。

日本武道の攻防の業・技とは、生死の狭間《はざま》で相手も自分と同じく無心の境地で技を出せるだけの厳しい修行をへてきた人間であるという、尊敬と認識をもって成り立っています。だからこそ生死をかけた戦いにおいてさえも、相手に対する「惻隠《そくいん》の情」などという言葉が成立するのです。日本武道をはじめとする日本の心身文化の素晴らしさとは、禅と剣、あるいは禅と拳とを並列されて記されるほどに形而上の禅と、形而下の武術を同列に語れるだけの、心身一如をなしとげたことにあります。

しかしその反面で平和の時代における丹田呼吸が武術でも強調された例があるように、静時における静呼吸と、動時における動呼吸（筆者の造語）を混同して語るという、致命的なまちがいを起こすおそれもあります。

これは自分と対峙する相手がまだ心の迷いを生じさせうる局面と、相手の心身がすでに技そのものになって、「無心」で自分に向かってくる状態とを想定しているかの決定的な相違のとらえ方も同様です。

琉球王国時代に武術として伝承された沖縄空手（首里手）においては、自分と対峙する相手はすでに「無心」の状態で自分に技をくりだした状態であるという仮定において、その攻防の業・技が成り立っています。この静と動の同一性と相違を相互否定して、かつ相互相関・相互浸透しなければ、多くの現代武道がたどったまちがいをくりかえすことになります。あるいは現代においてコンピュータや運動生理学などを駆使して、人間の動作の根源に迫っていこうとする、西洋心身文化のスポーツの思想に凌駕されてしまうことになってしまうのです。

本書において、いかに現代の倫理観、美的観、あるいは社会的許容とは異なる可能性があろうとも、琉球王国時代に武術として伝承された沖縄空手（首里手）の心身思想を克明に記していこうとするのは、この一点を明らかにする以外に日本の、はては東洋の心身思想を明確にして、世界文明へ貢献できる方法はないと愚考するからです。

第5節　脱力

さらに述べれば「刹那の間」における身体操作を基準とした場合には、怒責作用に代表されるような「力を込める」、「力を入れる」などの思想は生まれてきません。自分の身体に力を入れる、込めるとは身体を固めることです。そして身体を固めるということは、居着きにつながる行為です。

極論すれば首里手において力はすべて「出る」、あるいは「放出」するのです。その放出を最小の動きで行なうことこそが、日本武道と沖縄空手の理想とする動きです。

さらにくわえれば、この放出に必要な身体操作とは、身体（の筋肉）の適度な「張り」です。すなわち「袴腰」の言葉で代表されるように、二本足で直立して重力を効率よく使うためには、正しい直立を行なうための身体の「張り」が必要不可欠なのです。そしてこの「張り」は運動生理学的に説明すれば、みずからの筋肉作用による「運動エネルギー」の増幅と、重力を利用した「位置エネルギー」を「運動エネルギー」として効率よく放出するために必要なのです。ですから沖縄空手には、「脱力」という思想は存在しません。すなわち力は放出するるのであって自分の力を脱させる、あるいは己の力を抜くという思想はありません。

厳密にいってこの「脱力」とは、闘いの前の緊張で身体がガチガチになった人間の精神をリラックスさせるため、あるいは動作に不慣れな初心者の肩が上がったなどを修正させるために、部分的に筋肉を解きほぐすことであるはずだと愚考します。すなわち緊張や身体操作の未熟さのために、力を不必要に溜めこんだ状態から、力を出す状態へ移行するための「脱力」です。

そして沖縄空手には日本武道の用語である、「膝を抜く」という非常に重要な身体操作が存在します。これは直立二本足歩行をする人間が最大の速度を最小の動きで得るために、足の筋肉などで動くのではなく、自分の身体を支えていた足（この場合は膝）の筋肉を弛緩させることです。しかしこれは「力」を脱させるのではなく、支えを「はずす」行為です。すなわち、外への放出なのです。この膝の抜きで重力落下に身をまかせることが可能になり、立っているという行為によって創出した「位置エネルギー」を、「運動エネルギー」として放出することが可能になります。この「運動エネルギー」を、体さばきや足さばき、そして突き蹴り、あるいは投げなどの技につなげればよいのです。

しかしこの行為の時でも、他の部分の筋肉の張りは必要です。なぜならみずからの筋肉が創出した「運動エネルギー」を増幅させるためには、鞭《むち》の動きを創出するための他の部分の筋肉による壁の存在が必要不可欠だからです。この筋肉の壁とは、筋肉を張ることでのみ創作可能だからです。さらにいえば次なる技を展開するためには、次の行為をする「運動エネルギー」を創出できる「位置エネルギー」を作り出すもととなる、直立するための筋肉の張りが必要だからです。

日本武道で強調される「残心《ざんしん》」とは、技を相手に放出して敵を倒した後での隙のない心であると同時に、身体操作において次の業・技へつなげることのできる身体の状態を維持しているということでもあります。

好意的にみてみると、これらの現代の日本武道界の一部で強調される「合気」や「脱力」とは、沖縄空手においては前記したハラ（肝・腹）の思想と同じく、自分の心身を一〇〇パーセント自由自在に動かせる境地を得るための、いわゆる心法の一つとしてもとらえることができるとしてよいかもしれません。なぜなら自分の心身の能力のすべてを発揮することは、戦いの場においてみずからの勝機を高め、生存の確率を高くすることにつながるからです。これらの境地を得るために古来から武道家は座禅を組み丹田呼吸を行ない、または山中で一人修験道などにも励んできました。これが「心こそ、心まどわす、心なり、心に心、心許すな」とまでみずからの心さえもつき放して観るという、冷徹なまでの相互否定を課する日本武道の厳しさなのでしょう。この自分の心にまどわされない己の心こそが、前記した「無心」という境地なのです。

そして武芸、あるいは武術とはこの思想を具現化する技を習得するものであり、本書において述べる事柄とは、武術的な心身操作における、身体の部分の操作をおもに述べていくと明記しておきます。

第６節　立ち関節技

筆者が若い時分に学んだ空手は、現在のそれとは非常に異なる空手でした。

それと同時に指導される方々は個人と個人がプライベートな場で学ぶのですから、言葉少なに単刀直入に動作を説明しました。その一つに今風の言葉に直せば、「立ち関節技のみでは、使えない」というものがあります。すなわち現在の武道の稽古などでひんぱんに行なわれている、相手に手首や腕をつかまれた時に、その逆をとって相手の身体をコントロールするなどという技は、武術として伝承された沖縄空手（首里手）の形には皆無に近いという意味です。

そしてこれは私見として明確にしますが、日本武道においても武士が帯刀をしていた江戸時代までの立ち関節技には、そのような行為はあまり存在しなかったはずです。

前記したように剣を主体とする日本武道は、その根底にある「一撃必殺」や「抜即斬」の心身思想で形の中の技が成り立っています。これは、武術として伝承された沖縄空手（首里手）も同様です。この日本本土の武士階級は、すべて常時帯刀していたということを念頭においたうえで、日本武道の業や技、そして形を理解しなければ大きなまちがいを起こしてしまいます。

これは封建時代において、個人や家の名誉を重んじることを第一とした日本本土だけではなく、琉球王国時代の沖縄においても、武士同士においては相手を卑しめたり、からかうような行為をすることは、「決闘」などという生死を懸けた直接的な行為に直結することになるのです。史料によると琉球王国の上級武士の二人が、武術の修行の方法をめぐって意見の相違が生じ、剣による決闘寸前まで事態が発展してしまったこともあるのです。

ですから日本武道の成り立ち、そして武術として伝承された沖縄空手（首里手）の歴史を理解して平明に述べれば、相手が冗談半分の気まぐれで自分にチョッカイを出してきた時に、対処する方法などは存在する余地はありません。これは武士階級の男子だけではなく、女性でさえ辱めを受けた場合、あるいは受ける可能性のある場合には、自害するために短刀を所持していた時代の武道・武術だということを理解しなければ、日本武道そして沖縄空手の心身思想を完全に見誤ってしまうことになります。

ではなぜ立ち関節技が沖縄空手の形に存在しないのかを、すこし技術的な面から説明してみましょう。

簡単にいってしまえば大多数の立ち関節技は、自分を攻撃してきた相手を行動不能におとしいれていないからです。すなわち相手の腕の関節などを極めて、相手の身体における「運動エネルギー」の一部は使用不能にしていますが、人間の身体操作において非常に重要な「位置エネルギー」を封殺していないために、相手はまだ行動ができて自分の身の安全を確保できていないのです。武術的に説明すれば、「自分の技」が「相手の業」を殺していない状態のために、相手が反撃をする余地が多く残っているのです。

ですからすばやく相手を地面や床に押しつけて、相手の「位置エネルギー」を封殺する。あるいは、寝技の状態にもちこむ。または水平方向にある地面や床などではなく、垂直方向にある壁に相手の身体を押しつける。あるいは非常に特殊な例として、警察官が容疑者を捕まえて手錠をかける場面などで見られるように、多人数で身体を密着させて相手の行動を奪った後でなければ、よほどの技量の差がないかぎり立ち関節技のみでは使えません。そして厄介なことには、自分が相手に立ち関節技を極めようとした瞬間に、まだ「運動エネルギー」や「位置エネルギー」の残っている相手に、上記の寝技や壁への押しつけなどをやられてしまう、または突き蹴りなどで反撃される可能性があります。

このような技は、生死を懸けた場面では使うことは不可能です。さらに当時の人間は冗談半分や、ふざけ半分で自分の手首や腕をつかんでくるのではありません。剣を抜いたからには明確に相手をしとめる目的ですし、そのためには自分の命もすててかかる覚悟さえあるのです。ですから相手の行為とは、自分の手首をつかむ瞬間に他の手で自分を刺す、切る、あるいは殴りつけるということを、かならずといってよいほどにともないます。修行する際には、相手のそれらの意図と技を考慮に入れなければなりません。

しかし上記したように相手のエネルギーを封殺していない立ち関節技では、そのような場面で相手の攻撃から自分の身を守ることが困難になるのです。

平安の形には沖縄方言でトゥイティーと発音される、捕り手・取り手の立ち関節技が存在します。そして上記の理由から平安の中にある関節技は、相手のエネルギーを完全に封殺した非常に危険度の高い殺傷能力のある立ち関節技となります。首里手では、相手の腕の関節は極めると同時に、その関節を折る、あるいは相手にすばやく打撃を入れる、または地面に叩きつけるという行為がかならずといってよいほど入ります。あるいは相手の腕や手を極めると同時に、相手の膝関節を踏み抜いて行動不能にさせます。そしてこのような場面を想定した沖縄空手の形に存在する技で、いちばんひんぱんに登場するのが相手の頭部（首筋を含む）を極めるという、非常に危険な関節（？）技なのです。

非常に言いにくいことですが、このように武術として伝承された沖縄空手（首里手）の形にある関節技の威力を知ることで、なぜ武術としての空手の技が教育体系に導入された際に封印されたのかが、理解できるようになります。

さて、ここまでいろいろと沖縄空手の本質について記してきましたが、正直にいうとこれほどまでに凄烈《せいれつ》な武術としての武道の認識は、現代人には非常に困難なことです。そのために武道を一般に普及させるために、数多くの付加価値を見出してそれを強調することで、その凄烈さを和らげることに努力するということも、武道としての空手の普及のためには必要でしょう。

しかし本書においては、あくまでも「刹那の間」においてみずからの身を守る、武術としての空手の心身思想を説明していきます。なぜならこの根源の部分を曖昧にしたために、数々の誤解や曲解が生まれてきたからです。

さらに二一世紀を迎えて西洋文明が限界をむかえている今日において、東洋の心身思想の根源を洗いなおし、いま一度武術としての空手の心身思想を明確にしていくことが、未来へつながる道であるという筆者の思いがあるからです。

第８章

第1節　本質の追求

合気や脱力の思想がない武術として伝承された沖縄空手（首里手）、または古流剣術の修行を、現在のわれわれにわかりやすく説明してみましょう。

心身思想の発展において、世界でもたぐいまれなる才能を発揮したわれわれの先達は、人間の動きを現代科学の域を超えるほどのレベルで理解し、そして活用して武術・武道という体系を確立しました。それは生死をかけた戦いの場面で、相手の拳や剣が自分の目の前にさしせまった「刹那の間」において、自分の身を守られるか？ということをつねに自分に問いかけ、その答えを血みどろになって模索してきた文化としての長い歴史があったからです。この究極を追求した結果こそが、日本の心身文化が世界に冠たるものとして誇れる思想なのです。

ではわれわれの先達は、人間の心身の働きをどのレベルまで理解していたのでしょうか。

読者にとって、わかりやすい例で述べましょう。コップの中に、水があります。または薬缶の中の水が、沸騰して水蒸気をあげています。あるいは、冷凍庫で氷を作ります。これらの液体、気体、固体のすべてが水なのです。では、水とは何でしょうか？

現代のわれわれは、化学式を使って水はH_2Oだと理解しています。すなわち水素原子（H）が二個に、酸素原子（O）が一つの結合体が水の成分であるということです。このことを理解すれば、氷とは氷点下になった状態のH_2Oであり、水蒸気とは沸点になって気体化したH_2Oだといえるのです。

すなわちこの化学式のH_2Oのとらえ方こそが、沖縄空手が人間の身体操作をとらえたレベルなのです。この段階を沖縄空手の心身思想に置き換えると、この局面後においては、自分は相手の拳や剣によって倒されている。あるいは、斃されるという局面です。言葉をかえていえば、自分の命を守れる可能性のある最後の段階だということです。この場合の相手の拳や剣とは、目前に迫りくる武器、あるいは純粋な物体なのであり、相手の気持ちや思惑《おもわく》などは、すでに埒外《らちがい》にあります。

しかし水、水蒸気、そして氷がH_2Oであるということを理解せずに水を語った場合には、氷に手を触れて水は固体である。あるいは水蒸気を見て水は気体であるなどと、まったく別な解釈がなされてしまいます。または色のついた赤い水、あるいは緑色の水。さらには甘い水、苦い水などという表現でしか水を語りえないことになります。これを沖縄空手の心身思想にたとえれば、相手が身がまえた局面、あるいは相手が手を出そうとした局面、さらにはまだ相手の剣が鞘から放たれていない状態なのです。

この局面ならば相手の気を逸《そ》らす、相手を気で圧倒する、または自分が跳び下がることも可能かもしれません。しかしこれは甘い水が水の本質の基準ではないように、武術としての沖縄空手の心身思想の基準ではないのです。

ですから、甘い水を説明することで水の本質には迫れないのと同様に、沖縄空手においてこのような相手の気を操作することで自分の身を守れる場面と、相手の拳や剣などの武器が目前に迫っている状態とは、与えられた局面、あるいは想定した局面に絶対的な差異があります。武術として伝承された沖縄空手は、すくなくとも現代の科学が水の成分を化学式でH_2Oと解明した段階まで、みずからの心身を理解した心身操作で成り立っています。

第２節　刹那

では、なぜこのようなふつうに考えてみても、困難で難儀な思想が生まれてきたのでしょうか?

それは一刻の猶予もできない極限に自分の身を置いた修行によって、みずからの心身の限界までを試されるギリギリの局面を切りぬける術を習得してしまえば、他のそれほどまでの緊迫を余儀されない局面においては、身を守る確立が非常に高くなるからです。すなわち水の成分がH_2Oであることがわかれば、赤い水、緑色の水、甘い水、苦い水、氷、水蒸気などはその変化にしかすぎないということが容易に理解できるからです。しかし、その逆はありえません。

ですから相手の技が純粋な物体として、あるいは他の選択の余地のない状態として自分へ迫っている「刹那の間」を想定している人間にとっては、他のそれ以前の状態とは、一〇〇メートルを一〇秒で走ることを目標にして厳しい練習に耐えてきた人間が、同じ距離を一五秒で走れといわれた場合と同様で、この人間にとってはウォームアップ程度のものでしかないということと同じことになります。この「刹那の間」の局面を基準とする心身思想から見てみると、相手を気で圧倒する。健康によい、あるいは精神を安定させる呼吸法を行なう、などのことは二次的、または三次的なものになってしまうといっても、極論にはなりません。

話しが少し飛びますが、侍たちが戦いに明けくれた戦国時代には、剣の修行をする武芸者の術を軽視する風潮が一部の戦士たちに存在していたということは、このことに由来すると思います。なぜなら白兵戦が主であった戦国時代においては、このような「刹那の間」の局面は数多くあったと思われ、そのような時にはがむしゃらにわれを忘れて戦う人間の方が、机上の空論で、または相手と合わせてなどという技術で戦おうとした人間より、戦いで勝ち残る、あるいは生き残る確率が高くなるからです。好む好まないにかかわらず、戦いに明けくれことを余儀なくされた当時の人間にとっては、自分と自分の愛するものを守るためには実用に耐える戦いの術でなければ、無用の長物でしかなかったのです。

武術としての沖縄空手の厳しさとは、このような局面でも、あるいはこのような局面だからこそ、がむしゃらに力まかせで、あるいは気迫まかせではなく、武術としての術本来の業・技で戦えなければならないとして、それを獲得する境地を修行者に要求するということです。

現代に続く空手の基礎を創出した首里手の始祖である、松村宗昆先生やその高弟たちが活躍した時代とは、西洋諸国の軍事的圧迫によって日本国が開国を迫られるという、国難と呼んでよいほどの時代でした。そしてこの国難を背景として日本の剣術がその歴史のうえで最後の光芒《こうぼう》を放ったように、琉球王国でも多くの武士たちが武術としての空手の修行で、みずからの矜持《きょうじ》を保持して国難へ向かっていったのです。

しかし平和な時代に融合するカタチで空手が変革され、多くの殺傷能力の高い危険で効率のよい技が切りすてられると同時に、このような思考方法も忘れられていくことは、時代の趨勢《すうせい》として仕方のないことです。オリンピックの一〇〇メートル走競技ならいざ知らず、児童・生徒の運動会では一〇〇メートルを競争させるのは不憫《ふびん》である。または競技者や観客がつまらないと思うとして、一〇〇メートルの速度を競うのではなく、借り物競争になったり、二人三脚で争わせたりと、競技者や観客の興味を得る必要があるのと同様です。一面においてこれらの改変は、空手が現代社会において不易《ふえき》の部分で存在し、次の世代に伝えられていくと同時に、世界的に普及して多くの人々の生活を豊かにすることにもつながると筆者は理解しています。

しかし空手の形の武術本来の意味を理解し、その一片だけは自分のものとしたいという決意で修行をするならば、どのような局面を想定して空手の心身思想は生まれてきたのか、かつ修行されていたのかということを認識するのは非常に重要ですので、一人の真摯《しんし》な空手家として空手と正面から向かいあう時には肝に銘じておいてください。

第3節　形を使う

武術としての沖縄空手（首里手）は、形をその修行体系の基本として伝承されました。

しかしその形が、あるいは形の修行が現代の空手のあいだでは「使えない」、そして「形の修行はむだである」という意見が大多数を占めます。それは、非常に正しい意見なのです。

すなわち武術として伝承された沖縄空手（首里手）にかんしていえば、現在の空手のイメージである呼吸による「怒責作用」で「腹に力を込め」、脱力して、または身体を固めて相手の攻撃を合気をかけて立ち関節技でしとめるというものとは、まったく違っているからです。さらに地面を蹴って腰をまわし、突き蹴りを相手へ向かって出すという身体操作も存在しません。なぜなら本書で再三記しているように、首里手においては重力落下によるエネルギーで歩く動歩行が主たる身体操作だからです。

これほどまでに武術として伝承された沖縄空手（首里手）と、現代の空手の心身操作が異なっているならば、どのような形を伝承されて修行しても、真摯に行なえば行なうほど、当然のことながら形は「使えない」という結論にいたるはずです。

明治以後に日本本土へ空手が移入された後で、数多くの「実戦派」と呼ばれる空手家が、形の伝承・修行に重点を置かない、あるいは形そのものを修行体系から削除してしまいました。あるいは古伝の形を修行体系からはずして、みずからの流会派で行なう試合用の形、またはみずからの経験から生み出された心身思想にもとづいて、古伝の形とはまったくおもむきが異なる形を新たに創出しました。

筆者はそれらの思想や、行為を否定しません。

いや！　否定しないどころか、ここまでお読みになれば理解できるように、これほどまでに古伝の武術として伝承された沖縄空手（首里手）の心身思想とは対極の位置にあるとしてもよい、新しい中国拳法の心身思想の導入。そしてさらに近代化と融合するために、みずからの心身思想とは異なる西洋心身文化のスポーツの心身思想を、時代を重複させて融合させた現代の首里手の形は「使えない」と結論づけることこそが、ある意味において真摯に空手と正面から向きあっていた証拠であるとしてもよいとまで思っています。

しかし本書で述べたいのは、琉球王国時代に武術として伝承されていた沖縄空手（首里手）の形も、現代の空手の形のように「使えない」ものであったのか？　さらに形を修行体系の主軸としてみずからの武を練っていった首里の武士たちの心身思想とは、「使えない」形を許容して修行するだけのレベルでしかなかったのか？　すなわち、武術として「正しい」修行を首里の武士たちは行なっていたのか？ということです。これはわれわれが修行している、空手の存在の根源にかかわるものだと思っています。

じつは筆者が今まで空手で築いてきたもののすべてをなげうって、長年のあいだにわたたって空手家としての生命を懸けて血みどろの格闘・模索をしていた事柄とは、この武術として伝承された古伝の沖縄空手（首里手）の心身思想は「正し」かったのか？　そして「形は使える」のか？という非常に根源的な疑問に答えることでした。

それは空手家としての生命を懸けるという以上に、沖縄の出身である筆者にとっては、世界に向かってみずからを問う時に、その生存の意義さえも左右する問題だったからです。

そのためには武術として伝承された古伝の沖縄空手（首里手）の歴史そのものを検証しなおす必要があり、かつその基本であるナイファンチの形を徹底的に修行して解明する必要がありました。さらに首里手に大きな影響を与えたであろう、日本武道の事柄を知る必要も生じました。それらのこと以上に必要だったのは、武道・武術と呼ばれる心身文化を生み出した沖縄の文化、さらにそのもとであろう日本文化そのものを理解することでした。

もし武術として伝承された沖縄空手（首里手）の形は「使えない」、そして沖縄空手の心身思想は「まちがっていた」という結論ならば、首里に代表される琉球王国時代の文化、あるいは沖縄の文化そのものが空虚なものでしかなかったことになります。

そのために筆者が答えを模索中の時期は、「自分の立脚していた文化とは、それだけのものでしかなかったのだ」という結果になり、みずからを育成してくれた沖縄の文化への失望と諦観《ていかん》をもったまま残りの人生を終える覚悟もありました。

しかし幸いなことに筆者が得た答えは、形は「使える」。そして首里の武士たちが修行の基本としたその心身思想は、「正しい」ものだったということなのです。

いや！　それは「使える」、「正しい」という段階以上に、ナイファンチの形に代表される武術として伝承された沖縄空手（首里手）の心身思想こそが、重力の作用する地球上で常時において二本足直立歩行をする人類の身体操作を完全に解明して、「刹那の間」にまにあう武術として、人間の歴史においても究極の思想を打ち立てたものだと確信することにいたったのです。

これは筆者の独断だと記したうえで述べますが、琉球王国時代に首里の武士たちが武術として伝承・修行していた沖縄空手（首里手）の心身操作は、現代の科学ではまだ到達できないほどの極み、あるいは辛うじて到達してはいても、その有効な活用方法を見出せないほどの高みにある心身思想をもっているのです。

第４節　形の分析

なぜ形というものを、本書で行なうように、これほど細かく分析しなければならないのでしょうか？

昔の人々は形の動作を黙々と反復練習するのはもちろんのこと、見取り稽古などで、極端にいえば何一つ説明されずに、形のすべてを理解して活用できたはずなのです。

空手の修行にかぎらず、すべての道と呼ばれるものは説明することでなく、往《い》くことにこそ、その真髄があります。そして身体文化とは説明すればするほど、意味をなさなくなる場合が多々存在します。またはあれやこれやと空想をふくらませて、いわゆる机上の空論を吐くことにもなりかねません。そして人間の赤ん坊は歩くとは何かを知らなくとも、他の人間が歩くことを見て自然に学びます。いや極端な場合には呼吸とは何かを知らなくとも、息を吐いたり吸ったりの呼吸動作ができます。ならば「形も説明などせずに、数をこなしていけばその真髄は理解できるのだ」との意見も、確かに一つの真実でしょう。

しかしよく考えてみると、空手にかぎらず武術というものがその真髄を発揮した時代とは、東洋独自の身心思想とその規範が、日常生活のすべてにわたって支配していた時代なのです。言葉を換えていえば、武術の修行と実生活が直結していたとしてもよいでしょう。これは空手や剣術などの武術だけにかぎったことではなく、茶道、華道、あるいは能などのすべての日本の芸事にいえることです。

そのために動作の説明ということを、いちいちすることはなかったわけです。同質の東洋心身思想の影響下のもとで行なわれる身体操作が、四六時中周囲にあるために誰も不自由を感じることがなく、説明したり文書として残す必要性も感じなかったのです。見方を変えればここに身体文化のもつ、最大の落とし穴ともいえる欠陥があります。

人類が誕生した瞬間からまわりには空気があり、そして重力は存在しました。しかしわれわれ人間がその空気の存在と重力の存在を認知するには、非常に長い時間がかかったのです。いわんやその成分などを理解し活用するまでになるには、気の遠くなるほどの時間が必要でした。日本武道、そして武術として伝承された沖縄空手（首里手）は、この人間が地球上で生存するために依存している空気と重力の存在を認知すると同時に、最大限に活用する方法を確立したのです。そしてそれは身体文化として見た場合に、世界の歴史の中でも特筆するに値する出来事なのです。前記したように、この先達の残した素晴らしい文化を現代のわれわれの手で継承して、未来へつなげるということはわれわれの権利であり、かつ義務でもあると思います。

身体文化は、一世代（二〇―二五年ほど）の欠落があると完全に消滅するか、まったく違ったものに変質する可能があります。それを防ぐために日本芸能などでは、一子相伝という伝承方法を生み出しました。この方法で、親から子へと変質することなく芸を引き継いでいこうとしているのです。さらにその芸能にかかわる分野の人間たちが、一子相伝を可能にさせる（特殊な）世界を維持していくという、多大な努力をはらっています。

近代社会へ空手を導入させることで大きな影響を与えたものの一つが、西洋心身文化の思想で成り立っているスポーツの身体操作です。現在の学校教育における体育をはじめとして、現代社会においてこのスポーツの身体操作は日本国内のすべてにおいて行なわれていますが、じつはこのスポーツと武術としての空手の心身操作はまったく違ったものなのです。極論になりますが、西洋スポーツの心身思想には先に述べた空気の存在や、重力の存在を認知して、それを最大限に活用するという方法論が存在しないのです。

そして空手の歴史を学べばわかるように、現代に伝わる空手は近代社会に融合させるために、これらの西洋の心身思想を媒介として意識的に変質されていったのです。この近代社会において空手を生存させるための変質への要求は、個人として積極的にかかわったか、あるいは消極的であったかの違いはあっても、すべての空手家がその変質からのがれることは不可能なほどの大きな力でした。

そのためにいかなる方法であろうとも、現在に伝わる空手とは、古伝のものとは、まったくといってよいほどに思想的にも身体操作的にも違っていたという認識が、まず必要になるのです。さらにこれらの理由から、現代のわれわれが形を理解して修行するためには、たとえ一〇〇パーセント完全には伝わらなくとも、「なぜこの動作は、こうなるのか？」、あるいは「なぜこの動作は、こうならなければならないのか？」、そして「この動作は、何を目的としてるのか？」などの、明確な理論化がかならず必要になってくると理解できます。

　とくに武術の身体操作とは、最小の動きで最大のエネルギーを得ることを、究極の目標として成り立っています。その最小の動きは、外から見て動きを認識しやすい手足ではなく、見とることの非常に困難な胴体内部の奥底にある筋肉を使って行ないます。

　そのために現在の進歩した写真やビデオの技術でも、身体内部の動きをすべて見せて解析することは不可能に近いのです。これはたとえ最新のコンピュータを使っても、非常に困難です。なぜならいかなる伝達方法においても、見せる側が何を見せるかというだけではなく、見る側の人間が何を解析するかという主観で、すべてが変わってしまうからです。

　ですから身体操作を映像化だけではなく、活字化する、または文章化するとは、その「何を見るのか？」を明確にすることなのです。それは「見えないものを、観る」ということにも、つながっていきます。あるいは「見えないものを、理解する」ことでもあるのです。すなわち物事を客観化できるすぐれた主観、あるいは主体を作るということであり、これが武術と禅の共通の望む境地である、主体と客体の一致という「悟り」というものの一つの正体でもあるのでしょう。

　本書では平安という形をとおして、世界的規模において最高の極みにある沖縄空手の心身思想・操作の「見えないものを、観せる」ように、最大の努力をはらいながら記していきます。

第9章

第1節　単独形

その1

ここまで列挙した事柄で、読者は武術として伝承された沖縄空手（首里手＝沖縄手）とはどのような心身思想・操作を行なうのか。そして現代空手との差異、あるいは相違とはどのようなものかが理解できたと思います。

さて空手の形は、単独形の形式で行なわれます。単独形とは、演じる人間が一人で行なうということです。この単独形に対し、相手をおいて形を演じる、あるいは学ぶ方法を相対形と呼びます。

この形を単独（一人）で演じる、あるいは単独形を主として修行する方法は、空手の形の原型になった中国拳法の套路《とうろ》の影響が大きいと思われます。そして套路を空手の形に変えていく過程で多大な影響を与えたであろう示現流剣術が、「立ち木打ち」という一人稽古を主体としていたということも、影響があるかと思われます。た

巻き藁を突く

だ示現流の宗家である東郷示現流では、二人で行なう相対形の修行にも時間をかけます。

歴史的に見てみると、これらの空手の形の完成に大きな影響を与えたであろう中国拳法、そして日本剣術が、単独形や一人稽古を主体にしていたという偶然としてもよい結果から、空手は単独形の修行を継承していったとしてもよいでしょう。

ちなみに厳密な意味においては、一人で行なう一人稽古と、単独形は違うものです。すなわち一人稽古とは自分の稽古相手も、または師の存在も恒常的にはいないという状態です。地面に打ち立てた立ち木を相手に、一人で木刀で打ちこむ示現流の稽古法などがその代表でしょうし、空手の巻き藁突きなどもその一つです（図①②…巻き藁を突く）。相手と組む柔道などでも帯を柱などにまわし、一本背負いの技などをかける方法を練習するなども、一人稽古の代表的なものだともいえます。

このような一人稽古での学習方法とはスポーツや武道はもちろんのこと、学問の世界でも自習などと形式は異なっても存在します。師について習得した技の復習や、自己の技を磨き上げる方法としては最適な修行方法だからです。

しかし本稿ではこの一人稽古の事柄ではなく、大部分の日本剣術や柔術の形とは異なり、空手の修行で行なわれる単独形のことに焦点をあてて述べていきます。

まず空手の修行の中心である、単独形の事柄を明確にしましょう。単独形は通常は一人稽古で行なわれますが、大多数の人間がいた場合でも、そして師が傍にいた場合でも、自分で行なう形は単独であるということです。現在でも演武などで多くの人間が一度に同じ空手の形をやる場合がありますが、あれは単独形を集団で行なうという形式です。

さて日本剣術でも、居合いの形などは単独形で演じられます。そして各流派によっていろいろな意見はありますが、単独で行なわれる居合いの形こそがいちばん困難である。あるいは、居合いの形が究極であるという流派も少なくありません。しかし人間は相手と対峙するからこそ、戦いが生じるのです。自分ひとりならば、戦いは生じません。極端にいってしまえば、単独形は突き蹴りを実際には存在しない相手に向かって、あるいは何もない空間に向かってくりだすだけです。

これが相対形ならば相手が目の前にいるために自分が技を出せば、相手の反応によって拍子のとらえ方、間のとり方、連続技の出し方など実際の戦いに役立つ数多くの事柄が学べます。または立ち木や巻藁を前にした一人稽古では、相手は木や板なので人間のような反応はしません。しかし技を打ちこんだ時に反動に耐える自分の身体や技、当てた時の破壊力の増強、的《まと》と自分の距離のとり方などの多くが学べます。

これらの相対形で相手と対峙しての修行、そして一人稽古でも立ち木などを相手にして多くの事柄を学ぶことと比べて、単独形でこれらのことを学ぶのは不可能かと思われます。単独形では空間へ突き蹴りを出すだけなので、相手に当たった時の感触が得られないために、衝撃の反動に耐える身体、そして相手を倒すだけの浸透力のある打撃の手ごたえがまるでつかめません。さらに他の人間と対峙しないために、相手との間合いや拍子を読むことが学べませんし、相手の反応がわからないので連続技の効果が判明しません。

それだけではなく、的《まと》に自分の技を当てないために、あるいは相手となる人間が存在しないために、重力の生じる地球上で直立二本足歩行をする人類の効率のよい身体操作の原理・原則を無視して、または相手の反応を度外視して自分勝手な動きをしてしまう可能性も存在します。

卑近な例でいえばビデオゲームに出てくるような派手な動き、または突飛な動きが続出する創作ダンスを、自分ひとりで演じていることになってしまう可能性も大なのです。

その2

なぜこのようにマイナスな効果しか期待できないような単独形を主体に、沖縄空手の修行がなされていたのでしょうか？　これは、筆者にとっても長いあいだの疑問でした。

そして、その疑問が氷解する瞬間がありました。その答えは「単独形こそが、最高の修行法だからだ」です。だからこそ武術として伝承された沖縄空手（首里手）では、単独形を修行の主体としていたのです。でもこの答えだけではいったい何を意味しているか、理解できないと思います。では、言葉を換えて記しましょう。それは「単独形こそが、自分に敵対する相手への対処法のすべてを学ぶことができる最適な方法だからだ！」ということです。さらに「単独形の修行こそが、唯一『神速』を得る方法だからだ！」なのです。

以下に、この答えの根拠を詳細に述べていきます。

まず誰にでも思いつくような、単独形の利点を書いてみましょう。あたりまえのことですが、人は自分自身とは四六時中、すなわち一日二四時間一緒です。一年三六五日、食事の時も就眠する時もすべて一緒なのです。練習相手が自分自身ならば、その練習相手はつねに自分と一緒にいるということです。これほど、都合のよい相手はいません。そのためにつねに稽古できるようにするために、一人稽古をする。そして一人で稽古するためには、相手を必要としない単独形が最適であるという論理が生まれてきます。

このような回答は、単独形主体における修行の真実の一部をついてはいるでしょう。

しかし単独形の本当の利点とは、この誰でもがすぐ思いつけるような即物的なものではありません。

沖縄空手において修行の中核となった単独形で得られる利点とは、形の修行を用いない稽古、あるいは相手と対峙して学ぶ相対形の稽古とはまったく違った次元に、みずからの心身能力を引き上げてくれるからなのです。

まず武術的に正しい修行法によって古来から伝わった武術としての単独形を修行すると、正中線、そして天地線と呼ばれる、みずからの身体を前後、左右、そして上下の三方向に分割する線を確認することが可能になります。この線は人間が戦う時に重要な二つのエネルギーである、「位置エネルギー」と「運動エネルギー」の創出にもっとも重要な線です。この線の存在を認知し活用することで、空手家は最小の動きで最大のエネルギーを相手に放出することができるのです。

よいことづくめのような正中線、天地線の存在ですが、この二つの線は身体内で動かせないために、その存在を知っている相手からは絶好の的《まと》になってしまう可能性もあります。ですから沖縄空手の古伝の形においては、自分が最大の「力学的エネルギー（運動エネルギー＋位置エネルギー）」を創出することのできる正中線を隠すと同時に、自分の隠している正中線と相手の動かせない的《まと》としての正中線を、形の演武線上で合致させることが非常に重要になってきます。

この正中線、天地線が自分の身体の中にあるという認識を得ることは、単独形の修行をへなければ不可能に近いものです。なぜなら非常に矛盾する言い方になりますが、この正中線や天地線は、形而下すなわち実際の人間の肉体には存在しない線だからです。そのために、人間の身体を解剖しても見つけ出すことはできません。

しかしこれは本書で詳しく述べてきた、重力のある地球上で直立二本足歩行を進化のうえで身につけた人類の、いちばん効率のよい身体操作を端的に表す線なのです。そのために人間が効率よく動くうえで、いちばんの根本原理となる二つの線だとしてもよいでしょう。

ではどのようにして正中線、天地線を見つけ出すのでしょうか？

それは、自分の身体を使って見つけ出すのです。すなわち武術的に正しい単独形を修行することによって、正しい身体操作を形が要求するようになります。あるいは武術的に正しい身体操作によってしか、単独形が要求する動きができないということが理解できるようになります。そのために首里手にはナイファンチの形という、単独形の極致に在する形があります。

このナイファンチの形の修行によって、自分の身体の中の正中線と天地線の存在を認知すると、それは万人に存在する線であると理解できてきます。なぜなら通常の状態においては、人類のすべては二本足直立歩行をするからです。すなわち自分の動きを知ることによって、万人共通の身体の動きの原理・原則を知ることができるようになります。ですから一人が万人で、万人が自分ひとりだということです。

しかし単独形において正中線や天地線を意識する修行によって、みずからのそれを確立しないかぎりは、いくら相対形によって相手と対峙する方法で修行を行なっても、武術として伝承された沖縄空手（首里手）の修行体系においてはむだになってしまうのです。

すこしむずかしく極論すると、この主体と客体の一致が東洋哲学をつらぬく一元論なのです。この人間の身体をつらぬく正中線と天地線を認識し、自分の正中線と相手の正中線をつなぎあわせる演武線の三本の線を確認できた人間は、それこそ自分の前後左右、すなわち四方八方に武術的に正しく身体を展開して技を出すことが可能になります。これこそが、沖縄空手における単独形の意義なのです。そしてこれが五つの単独形からなる、本書の「平安の形」の存在意義でもあるのです。

しかしこの二つの線は、認知した人間以外には存在しない線でもあります。この正中線と天地線が自分の身体の中にあるということを認知していない場合は、人間は非常に効率の悪い方法でエネルギーを創出してしまいます。まずこの線は動かせないために、攻撃する側から見た場合に非常に好都合な動かない的《まと》となってしまいます。さらに正中線を認識していない人間は、無造作に自分の正中線をまたぐようにして身体移動をします。現代スポーツやスポーツ化した空手で奨励される全身運動などが、その主たるものです。武術的に述べればこのような身体操作で正中線をまたぐ瞬間は、身体が完全に隙だらけで開いてしまったということです。

沖縄空手において身を守る業・技とは、その瞬間を打てばよいということです。

これで単独形（のみ）で習得できる、大きな要素の一つを理解できたと思います。

しかしその瞬間を打つといっても、それは瞬《まばた》きをする間もないほどの時間です。すなわち、「刹那の間」です。この時間に、相手を打つ術はあるのでしょうか？　そしてその術を、己のものとする修行が存在するのでしょうか？

ここにもう一つの、単独形（のみ）で得られる武術としての武道の修行の奥義があります。それが「単独形の修行こそが、唯一『神速』を得る方法だからだ！」という意味です。

第2節　単純化

話しが少し飛びますが、オリンピックのトラック競技などで「人類でいちばん速い」などというフレーズで語られるのは、一〇〇メートル走の優勝者です。なぜならオリンピックのトラック競技では、本書を記している時点においてこの一〇〇メートル走の勝者の走るスピードがいちばん速いからです。これが八〇メートル、あるいは五〇メートルになるとさらに速くなる可能性もありますが、要旨を明確にするためにここでは述べません。

同じ一〇〇メートル走でも、オリンピックにもし同じ距離を走る一〇〇メートルハードル走や、一〇〇メートル障害走、または直線ではなくジグザグなどで一〇〇メートルを走る競技があったとしても、速さを比べてみると、単純に平地の直線を一〇〇メートルを走る競技のスピードにはおよびません。

なぜでしょうか？　あたりまえのことですが、走ることの邪魔になるハードルや障害物がないために、さらに平地の直線であるために、走者は走ることに専念できるからです。そのために走者は腕をふり、足を前に送るなどの、走るために最低限必要な動作以外のことを行なう必要がありません。この条件下で走者は他の何ものにも思考を邪魔されずに、自分の身体が作りだす走るための最大スピードの身体感覚を得ることが可能になるのです。この身体感覚とはいわゆるマッスルメモリー（筋肉の記憶）、あるいは脳にその速さを作り保持する回路を開設するということです。すなわち脳に自分の最速の動きを記憶させるということに、最大の要素があります。

障害のない直線の平地を一〇〇メートル走る競技と同じく、武術としての空手の形でもみずからの身を守るための技である、突き蹴り、そして投げなどの必要最低限な動作を形の中で行ないます。そしてこの動作を最小にかぎって行なうために、脳の処理が最速になります。武術として伝承された沖縄空手（首里手）では、この形を行なう速さを神速につなげていくのです。ここで強調しておきますが、逆説的に言ってみれば必要最低限でなければ神速にはなれません。

人間というものは地球上の生き物で、いちばん学習能力にすぐれているとしても過言にはなりません。それは、脳が学ぶからです。さらに神経（またはわかりやすく、筋肉がといってもよいでしょう）が、その動きを記憶するからです。

空手の形とはこの自分の身を守る最低限度の突き、蹴り、そして投げなどの技をあらかじめ限定しておいて、自分がいちばん速く動ける速度でくりだします。いや！　この段階においては、自分が動ける以上に速く動こうと努力しなければなりません。そして自分がいちばん効率よく速く動くことをめざすと、現在行なわれている西洋身体思想のスポーツの動きである、地面を蹴る、反動をつける、身体を連結させて全身運動をするなどという方法では、絶対にむりであると認識できるようになります。

さらに呼吸に動きを合わせる方法、あるいは怒責作用による方法、または自分の重心を両足の間において動くなどという「静歩行」の動作では、決して速く動くことができないと認知するようになります。

自分の筋肉で生じる運動エネルギーの創出を最小の動きでなすと同時に、重力を利用した「位置エネルギー」を「運動エネルギー」に効率よく変換する以外に、最速をめざすことは不可能だと理解できるようになるのです。すなわち日本武道、あるいは武術として伝承された沖縄空手（首里手）の心身操作以外では、この際に人間の極限までの速さを得ることは不可能であると認識できるようになります。そして、これこそが神速をめざす修行の第一歩です。

第3節 「先」の思想

ここまで読まれて、単独形の重要性はよく理解できた。しかし、「ならば任意なシャドーボクシングのように、その場その場で東洋心身思想の武術の操作でもって、創造的《クリエイティブ》に自分の動きを作りだしながら速く技を出してもよいではないか？」という疑問がわくと思います。

もっともな疑問でしょう。しかし人間の動きを最速にするためには、事前にその動きを決めていた方が脳の処理に負担がかからないのです。すなわち考えながら動くと脳の処理が遅れてしまい、自分がどれほどの速さで動くことができるのかを、脳が認知することが不可能になります。

さらに突き、蹴り、また投げなどのさまざまな技があり、かつ五体すべてを武器とする空手には、ルールで守られてパンチのみを武器とするボクシングなどとは異なり、事前に段取りを認知しなければ、身体処理が非常に煩雑になってしまう可能性があります。そのために古伝の形では後記するように、形が論理的流れとも呼べる構造になっているので、脳における処理がスムーズに進むのです。

たとえば同じくオリンピックのトラック競技に、一一〇メートルハードル走というものがあります。これは一一〇メートルの距離にハードルを一〇台おいてそれを跨《また》ぎながら走る競技です。当然のごとく設置するハードルの高さや、各ハードルの間隔《インターバル》は、いつどこでも同じとなります。なぜならこのようにハードルが同じ高さであり、かつ同じ間隔で置かれているということを走者が事前に情報として得ているからこそ、競技者は全速で走ることができるのです。

これが各競技会ごと、あるいは会場ごとに置いてあるハードルの高さや位置が違うとなると、走者は全速で走ることが不可能になります。事前に情報がインプットされていないために、走りながら目測でハードルの高さを測り、かつハードルと自分の位置をつねに計算して、歩幅や歩数を変えていかなければならないからです。すると走者の脳の処理や、マッスルメモリー（筋肉の記憶）が最速で走るために研ぎ澄まされることが、できなくなってしまうのです。

人間の戦いとは当然のごとく相手、すなわち敵の存在があります。そして通常は相手がいると、相手の気を読みます。相手の拍子を読みます。相手との間合いを計ろうとします。そして単独形とは違って、相手のいる相対形ではこれらのことが学べるとされています。

じつは、これらの戦いの場においていちばん必要とされると思われていることは、一面においては戦いにおいてはいちばん邪魔になることだということです。これは多くの反論があるかもしれませんが、相手の気を読もうとするから、気を読まれるのです。相手の拍子を読もうとするから、拍子を読まれるのです。そして相手との間合いを計るから、間合いを計られるのです。戦いの場においては目の前の相手、または敵とは邪魔な存在です。その邪魔な存在を見て、打てばよいだけなのです。すなわち相手が撃尺《げきしゃく》の間に入ったならば、「抜即斬」の動作をすればよいだけなのです。そして人間は自分の動きが速ければ、相手の速さを見きれるようにもなります。

ただその時に緊迫した状況で自分の精神が混乱し、「撃尺の間」を読みまちがってやみくもに撃ってしまう。あるいは臆して間を逃してしまうなどとなったならば、それこそ「匹夫の勇」、または怯儒《きょうだ》の結果でしかありません。真の武道の修行者とは、「勇者の平常心」をもって見て即《そく》打つのです。

この勇者の平常心で先の先をとるという「先先《せんせん》の先《せん》」こそが、試合形式がなく、相手と生死を懸けた戦いのみであった時代の、生き残る術であったとしてもよいでしょう。なぜなら武術としての戦いにおいては「先先の先」のみならず、「先《せん》の先《せん》」または「対《たい》の先《せん》」、そして「後《ご》の先《せん》」にしろ、すべて「先」の思想だからです。

これは筆者の文責と明記して述べますが、相手が何者なのか？ どんな武器をもっているのか？ どんな技で向かってくるのか？などの事前の情報がまったく与えられてない実戦では、「先」の思想でしか身を守ることは不可能です。日本武道、そして武術として伝承された沖縄空手（首里手）においては、この時に相手が正中線を曝《さら》け出した瞬間、あるいは相手の身体が正中線をまたいで、自分へ向かってくる瞬間に攻撃をすることが要求されます。この方法以外に、「刹那の間」においてみずからの身を守る方法が存在しません。

すなわち極論すると相手の「技」を見るのではなく、相手の「業」のみを見るとしてもよいでしょう。

そして「先」の動作を生むのは身体の速さと同時に脳の情報処理の速さ、さらに神経の速さなのです。この速さを生むためには、そして得るためには単独形が唯一最高の修行方法となります。なぜならこれこそが相手に合わせずに勝ちを得るという「一撃必殺」の方法であり、日本剣術が、そして沖縄空手が理想とした戦いでもあるからです。

第10章

第1節　形の攻防

その1

このような理由から、武術として伝承された沖縄空手では、単独形を修行の根幹となします。そのためにこの単独形を相手に対して実際に使う様式へ変更した場合、すなわち現在の「形の分解」の解釈をした場合には、日本剣術の相対形に見られる様式とは異なる部分が多々あります。そしてこの沖縄空手の形が含有する日本剣術などと異なる様式、あるいは形式のあり方が近代に入って多くの誤解や曲解を生むことにもなったのです。

日本剣術の相対形にも、いろいろな形式があります。大きく分けてみると、自分が一つの技だけを学ぶために相手との攻防が始終する形。あるいは形の中に多くの技が組みこまれており、自分が一つの技が終わった後でも、さらに動作が続いていき数多くの技を学ぶ形。そして最後が数多くの技を自分と相手がくりだしていき、双方が攻防の技を学べる方式の三つです。

この三種類の方法で最後にあげた形式である双方が攻防を学べる形では、攻撃する側と受ける側の立場が交互に入れ替わり、一方が一つの技を出した後で相手がそれを防御して返し技で勝つ、そして次は逆の展開になるなどの方法が幾多にも組みこまれています。しかし多くの組技系列の日本柔術や剣術各流会派では、一つの技を二人の人間が仕手と受け手に分かれて習得して形が終了するという形式です。

前記したように、沖縄空手の根幹をなすものは単独形です。結論から先に記すと、この沖縄空手の単独形をあえて相対形として演じるならば、一つの技のみではなく、多くの技が一つの形の中に組みこまれており、一つの技が終わってもさらに自分の動作が連続して行なわれ、数多くの技を学べる仕組みとなっています。

さらにその特徴として、沖縄空手の単独形を相対形として演じた場合には、基本的には攻撃側とその受け手の立場には変化はありません。平安の形においてもその法則があてはまりますが、唯一、平安三段では攻撃と防御側の立場の逆転がたびたび起こります。そのことにかんしては、平安三段の解明において詳細を述べていきましょう。

後記する「受け」のところでもさらに詳しく説明しますが、武術として伝承された沖縄空手（首里手）では一部の例外を除いて最初の攻防の後では、すべて形を演じる人間、すなわち最初の相手の攻撃をかわした受け手側の攻撃となります。簡単にして記してみると、相手の攻撃をかわした自分の連続の技が、そのまま形の終わりまで続いていくという形式です。

なぜ、このような形式なのでしょうか？

筆者が思うに、これは沖縄空手の形の原型である中国拳法の套路の影響があるかもしれません。しかしこの事柄にかんしては、中国武術においては門外漢の筆者にはうかがい知れない事柄です。さらに沖縄空手がおもに単独形を基礎として修行されたという、歴史的事実にもとづくものであるとも思っています。

なぜなら人間が単独形の修行によって、一人で打撃系統の技を学ぼうとした場合には、空間に向かって突き蹴りを出すなどの攻撃技を習得する方が、相手の攻撃を仮想して何もない空間からの攻撃に対しての防御を学ぶよりも、心理的に自然だと思われるからです。相手の攻撃を仮想して何もない空間からの攻撃に対しての防御を学ぶよりも、心理的に自然だと思われるからです。そして空手という素手による打撃系の技を使う武術と、剣という相手との間合いの遠い武器の間合いの違い。そして打撃系の技や剣などの武器と比較して、技の速度や彼我の身体の動きが異なる組技系統との違いによって、この形の構造が生まれてきたと愚考します。

以下に、詳しく説明していきましょう。

まず生身の人間がくりだす突き蹴りの技というものは、相手との間合いが非常に緊迫した距離となります。これと比べて剣の間合いは、素手のそれと比べてみると倍ほどにもなり、この間合いにおいて速い動きで双方が攻防の動きを学んでも、比較的安全に行なうことが可能になります。さらに速さだけを考えればふり下ろす剣の速度自体は、拳のそれを凌駕するかもしれませんが、間合いの関係によって相手にとどく早さは素手の突き蹴りがいちばん早いのです。

そして剣術の稽古においては、すばやい動きでくりだされる相手の木刀の衝撃を、自分の木刀で受けた場合でも衝撃によるけがや痛みをともないません。これは素手を武器とする、いわゆる生身で突き蹴りの打撃技をくりだして、それを生身で受けなければ攻防が成立しない空手とは決定的に違う条件となります。

さらに要旨を明確にするために極論しますが、剣術の稽古の場合には彼我が木刀をもった場合に相手の木刀を、相手の腕（小手）と仮想して打ちこむ練習をしても、なんら問題はありません。すなわち触れれば切れる日本刀で相手の小手を打てば、腕が切り落とされます、いや極端な場合には相手の手首の動脈に、自分の剣が触れてしまえば勝負はついてしまいます。なぜなら自分の鋭い剣によって腕を切られるという生理的な痛み、出血多量による身体能力の低下、あるいは腕が一本消滅するという身体のバランスを崩されるという現象が、闘争心が旺盛な相手の心理的な覚悟を上まわってしまうからです。

そしてこの日本刀の鋭利さとは三歳の童子が剣をもとうが、雲をつくような大男が剣をふりまわそうが同等なのです。素手の武術である空手の業・技は、この日本刀に匹敵するほどの鋭利さをもちません。そのために相手の腕をしたたかに打ったところで、攻撃してきた時の相手の心理的な覚悟が、打たれた腕の生理的な痛さを上まわり、下手をするとその後の反撃で自分が不覚をとるという状態が、往々にして生じてしまいます。

剣というものがつねに側にあった琉球王国時代の武士階級は、この素手の武術の限界も明確に理解していたでしょう。すなわち剣などの武器と比較して殺傷能力にとぼしい突き蹴りでは、極論してしまうと相手の絶対急所を攻撃する修行をへないかぎり、有効な修行方法とはなりがたいということです。そのためにこそ「一撃必殺」、あるいは「一の太刀を疑わず」に素手の技で相手の絶対急所を打つという、業・技の練磨を形の中で行なったのです。

なお、これらの事柄は非常に重要なので、13章1節「受け」でも詳しく説明しましたので、参照してください。そのために剣術の相対形とは異なり、紙一重の緊迫した距離で神速をめざした修行で、攻守ところを変えた素手の空手の技の攻防を行なうことは事実上不可能です。これは、組技系統の柔術などの相対形と比較しても同じです。相手の身体に触れた時から技の攻防が始まる組技系統の技の速度は、突き蹴りのそれと比較した場合には格段の差があります。さらに双方の身体がつかむ、つかまれるなどの密着している関係にあるために、動きの調節が可能になります。すると比較的安全に相手と攻防の技をかけあって学ぶことが、できることとなります。

後記するように平安の形のうち、唯一攻防の立場が交互に変化して行なわれるのが平安三段の形です。なぜならこの形は相手に自分の技が捕らえられた時の「解脱」の習得が主であるために、攻守が交互に行なわれることが可能になるからです。

しかし空手の突き蹴りとは、相手の身体に触れる以前の空間をいかに速く自分の身体と技が進んでいくのか？という空間の制御が主題になります。その際に相互の安全のために彼我の空間における身体の動きを制約するということ自体が、修行を妨げることになるというジレンマにおちいってしまうのです。

その２

そして武術として伝承された沖縄空手（首里手）には、実戦で勝つ、あるいは生き残ることだけを目的として形の中での攻防が成り立っているからです。ここまで読み進まれた読者には明白だと思いますが、二人の人間が戦った場合には、誰が「先」をとるかで、その勝敗の行方の大部分は決定されます。その「先」も現在の日本武道や日本剣術では一種類だけではなく、前記した「先先の先」、「先の先」などから「後の先」まで多種に分かれて説明されます。

しかし非常に誤解をまねくかもしれませんが、これらの「先」の思想を沖縄空手では非常に明確に「先先の先」と、「後の先」だけの二つ（だけ）で理解しているとしてもよいのです。まず自分が相手に勝つには、相手より速く相手を打って勝つ。これは相手が心身ともに無防備の時、あるいは心と身（体）の二つのうちの一つが無防備の時です。すなわち相手の心身に隙が生じた時に、自分が攻撃して勝つということです。

琉球王国時代の武士たちは、この「先先の先」の思想を空手の単独形以外にも日本剣術の示現流の打ちこみや、その立ち木打ちからヒントを得たであろう「巻き藁」への突きこみなどで学んだはずです。さらに屋部憲通先生の語った記録に、首里手の創始者である「武士・松村」こと松村宗昆先生との稽古では、形をした後すぐ「真剣組手」を行なったとされているので、この攻防における「先先の先」などは組手でも学んだはずです。

本書で述べてきた「神速」や「見敵必攻」などの言葉は、この相手の心身が一瞬のあいだ無防備になった時になんの躊躇もなく、相手を攻撃することを表した言葉であるとしてもよいでしょう。首里手がその心身思想において「居着く」ことを戒めているのは、心身が居着いてしまうとこの一瞬の間を逃してしまい、相手を打ち負かすことが不可能になるからです。またはこの自分の一瞬の「居着き」の間に、相手からの攻撃をもらってしまうからです。

次が相手が攻撃した時に、その攻撃を躱《かわ》すなどしながら自分の攻撃で相手を倒すということです。これが、「後の先」です。そして武術として伝承された沖縄空手（首里手）の大部分の形は、この「後の先」を学ぶために非常に有効です。なぜなら形の形式あるいは構成は、この相手が攻撃した時の対処としての身のこなし、すなわち業と相手への反撃の技を学ぶのに非常に適しているからです。

これは、全身全霊をかけて自分を倒そうと相手が攻撃してきた時には、反面から見てみると相手は防御の面では隙があるということです。その一瞬の隙をめがけて、自分が攻撃をかけるということです。この一瞬の時にも「先先の先」と同じく、自分の心身を居着かせず「神速」や「見敵必攻」を修行の目的として得た心身操作のみが、勝機をつかむことができるのです。

さてここまで「先先の先」から「後の先」までを理論化して身体操作をなしとげた沖縄空手ですが、沖縄空手の形においては非常にユニークとしてもよい、もう一つの特徴があります。それは「後の先」で相手へ反撃を開始した自分の業・技が、その後の展開で相手と自分の距離や角度、そして拍子が異なる場面になっても、自分が相手へくりだす技が決してとぎれないようにして、最後の最後まで相手をしとめることを考慮して、形の中の技が構成されているということです。

それは形の中で心身を居着かずに、相手とのどのような相対関係においても有効な突き、蹴り、投げ、極め技をくりだしていくということです。これは相手と自分の作り出すエネルギーの行方をつねに身体が計算しつくして、相手の身体が行く方角へ自分の技をくりだすということでもあります。ですから武術として伝承された沖縄空手の形における相手とは、つねに単独で同一人物なのです。

その３

さてここまで記して、武術として伝承された沖縄空手（首里手）の形の含有する、さらに驚愕すべき思想を述べます。

形の構造を考慮した場合には「後の先」を学ぶためには有効だが、「先先の先」を学ぶことはまず相手が先に攻撃にしてきて、それに対応する形式で形が構成されているために、非常に困難であると思われるかもしれません。しかし前記の**その２**で述べた、相手の攻撃に対して自分の「後の先」の技を出したあとで続く、相手と自分の心身が織りなす相対関係を確実に読んで業・技を出すということは、その場面・場面においてじつは「先先の先」を自分は学び、修行しているということになるのです。なぜなら相手と自分の相対的な位置関係でとぎれなく、そして居着くことなく業・技が出るということは、瞬時において自分の心身はつねに、「先先の先」をなしていなければ不可能だからです。

ですから形のこれらの場面においては、相手の受け技は出ません。いや！　これらの場面で、相手が受け技を出せる状態になるということは、自分の攻撃が失敗であったということにすぎないのです。これらの場面においては、相手の身体はすでに自分の心身のコントロール下になければいけないのです。これこそが、日本武道の理想とする究極の「先先の先」の思想なのです。すなわち琉球王国時代の武士たちは、一つの形を修行することで「先先の先」から「後の先」にいたるまでのすべての「先」を修行し、己のものとしていたのです。

ですから筆者はつねづね、「琉球王国時代の武士たちは、武器をもつことを禁止されたが故に、素手の武術を極限まで昇華することができた。その心身思想・操作の高みは、すくなくとも日本剣術と同等か、ある場面においてはそれ以上のものである」と言っています。さらに記すと、この沖縄空手の非常なユニークな形の中における攻防の思想を、近代に入って誰一人として理解していなかったために、現代空手の形に対する大きな誤解、曲解が生まれてきたのです。

近代空手の形の解釈では、形では皆無に等しい自分の「先先の先」の攻撃はいざ知らず、相手の攻撃に対して自分が「後の先」で反撃して、その後に相手をしとめる。さらに同じ相手、または別の相手が他の方面から攻撃してきて、またもや自分が「後の先」で反撃してしとめる。このくりかえしが、形の構造であると思ってしまったのです。

さらに日本本土に空手が移入された後で、組手の試合が考案されました。その際に試合方法の確立に参考にしたのは、剣術における竹刀競技の試合方法だと思われます。それは安全性を考慮した結果であり、かつ柔道などの組技系の武道との差別化をはかろうとした、当時の空手界の意向などもあったかもしれません。そのために、空手の技の打撃系統の技のみを競うという傾向になっていきます。すなわち相互の打撃が交差した後に、お互いの身体が密着して有効な打撃の技の間合いより近くなるなどすると、審判の「やめ！」が入って元の位置に戻り、ふたたび競技が始まるという方法です。

この方法だと比較的安全に試合を展開することができますが、出せる技は空手の打撃系統、それも長距離、あるいは中間距離からの打撃技のみの攻防となります。しかし実際の場面では、それ以後でも戦いは続くのです。いや！　割合からいえば、実際の戦いではそれ以後の技の攻防が占める割合が多いかもしれません。ですから武術としての古伝の空手の形、あるいはその古伝の形を参考にして創作された平安の形でも、学ぶ事柄の多くとは、攻撃してきた相手を「後の先」で反撃し、その後の自分の「先先の先」の攻撃に使用する技なのです。

しかし琉球王国の崩壊と同時に武術としての心身思想を失ったために、これらの認識が消滅してしまいました。これは沖縄の空手の事情だけではなく、日本本土における剣術も同様です。その理由は江戸期が終わって明治期になり、本来の日本剣術においては修行体系の一端でしかなかった竹刀での修行が盛んになり、さらに第二次世界大戦の敗戦によって、すべての武道が禁止になった後で復活させた竹刀競技の影響などの、多くの要因があるかと思います。

さらに空手においては「形は受け技から始まる」という言葉をまちがって解釈したために、相手の攻撃をかわして自分の攻撃をするという武道本来の「後の先」での反撃ではなく、相手の攻撃を自分が受けて、そのあとに反撃する形式で形が構成されているとしてしまったのです。その受けの後に不合理的な方法で、相手を倒す「決め」技を出す。さらに別な相手が現れてきて、同じ形式がくりかえされるという、空手修行者のみならず多くの人々が不合理と思える思想での、形の解釈と修行が始まっていったのです。すなわち素手のチャンバラ、あるいは素手の殺陣《たて》をやることが、形の本来の目的であると完全にまちがった考えをしてしまったのです。

　ですからある場面から次の場面に移行する動作が、まったく意味をなさなくなってしまいました。さらにある場面と次の場面で戦う相手が突然違ってきたり、複数の相手と戦ったり、さらには素手であった相手が突然武器をもったなどという、理論的には完全に破綻した形式で、形が伝承・修行されてしまいました。非常に厳しい言い方で記すと、「技の遣りとり」に始終して、「命の遣りとり」にはいたらない修行をしてしまったのです。しかし沖縄空手本来の形の思想とは、この命の遣りとりでいかにみずからの身を守るかなのです。そのためにこそ、「刹那の間」にまにあうことを目標として、苦しい修行を行なうのです。

　ただ形の中における武器の存在の認識にかんして、誤解をまねかないために明確にしますが、武術として伝承された沖縄空手の形の中の動作では、当然のごとく自分と対峙する相手が、いつでも（隠しもっていた）武器を取り出して自分へ向かってくることへの、対処という心身の操作が存在します。それがルールのある格闘技とは違って、対戦する相手やルールを選択できない場面に置かれた自分の身を守るために伝承された武術、そして武道の本質的な存在意義だからです。

　このような形の構造に対するまちがった解釈が、沖縄、日本本土、そして世界中を見渡しても、すべてといってよいほどに例外なく普及してしまい、当然のことながら「形は使えない」、「形の修行は、無益である」という、これまたまちがった意見を生み出す偏見のもととなったのです。

さらに記せば、この沖縄空手の形における自分の「後の先」の業・技の後に、相手と自分が置かれた相対関係が作りだすエネルギーを利用して、延々と「先先の先」の業・技をくりだすことを学ぶということは、後記する「起承転結」においてなぜ沖縄空手の形に「転Ⅰ、Ⅱ、Ⅲ、Ⅳ…」の場面が存在するかの、重要な理由となるのです。そしてなぜ琉球王国の武士たちが、巻き藁突きなどの一人稽古と単独形、それにくわえて真剣組手という三つのものに重点を置いて修行していき、極意にいたったのかも理解していけるはずです。

以上の諸般の理由から、武術として伝承された沖縄空手（首里手）の単独形における彼我の関係とは、一方の攻撃を受けた人間が相手の攻撃から身をかわしながら、みずからの攻撃を出し、その後も居着かずに業・技を出しつづけていくことで形が終始することになります。

一つだけ老婆心として記しますが、このような構成によって形が成り立っている沖縄空手の単独形を相対形にした場合に、受け手側の練習体系を創作してはならないと筆者は明言します。なぜなら、そのような受け手側の動きを体系づけてしまうと、相手の攻撃をまともに受けるという身体の動きを学んでしまうからです。

すなわち弊害の一つは、たとえていえば芝居や映画の殺陣の場面で上手い「遣《や》られ役」になるために、空手の形を学んでしまうことになります。これでは武術を学ぶことから考察すれば本末転倒、あるいは無益どころか、有害な修行になってしまいます。さらに受け手、または「遣られ役」が身体を固めて相手の攻撃を受けるということを学んでしまうからです。相手が刃物などの武器をもっているとつねに想定していた時代に武術として伝承された沖縄空手（首里手）では、身体を固めて、相手の攻撃に耐えるという思想はありません。なぜならどんなに鍛え上げた身体でも、生身の人間は刃物の威力の前には盾とはなりえないからです。

これはよく誤解される事柄なので、筆者の文責であるとして明確にして記しますが、じつは戦う彼我が刃物ではなく素手の場合でも、修行のレベルがある程度から上の場合には、身体を固める動作というものは存在しないはずです。なぜなら人間は相手のいちばん弱い部分を、本能的に攻撃するからです。それは固めることのできない身体部分である、顔面や金的、あるいは関節などです。または人間は本能的に相手が身体を固めていない時に、相手を攻撃するのです。

武道においては、相手の攻撃に耐える心身を作る。相手からの多少の攻撃を受けても、たじろがない心身を養成することは必要不可欠です。しかし、それは沖縄空手においては相手の攻撃を身体で受けるなどというレベルのものでは決してない、ということは読者は明確に理解しておいてください。

第２節　形の四要素

平安の形にかぎらず武術として伝承された古伝の沖縄空手（首里手）には、大きくわけて四つの要素が含まれています。

その四つとは、

１　構造（Structure）
２　機能（Function）
３　様式（Style）
４　応用（Application）

です。

ただ残念なことに武術としての空手の形は、個人から個人へ秘密裏に伝わったために、琉球王国が崩壊した近代になって武士階級の心身思想が喪失してしまいました。そのために形を公けに公開した時には、この四つの構成要因がごちゃまぜになってしまった懸念があります。

たとえば本来は武術的な「機能の応用（Functional Application）」でなければならないはずのものが、「様式の応用（Application of Style）」となってしまった動作も、多く見受けられるのです。筆者は「形は無益」、あるいは「形は使えない」など多くの現代空手家にまちがった認識が生まれてきた一つの要因は、これらの「機能」、「様式」そして「応用」などの区別がつかなかったからだと思っています。そのために本書では、それらの区別を明確にすることを念頭において、進んでいくことにします。

なお武術として伝承された沖縄空手（首里手）の古伝の形（の数）は非常に限定されてしまいますので、「構造の応用（Structural Application）」というものは、例外を除いて存在しません。そのために首里手の形の構造、あるいは構成は各形とも非常に似かよったものとなっています。

本書では古伝の空手の形修行において最重要である「形の四要素」を、目で見て理解できるように、平安の形の写真における動作をとりあげて説明します。

その写真説明に入るまえに、まず次にあげる「形の四要素」の概要を理解しておいてください。これらの四要素のうち、「構造」の要素はいちばん重要であるにもかかわらず、もっとも誤解・曲解を受けて伝承された部分なので、「起承転結」という物語性の部分もくわえて詳細にわたって説明します。

1 構造

まず第一にあげた構造とは、形がどのように成り立っているかということです。

現代の空手家が古伝の沖縄空手の形を修行する際に困難なことの一つは、形には構造が存在するということを理解することだと思われます。

なぜでしょうか？

それは、現代の空手家がみずからの心身操作を育むための基盤となるものが、西洋心身文化のスポーツの思想だからです。この西洋心身文化のスポーツには、空手の形に代表されるような複雑な構造による修行体系は存在しません。そのために形は、技を無造作につめこんだカタログのようなものである。形とは不特定多数の人間を相手に、これまた不特定な場所で、異なる武器をもった相手に対して戦うことを学ぶものである、などのまちがった考えが、近代になってみずからの心身思想を失ってしまった、大多数の空手家たちのあいだに広まってしまいました。

首里を中心とした琉球王国時代の武士たちは、緊迫した時代の中でみずからの矜持を保持するために、素手の空手の形をそれこそ命がけで修行しました。ならばその空手の形とは、命を懸けて学ぶに値するものであったはずです。そして学ぶに値するものとは、修行が進むにつれて熟練していく人間が、完璧に納得の行くものでなければなりません。それ以上に、熟練した人間であればあるほど、みずからの修行の励みになるほどに洗練されたものでなければなりません。

本書の平安の形をはじめとして、空手の形は相手の攻撃から身を守る技術を学ぶわけですから、形とは攻防の技の集大成だといえます。しかしいくら集大成だからといっても、むやみやたらに攻防の技をごちゃ混ぜにして、一つの形ができあがっているわけではありません。人間が理解できる範囲において、体系立った習得過程がいちばん効率よく学べるので、その効率をよくする方法としての構造というものがかならず存在します。

ましてや王国の指導者階級の武士たちが真摯に学ぶ価値のあった武術として伝承された沖縄空手においては、修行体系の根幹となる形の効率の良さとは、世界的にみても特筆されるものでもあったのです。それが日本文化、あるいは沖縄文化の歴史的な厚みとして理解してください。現代まで伝承された古伝の形は、武術的な意味ではだいぶ変革されたものです。しかしこの形の構造にかんしては、「古来から、構造（自体）が変革された形は存在しない」としてよいでしょう。

さらに首里手の形のすべての機能は、ナイファンチを参考にさえすれば、各形のもつ武術的理論をうかがうことが可能になります。ナイファンチの形は、非常にシンプルな構造と機能、さらに様式のみで伝承されています。

これ以上動きを削ぎ落としてしまうと、後は何も残らないというほどに余分な操作が存在しません。

首里手の形の構造は基本的には、すべて同様にできています。そのために余分な部分をそぎ落としたナイファンチの構造を理解すると、平安をはじめとする他の古伝の沖縄空手の形の構造を即座に見てとることが可能になります。これほどの高みにあるナイファンチの形が存在しえたのは、琉球王国文化圏内に住むすぐれた空手家たちのあいだで、個人から個人へと伝わっていく過程において、すべての余分な動作が消滅してエッセンスだけが伝承された結果なのでしょう。これは沖縄で生まれ育った筆者のひいき目かもしれませんが、ナイファンチの形の存在こそが、琉球王国時代の沖縄の心身思想の高さが如実に立証されたものだと思っています。

さて平安は他の古伝の形と同じく、形の構造自体は数多くある流会派のあいだで同じです。しかし現代においては流会派間による動作や解釈の違いも大きいために、形の構造は同じでも技の機能を断定することは、ある部分においては困難が生じます。しかしそれとても、極論すれば形全体から見渡すと非常に末梢な部分でしかありません。

では平安の形は、どのような構造から成り立っているのでしょうか?

平安の形は初段から五段までありますが、構造的に見た場合には同じ要素をもつものだと理解できます。そして平安の形すべてに貫通する構造は、「物語《ものがたり》」の構成になっているということです。これは平安だけにかぎらず、すべての古伝の沖縄空手(首里手)の形も「物語」構成になっています。

通常の興味深い物語とは、その長短にかかわらず「起・承・転・結」があります。そして平安を含む首里手の形も、この物語と同じく「起承転結」が存在するのです。この「起承転結」は形の構造を理解し、他の三要素である機能、様式、そして応用の存在の認識と活用にとってもっとも重要な事柄です。そのために本書では後記する「起承転結」の項で、詳しく説明します。

２　機能

つぎにあげる「機能」とは、おもに二つの事柄をさします。

一つは形の中で、武術的な身体操作を学べるということです。そして学ぶ本人、さらには教える教師側では、演じている本人が武術的な身体操作を行なっているのかどうかが、形によって確認できるということです。東洋心身文化の極致にある日本武道の動きは、動物として唯一、常時直立二本足歩行をする人間の身体の動きを極限まで理解して、もっとも精巧に機能化したものです。沖縄の武術である首里手、そして武術としての本来の空手も例外ではありません。

この身体操作の機能とは、漢字表記してみると「業（ワザ）」として表せるものです。この「業」を習得していなければどのような身体操作を学んでも、どのような修行をしても、「武術」、あるいは「武道」としての空手にはなりえません。逆説的にいえば、「業」を理解すれば食事の時の箸《はし》の上げ下げさえも、武術的に正しい身体操作となりうるのです。

そしてこの「業」において日本武道でもっとも重要なのが、「正中線」の存在の認識とその操作です。首里手、すなわち武術としての空手では、このみずからの身体に存在すべき「正中線」の存在認識と操作を、おもにナイファンチという世界最高の形の修行で習得します。

機能の示す次の事柄は、形の中にある武術的な身体操作が、何を目的として、どのように使われているかということです。前記した「業」と比較してみると、これは「技」のレベルだとしてよいでしょう。空手の技は武術的な身体操作で、みずからの手足を使った「突き」、「蹴り」、そして「捕り手・解脱」、さらに「投げ」などの動きが存在します。これの動きが、「技」と呼ばれるものです。空手とはこれらの「技」によって相手の攻撃からみずからを守り、相手を行動不能にしてしまうことを目的とする武術です。

よく「形の分解」という言葉を聞きますが、これは形で行なわれる突きや蹴り、受けや投げなどの数動作を相手に対してどのように使うかとの、機能の研究の成果を見せることです。じつは古来から伝わった首里手、すなわち武術としての空手には、「形の分解」という思想はありません。「形の分解とは、形の本来の意味を知らない人間を指導するためのものである」、あるいは「形の中の技を学ぶのではない」ということが、武術としての沖縄空手を修行していた人間たちの共通していた認識でした。

本書をここまでお読みになられた読者には明確なことだと思いますが、武術としての空手においていちばん重要なことは、「業（ワザ）」なのです。「技（ワザ）」とは、「業」の現象でしかありません。極論になりますが、武術的な「業」ができていれば、ビンタ一つ張ることで相手に対して突きと同様な強力な効果があるかと思います。さらには扇子一つで、剣と同じ役割を果たすことさえ可能なのでしょう。

その反対に「技」のみを追求して「業」の修行をおろそかにしてしまうと、どんなにすぐれた「技」を学んでも相手に対して効果のある技とはなりません。そのような「技」のみの思考で空手の形を理解してしまうと、形が「技のカタログ」となってしまうだけです。そのような形の存在は目に見える現象でしか理解できない「見学者」、あるいは百歩譲って「初心者」には必要かもしれませんが、じつは武術的には無益どころか、有害となってしまうことが多いのです。

しかし、明治以後のわれわれ日本人は西洋身体文化であるスポーツの思想でしか、身体操作を理解するすべを知りません。または前記したように、「技のカタログ」としてしか形を習得する方法が存在しませんでした。すなわち首里手、あるいは武術としての空手にかんしては、筆者を含めて現代の空手修行者のすべてとは「見学者」、あるいは「初心者」のレベル以外の者ではありません。これは沖縄、日本本土、そして世界全土すべて同じ状況です。

そのために本書では読者に理解していただくために、「形の分解」的な要素、あるいは説明で平安を解明する場合が多々あります。しかしそれはあくまで「見学者」、あるいは「初心者」レベルの、われわれのためにであると明記しておきます。

さらに非常に逆説的になりますが、読者の方々は本書を読みおえたあかつきには、すべての首里手の形について、分解などをへずとも、その内容のすべてが理解されるようになるはずです。すなわち形による身体操作の理論、そして個々の技の意味が明確に一目でわかるようになるのです。だからこそ昔の修行者は、他人に形を見せることがなかったのだということにも納得がいくはずです。

さて平安の形にかんして記してみると、全体を統一した機能ということでは明確ではありません。ただ個々の平安初段から五段を比較してみると、前記したチャンナンの形が原型と思われる、機能的には捕り手・解脱、さらに突きの威力を増すことを習得目的とする平安二段。そして相手が自分の顔面や頭部の上段へ攻撃した場合の対応から技が始まる、平安初段と四段。さらに平安二段（≒チャンナン）とは別系統の捕り手・解脱の方法が多く含まれている、平安三段と五段、の三つの流れがあります。

３　様式

〈その１〉

三番目が、様式（Style）です。

驚かれるかもしれませんが、空手の形は多くの様式で成り立っています。「様式」というと、よく「装飾」と誤解されてしまう場合がありますが、武術として伝わった沖縄空手の形では、この「様式」と呼ばれる動きは装飾的な動きではありません。

それとは逆に本来の首里手の修行では、少しでも装飾的な動きをすれば、それは「ハナディー」、すなわち「花手」「華手」として嫌悪されました。この「花手」または「華手」とは、通常の日本語でもよく使われる「実」

をともなわない「華法」との意味です。英語でいえば、装飾という意味あいのつよい「デコレーション（Decoration）」的な動きとしてもよいでしょう。

首里手の形とは、それらの「花手」、「華手」、そして「華法」、あるいは「デコレーション」とはまったく逆の身体思想・操作なのです。ですから武術としての古伝の空手である首里手における形の「様式」とは、英語で「スタイル（Style）」といえば明確になるかもしれません。

この稿で記している他の三要素も同じですが、ここでとりあげる「様式」は「構造」、あるいは「機能」などと非常に密接に関係しています。

まず、「機能」と結びついた様式を記していきましょう。形は武術的な心身操作によった、攻防技術の修行体系だと記しました。そのために「業」と「技」の機能があるのです。武術的な身体の「業」の具現化が、空手の「技」なのですが、この時に武術としての心身思想に必要不可欠な身体内の「正中線」、そして「天地線」を確認するために、身体上に現れる動作で示すという必要が出てきます。これが、沖縄空手の形に「様式」の存在する理由の一つです。

直立二本足歩行をする人間の身体を、地面から垂直に伸びて二等分する「正中線」。そして地面と平行に走る「天地線」とは、この地球上で人間がみずから創出できる二種類のエネルギーである「位置エネルギー」と、「運動エネルギー」を明確に区分できる線なのです。このエネルギーの区分を明確にして使用した場合に、人間の身体操作はもっとも効率よく機能的に動くことができます。この二つの線を認知して身体操作をすることで、武術としての空手が求めている「最小の動きで、最大エネルギー」を獲得し、相手に対して放出することができるのです。

そのエネルギーの区分を外から見て認知できるのが、「様式」の一つの役割なのです。すなわち二種類のエネルギーの区別ができて、その使用方法も認知して操作できているカタチというものを示すのが、空手の形の大きな存在理由の一つでもあるのです。

さらにこの二つの線そのものの確認と同時に、身体の各部分をこの二つの線を基準にして揃えていかなければなりません。たとえば形の中における正拳を構える時の拳《こぶし》の位置、突きを出した際の拳の位置、前方へ進む時の入り身の位置などが、基本的にみずからの身体の左右の線が正中線と平行になり、さらに身体の上下の線が天地線と平行になるように様式を整えます。

さらに自分の構えた拳の腕の部分が露出してしまうと、相手から自分の身体の腕の奥行きが推測されたり、または自分の身体が三次元の立体として見えてしまいます。または身体が開いてしまうと、自分の動かせない正中線が露出することになります。すると相手が自分の身体の細部まで把握することとなって、自分が作る業・技の可能性を推定することができてしまい、間合いや拍子を見破られる可能性が高くなります。すなわち、自分の心身の動きが相手から丸見えになってしまうのです。

しかし形が要求する様式によって、相手から見て予測困難な正しく拳を引いた位置、正中線を強靭に保ちつつ、相手の目から遮断する方法など、相手から見て自分の身体が非常に間合いや拍子を読むのが困難な、二次元の状態に保つということになります。

ですからこれらの場合の「様式」とは、「機能」と非常に密接な関係のあるものになります。

〈その２〉

つぎは、形の「構造」と結びついた「様式」を述べていきましょう。

前記したように「正中線」、そして「天地線」を認知しつつも、かつ自分の身体を正中線、天地線を基準に整えて身体操作を行なっても、形において「技」を追求した動きをくりかえすと、形の構造を作る骨格にあたる演武線からはずれてしまうおそれがあります。

首里手、すなわち武術としての空手では、「演武線」と「正中線」の一致が不可欠です。さらに首里手の形では、「演武線」が基本的には前後の一直線で成り立っています。たとえていえば相手の動かない的《まと》である正中線に、ライフルなどで照準を定める照星《しょうせい》の役割を自分の正中線が行なうのです。その時に自分の正中線と、相手の正中線を結ぶ線が演武線なのです。

ですから首里手の形においては、演武線からはずれた身体操作などは無意味である以上に、武術の修行にとっては有害な操作をくりかえすことになってしまいます。そのためにある動作を「様式」としてくわえて、演武線を整えるための働きとするのです。この時の「様式」とは、形の「構造」を示す演武線への、「機能」動作の修正といってもよいでしょう。

つぎに重要なことは「様式（スタイル）」によって、「暗喩《あんゆ》」または「メタファー（metaphor）」を行なっているのです。この「暗喩《あんゆ》」、「隠喩《いんゆ》」、または「メタファー」とは、他の手段を用いてある事柄を表しているということです。ですからここであげる「様式」とは、そのまま言葉どおりの「様式」であるとしてもよいでしょう。

こう記すと非常に複雑でわかりがたい動作を思い浮かべてしまいますが、沖縄空手の形においては、じつは非常に直截的な手段で特定の事柄を表しています。ただその「様式（スタイル）」を知らない人間が学んだり、見たりしてもまるで意味が通じない動作となってしまいます。

ナイファンチ、クーシャンクー、そして本書の平安などの首里手の形では、共通する動作が出てきます。しかしその意味がわからないために、これは「構えである」、または「間をとるため、あるいは呼吸を整えるためのポーズである」などの、まちがった解釈が広まってきました。これらの動作をなすことで確かに間をとり、呼吸を整える結果になります。たとえば首里手の長い形や、棒などの武器術を習得する沖縄古武道、あるいは琉球古武道の長い形では、途中で沖縄語（日本語方言）で「ナカユクイ」という言葉で説明される場面があります。この空手で使われる「ナカユクイ」とは日本語の「小休息」としてもよい言葉で、長い形の最中に呼吸を整える作用をするものです。

しかし現代空手における形における問題点は、動作そのものの意味をとり違えてしまったことです。さらにそのまちがった様式の解釈から、まちがった形の構成への理解が生み出されました。それにくわえて、このまちがった形の構成とつじつまを合わせるために、まちがった技の説明をしていくことになります。形の意義において、完全な悪循環を起こしてしまったのです。現在において「形は使えない」、「形の修行はむだだ」などという考えが生まれてきた理由の一つは、この様式の存在を完全にとり違えてしまったからです。

首里手の形に共通して現れてくる動作の一つは、「自分は今相手のこの部分をつかんで、相手を完全にコントロールしている」、この後に「この動作、あるいは技に移る」などという意味の暗喩なのです。

形の構造から推察すれば、この場面では相手の身体を完全にコントロールしているために、次の動作に移る前に「ナカユクイ（小休止）」として自分の呼吸を整えることは可能でもありましょう。

しかし前記したように現代の空手の形の解釈は、この暗喩の意味を完全にとり違えているために、形が意味をなしません。

〈その３〉

しかし逆説的にいってしまえば、この暗喩の意味さえわかれば、平安の形の意味するところの九〇パーセントは即時に理解できるようになります。

さらにこの様式（スタイル）の付属的な存在理由として、自分の武術の目的にとっては不都合な人間や、関係のない人たちへ武術の技を隠す働きなどがあるということです。人間とは自分の未知の技に対しては、瞬間的に対応が遅れてしまいます。そのために必勝の理論の一つとして敵に、あるいは敵になる可能性のある人間に、自分の技を事前に見せないように様式の中に隠すということがあります。

ただ歴史の皮肉のようですが、この暗喩の効果が効きすぎて、現代の空手家のすべてが「様式」の意味をとり違えてしまったのでしょう。そして筆者の正直な感想を述べれば、このような様式の中に技を隠すということは、あまり意味のないことであり、実際にはそのような意識をもって形が修行されたことはなかったと思っています。

さらにいえば、禁武政策で武器をとりあげられた琉球王国時代に首里の武士たちが修行した素手の形は、本来は武器をもって戦うことを前提として修行されていたなどという意見がありますが、それらは歴史における無知から生じたものでしかありません。歴史を俯瞰すれば明らかになりますが、沖縄の武術には素手の空手以外にも、棒や釵《さい》と呼ばれる武器術を修行する古武道が平行して修行されていましたし、それ以上に武士階級においては剣術の修行が盛んだったのです。

そのような状況下において、武器類の使用を素手の形で学ぶなどという、効率の悪い修行方法が確立されるとは思えません。このような説が生まれてきたのは、素手の空手も武器類を使用する古武道においても、身体操作はまったく同じ原理・原則で動くということを、とり違えて理解してしまった結果なのです。そして前記したように日本刀という世界的に見ても最高の機能をもつ武器と、その精巧な操作方法が日常生活の中に存在するために、たとえ自分に向かってくる相手が素手であろうとも、相手が鋭利な武器で向かってくる。あるいは相手が武器を隠しもっているという前提でつねに修行していた時代を、かえりみた時に生じたまちがいなのでしょう。

さらに「様式」を語るうえで大切なことは、形には美的要素があるということです。

形を極めた場合には、それを演じる人物の動きが非常に美しく見えます。それは前記したように、人間のいちばん機能的な身体操作を行なえるからです。そこにあるのは、現在の形演武などで行なわれている、装飾的な操作などの入る余地のない、むだな動きをすべてそぎ落とした身体操作の究極的な機能「美」の存在です。

武術の「武」と、美的要素の「美」とは対称的な言葉に思えますが、人が生きる、あるいは大上段にかまえて人類が生存するということにおいて、美とは欠かせない要素の一つです。

ロシアの文豪であるドストエフスキーが「唯一、美のみが世界を変えうるものである」という意味の言葉を述べています。この言葉の解釈は、いろいろ可能だと思います。われわれ人類にとっての美意識を、たんなる芸術や文化という領域を離れて生物学的に検証してみると、究極的にはそれが人類の種の保全につながるものだからなのです。人類と呼ばれる生物が地球上で生存するために必要であったからこそ、これほどまでに人は「美」や「善」というものに憧れ、追求していくのだと思います。

そして空手の形も、その価値観に沿って「美しい！」と思われるのです。ですから非常に微妙な問題ですが、空手の形は美しくなければなりません。さらにいえば繊細な感覚をもたない武道家は、一流にはなりえません。ただ何を「美しい」と感じるのかは時代によって、そして個人の趣向によっても異なってきます。しかし空手の形の美とは時代や場所によって、その趣向の変わる音楽や絵画のような美ではありません。それは人間という、この地球上で唯一、常時にわたって直立二本足歩行をする動物の、身体の構造を理解したうえでの美しさという、徹頭徹尾に「機能」の上に立脚したものなのです。ですから空手の形の場合の「美しさ」とは、人間の自然の動きを理解して分解し、そして再構成させた人工の動きが「美」になったものです。

言葉を換えていえば、技の純粋さを求めた結果なのです。さらにこの技の純粋さは、究極的には技の普遍性につながるものなのです。そのために武術の空手の形においては、一概に「様式」のもつ美と呼ばれるものでも、「機能美」そのものでなければなりません。それは形而下には存在しない形而上の「正中線」や「天地線」の存在を明確に認知してそれを活用するという、この地球上において進化の過程において最高の頭脳を獲得した人類だけが行なえる「知能美」でもあるのです。

さて最後に同じ様式でも、琉球王国時代の古神道などの土俗、あるいは宗教的な規範、あるいは武士社会における社会規範によって形成されたものも、空手の形には存在します。

後記する口碑の「首里は左から」、あるいは平安の形とその創作に大いなる影響を与えたクーシャンクーの形

クーシャンクーの「左右左」の動き

などに見られる、「左右左《さうさ》」の動きなどがそれです。これらの事柄は、各形を説明する時に詳細を記していきます（図①②③…クーシャンクー左右左）。

4　応用

最後の四番目にあげるものが、形の「応用」となります。

古伝の空手の形における応用とは、具体的にいえば形においては技として「上段突き」であったものが、「上段肘当て」になった。下腹部への「金的蹴り」が、「前蹴り」に変わった、などのことです。あるいは突き技であったのが、投げに変化した。または投げにおいて首を極めて投げたものが、相手の首スジに手を添えながら足をつかんで投げた、などの変化・応用です。

一つ明確にしておきますが、首里手の修行において不可欠なナイファンチの形を修行すれば誰でも理解できますが、武術的においては突き、蹴り、そして投げなどもすべて同じ身体操作です。または、すべて同じ「業《わざ》」だとしてもよいでしょう。

武術としての空手では、「突き」技は、腕では突きません。「蹴り」技も、足では蹴りません。同じように「捕り手・解脱」と呼ばれる関節技や、それから脱する方法、さらに「投げ」技も、腕では極めず、さらに腕では投げません。

沖縄空手ではすべて「膝の抜き」といわれる動作などで、直立二本足歩行をする人間が作り出す「位置エネル

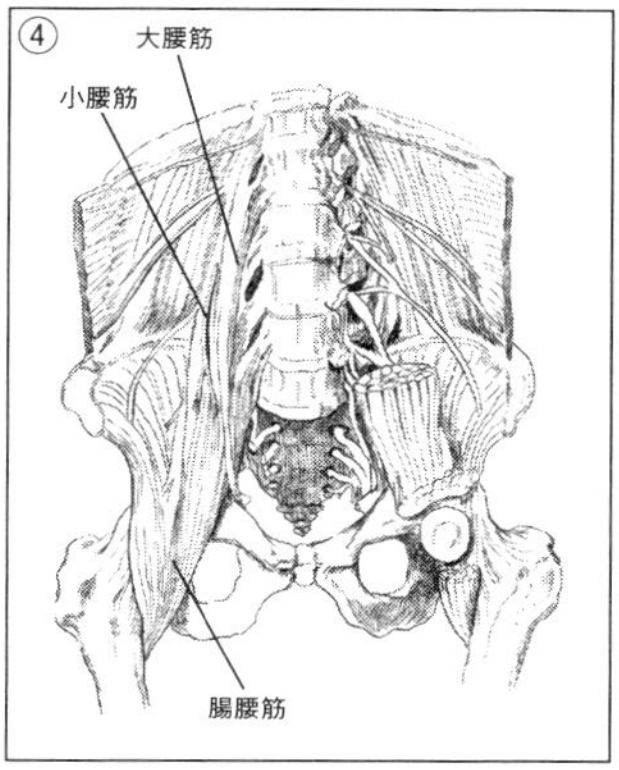

小・大腰筋

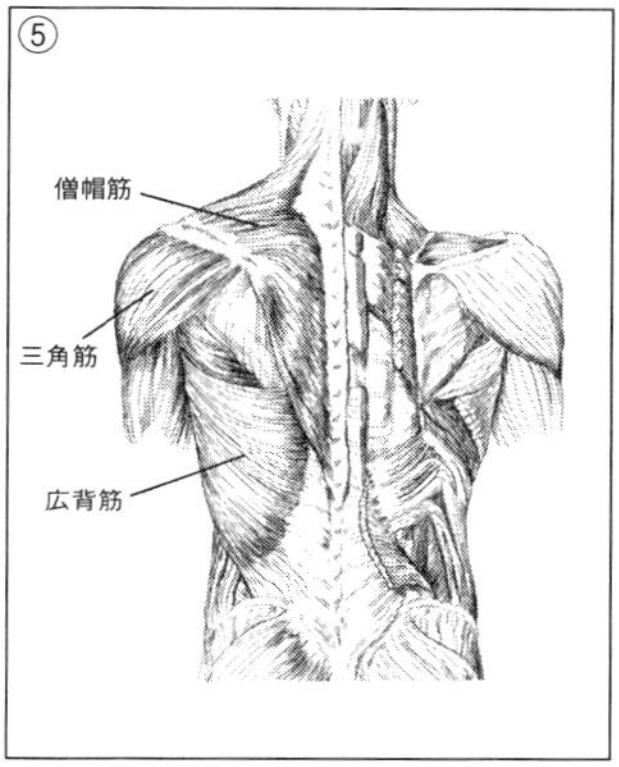

広背筋

ギー」を「運動エネルギー」として放出します。かつ身体内の奥底にある腰の筋肉の「小・大腰筋《しょう・だいようきん》」、「腸腰筋《ちょうようきん》」、さらに背中の大きな筋肉である「広背筋《こうはいきん》」を使って「運動エネルギー」を創出します（図④⑤）。

　この「位置エネルギー」を「運動エネルギー」として放出する身体操作と、筋肉の操作によって得られた「運動エネルギー」の総和である、「力学的エネルギー」を相手に向かって操作して相手を制するということが、武術本来の「力」であり、「技」なのです。

　ですから武術的にいえば、「突き」、「蹴り」、「投げ」などの技の違いは、対峙する相手との距離、角度、拍子などの相対的な位置関係の差異で出てくるものであり、絶対的といってもよい身体操作は基本的にはまったく同じものです。

　いや！　まったく同じものでなければ、正しい武術としての修行をしていないということにもなります。

　じつはこれは空手という素手の武術だけではなく、空手と平行して学ばれる「沖縄古武道」、または「琉球古武道」などと呼ばれる棒、釵、そしてヌンチャクなどの武器を使った武術でもまったく同じです。ですから素手の空手の形は、本来は武器の使用法の修練のためだ、などというまちがった考えが生まれてきたのは、「業」と「技」の区別が理解できなかったからです。

　さらにいえば、日本武術でも剣の術である剣術の心身思想・操作こそが、素手の武術である柔術の心身思想・操作です。武術として伝承された古伝の空手である首里手と古武道との関係と同じく、剣の心身思想を柔術に

「応用」したということです。そのために古伝の空手の形における四大要素である「構造」、「機能」、「様式」、そして「応用」のうちで、この「応用」はいちばん最後にくるべきものでしょう。

二つ目に重要なことは、武術的に正しい応用技とは「機能の応用」であって、「様式の応用」であってはならないということです。現代の空手の修行では、日本の近代化（西洋化）の影響で、西洋身体思想で空手の形を演じ、理解することしかできませんでした。なぜなら西洋心身思想においては、相手と対峙する戦いの修行としての単独形というもの自体が、メジャーなものとして存在しないのです。そのために形の四要素である「構造」や「機能」などを、まるで理解することなく、空手の形を修行してしまいました。

だから当然のごとく形の「応用」でも、形の「構造」や「機能」の応用ではなく、目で見ることができる「様式」の応用、あるいは武術的な「機能」を無視した、荒唐無稽な「技の応用」だけを行なってしまったのです。

ですから現代の空手の形の修行においては、相手の頭や首を極めた操作を示す動作（暗喩）、すなわち形における様式を、実際の突き技や構えなどとまちがって理解してしまいました。そのまちがった解釈から応用を発展させてしまって、元の形の意味することとは、まるで異なってしまったということがひんぱんに起こっているのです。

第3節　形の意味

ここまで記せば読者にも、沖縄空手（首里手）においてなぜ「形の分解は、無意味だ」、あるいは「形の中の技を学ぶのではない」といわれていたかの理由が、完全に理解できると思います。それは「業」を理解しない「技」は、使い物にならない。あるいは「業」のない「技」は、技と呼ばないという峻烈《しゅんれつ》な区別を沖縄の空手家は知っていたからです。さらにいえば現代において真摯に修行している空手家の大部分が、「形は無意味だ」、あるいは「形は使えない」と結論づけるのも、もっともなことだと思われるはずです。

このように「機能の応用」でも、現代の空手の修行者のあいだでは、東洋独自の武術的な心身操作を理解せずに形の解釈をしてしまう。そのために「機能の応用」が、「業」を無視した「技」の応用だけだとして、形の修行を解釈してしまうのです。

重力の作用する地球上で、直立二本足歩行をする人類が身を守るために「最小の動きで、最大のエネルギーを相手に放出する」という、武術本来の思想を忘却してしまえば、自分の身体を使って相手に放出する技の種類を、人間の想像力のかぎり作りだすことができます。しかしそれでは空手の形は「刹那の間」にまにあわない、実際には使えない荒唐無稽な技のオンパレードで、映画や芝居、またはビデオゲームの殺陣、あるいは商品（この場合は技）のカタログのようなものになってしまうだけです。

または現代の空手家はルールで守られた、試合形式に使える技を形の動作から作り出していった。あるいは、取り出していったのです。極端な場合にはルールのある試合で使える技だからということで、武術的にはありえない技を形の中に導入さえしています。ですから現在では、踊りやダンスとなんら変わりのない形を演じることになるのです。現在の形の解釈として武術的には荒唐無稽な技、机上の空論的な技、またはルールのある試合でしか使えない技が、存在してしまう理由はここにあります。

映画、芝居、ビデオゲーム、あるいは小説などに登場する技なら、それでよいでしょう。または形の試合用に作った形、あるいはルールのある試合（のみ）で使える技の保存目的、指導目的で創作した形ならば、それでなんら支障はありません。

しかし生死を分ける戦いの場を想定した修行を行なわなければ、すべてが無に帰してしまう武術としての空手である首里手の形は、そのような操作で「機能の応用」をなすはずがありません。空手の形における「応用」では、形の中で演じられる機能としての「技」を、同じ武術としての身体操作によって、他の「技」で演じるということです。

この様式ではなく、さらに荒唐無稽な「技の応用」ではない、武術的身体操作によって生み出された「機能」の「応用」を演じることこそが、武術としての空手の形の演武と、踊りやダンスなどの演舞をする時とで、いちばん違っていなければならないところなのです。

ただこのように記するのは簡単ですが、武術が盛んであった時代では、形を演じる人間も、そしてそれを見る人間も、すべて「武術の動きとは、どのようなものでなければならないのか」ということを熟知していました。

しかし現代のわれわれは、西洋身体文化であるスポーツの動きが、最高の身体操作であるとの教育を受けてきました。そしてそのスポーツ理論に沿った動きこそが、能率のよい動きであるとの考えをもっています。

さらに空手の形を修行している大部分の人間でさえ、「何がなんだかわからないが、先生にいわれたので形をやっている」。そして「形は使えないと思う」が、「他の格闘技とは違う、空手のアイデンティティを出すために演じる」。あるいは「古くから伝わった、伝統芸能だから演じる」、「形の試合に出て勝つためにやっている」、または「昇段・昇級審査のためにやっている」などと思って、修行しているのが現状です。するとたとえ武術的に正しい身体操作で形を行なっても、演じる人間と大部分の見る側の人間とのあいだで、大きなギャップが生じるのです。

では、どうすればよいのでしょうか？

この課題に答えることこそ、二一世紀を迎えて世界的規模でスポーツとして発達していき、かつ究極の心身思想をもつ武術として伝承される可能性がある、空手の未来を決定するものだと思います。さらに、筆者が本書を記すことになった動機の一つでもあるのです。

第11章

第1節　形の物語性

人類と呼ばれる生物は頭が一つ、そして胴体が一つあって、二本の腕をもち、さらに二本の足で重力の作用する地球上で二本足で直立し歩行をして生活を営んでいます。さらに民族そして人種は違っても、人類の脳の容積や動き、また身体の動きにもあまり差異がありません。そのために人類は己の脳の容積以上の学習方法や、伝承方法をもつことは不可能です。これは、人間の運動能力にかんしても同じことです。

まれに他から地理的に隔離された文化に、他とまったく違った学習方法や、伝承方法が存在するように見えることがあります。しかしこれとて、他の文化の人間がキーワード的なものを理解していなかっただけで、それさえ理解してしまえば、みずからの文化と学習方法や伝承方法が同じようなものだと理解できます。脳の容積が同じで、さらにその仕組みも同じであり、そして言語というもので他者とのコミュニケーションをとりあう人類は、おのずと体系立った方法で他の人間へ、あるいは次の世代へ知恵や知識を伝承しようとしました。

多くの部族、国、あるいは民族にも、次の世代が生きていくうえで、重要な事柄を伝える伝承手段があります。そして、その伝承を習得する方法も存在します。各民族に伝わる「民話」や、「物語」と呼ばれるものがそれにあたります。各民族、文化には、それぞれの自然環境、そして生活環境に合わせて、人類固有の心身を有効に使う方法が見出され伝承されてきたのです。身体操作にかんしても、同じことが起こりました。さらに驚くかもしれませんが、じつは空手の形もその一つです。

本書の読者にはもうおわかりなように、空手の伝承・修行体系である「形」と呼ばれる身体操作も、琉球王国のもつ独自の自然、そして社会環境の下で発達した、学習方法や伝承方法の一つなのです。そのために空手の形は当然のごとく、古くから各民族、文化に伝わった「民話」、「物語」と同じ役割をもっています。

これらの民話や物語の大部分は、同一の文化の中で時代をへて伝わり、誰が作者かもわからないのが大部分です。しいて言えばその固有の文化が、そしてその文化圏内で生きていた人々の一人一人が、作者だといってもよいかもしれません。さらにこれらの民話や物語は、多くの人々の手をへて伝わったことで、構造的に非常に普遍性をもったものとなります。ですから多くの「民話」や「物語」には、人々の興味を引き、かつ納得するようなカタチで「起承転結」が存在し、さらに「要旨」と「主題」、そして主題の「応用」などが存在します。

しかしこれらの起承転結や主題などは、伝えた人間たちすべてが、いちいち「要旨は何か?」「主題は何か?」と考えながら伝えたわけではないはずです。

これは「民話」や「物語」を聞く人間、あるいは読む相手を納得させるために、自然に生じたことです。そのために人間の思考体系の中で、「主題がない」物語などは一般に存在せず、かつ伝承されることはありません。たとえ「主題のない」物語が生まれたとしても、固有の文化の中で多くの人々の手をへていく過程で、自然淘汰されていくのです。

身体文化の一つである武術として伝承された沖縄空手でも、前記したように古来から八十数種類以上の形がある中で、一流の空手家のあいだでは「良い形」と「悪い形」の峻別が認識されていたことの理由の一つは、このことに由来します。首里の武士のあいだで武術的に「良い形」とは、形の構造として学べる主題がはっきりしている。かつ「機能」としての人間の動きにとって、「自然」であるということです。さらに「様式」として美しく、機能的な応用がきくということなのです。

ただこの動きが自然ということにおいて、「自然」という言葉が非常に誤解を生みやすくしてしまいます。本書で述べる「自然」を簡単に説明すれば、進化の過程で直立二歩足歩行することになった人類の、いちばん効率のよい身体操作のことです。「良い形」にはこの自然の動きがありますが、反対に「悪い形」とは構成がしっかりとなされておらず、そのために学べる主題が明確ではなく、かつ学べる、あるいは形が要求する動きが、人間の自然な動きとは異なる不自然なものであるということです。

そして多くの物語には「メタファー」、または「暗喩」、「隠喩」とも呼ばれる暗黙の了解事があります。または、それを示す印、サイン、シンボルなどが存在するのです。とくに「神話」と呼ばれる各民族などの神々の話や、民族の興り、国の興りを述べた物語には、この「暗喩」や「印（サイン・シンボル）」の存在が大きいのです。

でも「暗喩」や「印」を受けとる側が見逃したり、まちがって解釈してしまうと、神話と呼ばれる物語の内容は、正しく伝わることができません。この物語上に登場する「メタファー」、「暗喩」、または「隠喩」は、空手の形においては前記した「様式」として身体操作に存在します。しかし現代において身体文化の空手における形の存在も、残念なことにこのシンボルを無視した、または見逃した、あるいは誤解してしまったことで、その内容が荒唐無稽なものになってしまっていたのです。

これらのことをよく理解していただいたうえで、本書では形の構成を形作る、身体による「物語」性の存在と、その解明を一つ一つ説明していきます。

第2節　起承転結

まず形における、「起承転結」という事柄から記していきましょう。

多くのすぐれた物語や小説には、「起《き》・承《しょう》・転《てん》・結《けつ》」が必要不可欠です。この四つの事柄を詳しく説明してみますと、物語の最初の「起」の部分で、語るべき時代や場所の背景、そして登場人物の性格や役割を説明します。

それらの時代や場所の背景に合わせて、登場人物がおのおのの性格や役割を発揮して、物語が流れていきます。これが、承の部分です。

その順調な流れが、つぎに転回するのです。これが、「転」です。物語の主人公にとって順調に行っていた流れが、この「転」の部分で想像も絶するほどに悪い方向へ向かう時があります。またはいままでの悪い流れが、この転の部分から良くなることもあるのです。いずれにせよ、この転の部分の意外性が、物語の聞き手や小説の読み手の興味を引き立てるものです。

最後が、結の部分です。すなわち、物語が完結するのです。この部分は大部分の民話のように、「ハッピー・エンド」、あるいは「めでたし、めでたし」で終わる。またはギリシア悲劇、あるいは現代の小説などのように、人間が生きるということや、自分の存在自体に深い疑問を投げかけるものである場合も存在します。

ただ数多くの民話のような予定調和で終わるにせよ、または教訓を与える結末になるもの、あるいは「アッ！」と驚くほどの意外性に富んでいる完結部であれ、聞き手や読み手に十分に納得のいく完結でなければ、良い物語や小説とはいえないでしょう。

古伝の沖縄空手の形も、この物語と同じ構造になっています。単独で演じる沖縄空手の形も、「物語」と同じように始めがあります。これがまず相手から「つかまれた」、「殴りかかられた」などの事柄が起こる、「起」なのです。

次にその相手の攻撃に対する、受身の自分の反応が出てきます。これが物語でいえば、「承」の部分にあたるものです。

しかしこれでは相手の攻撃に反応するだけになってしまいますので、自分が勝利を得るためには、相手に的確な攻撃をする必要が出てきます。これが、「転」になります。戦いの場面で、攻守ところを変えたとしてもよいでしょう。

この空手の形における「起」と「転」の関係において注意しなければならないのは、この「起」と「転」の展開が一瞬の間で行なわれるということです。武術の形としてとらえてみると、この自分が「起」から「転」に移る際に与えられた時間とは「刹那の間」でしかありません。この「刹那の間」にまにあう業・技を生み出すために「武士は神速を尊ぶ」という、首里手の教えのもとで修行に励むのです。

さて首里手の形では平安も含めて多くの形で、この「転」の後に相手に対して自分の攻撃技が連続で出されることになります。非常に誤解をされる記述になるかもしれませんが、日本剣術の影響を受けた武術としての沖縄空手（首里手）の形は、攻防の動作が交互にかわされる形ではありません。相手の攻撃をかわして自分の攻撃に転じた時からは、その大部分においては自分の攻防の「攻撃」のみが続くのです。

本書で「形の攻防」や「受け」の稿でも記していますが、古来の日本剣術などにおいても木刀などをもって行なう攻防の相対形では、「攻」の部分を行なう人間の修行のために、相手役の人間が木刀で受けてやり、その距離や角度、そして拍子などの撃尺の間合いを取得させます。

ただ素手の空手では、生身の人間の身体を突く蹴るという技術のために、受け側がそれを受けるという方法が剣術で行なわれる木刀での相対形と比較して、けがの危険性が高く、それと同時に修行の妨げにさえなりかねない非常な痛みをともなうことになります。そのために空手の単独形を相対で使う際に困難が生じますが、原則的にはまったく同じなのです。

ですから空手の形の「物語」性を厳密にいえば、「転」の後で自分の出した技が続くために、「起・承・転（Ⅰ、Ⅱ、Ⅲ…）・結」とした方がよいかもしれません。すなわち「先の思想」で触れた自分の「先先の先」の行為を、異なる状況下で継続して行なうという、構造的にも機能的にも心身思想の集合体として驚愕する操作が行なわれるのです。それでも、基本的には「起承転結」であることに変わりはありません。

そして最後に自分の攻撃が実を結び、相手の動きを封じこめて、自分が勝利を得るという結末になります。これが、「結」です。

そしてこの「物語」において存在する「起承転結」を、身体操作であらわす際にもっとも重要になるのが、「演武線」の存在です。すべての物語の流れは、この「演武線」上で演じられなければなりません。さらに「演武線」と、「機能」のところで述べた「正中線」の一致こそが、形を習得するうえでいちばん重要なのです。

平安の形における「物語」構造は、この形を学校教育などの公共機関へ導入するというその成り立ちから、他の古伝の首里手の形と比較して武術的には単純になっています。しかしこの平安の形の構成である「物語」の存在を理解することで、平安の形以外の首里手の古伝の形を学ぶ際には大きな手がかりになります。

驚愕すべきことですが、現代においてこの空手の形を構成する「物語」性には、西洋身体文化のスポーツの影響を受けた現代の空手家は誰一人気づくことができないでいます。なぜなら西洋身体文化であるスポーツには、空手の形における「物語」の構造などで構成された練習体系が存在しないからです。しかし本書を読みおえた時に、読者は今まで皆目見当がつかなかったとされる、空手における形の全貌の大部分を把握《はあく》できたと実感すると思います。

沖縄本来の空手である首里手の修行体系とは、ナイファンチの形によって、世界最高峰にある沖縄空手の心身思想・操作を理解させます。その後に、武術的に正しく構成された他の首里手の形を習得すれば、武術としての身体思想をもとにした戦略・戦術的なものの修行は、完成するという体系になっています。

後はこれらの首里手の形の修行に付随して基礎体力の増強、さらに相手と対峙した際の距離・拍子などの「間」、技の一つ一つの鋭さ強さ、あるいは「気迫」などを習得してしまえばよいのです。

しかしはっきり記してしまうと、これらの基礎体力の増強、相手との間合いのやりとりなどの事柄は、他の文化にある格闘術、あるいは西洋心身思想のスポーツとしての格闘技などでも習得できる事柄です。

現在の空手は沖縄、日本本土、そして世界全体を見渡しても、形における前者の修行方法が完全に消滅してしまったために、後者の基礎体力や「間」、そして「気迫」などの、他の格闘術やスポーツとしての格闘技でも学べる事柄だけになってしまいました。その結果として現在では、日本武道・武術と格闘技の区別がつかなくなってしまっているのです。

しかし世界的にみて心身文化の最高峰に位置する、沖縄の首里手である空手を学ぶ価値とは、形の前者の意味による修行・伝承にこそあるとしても、極言にはならないと愚考します。

第３節　タイムラグ

この形の物語性と関連する事柄で、非常に重要なことを以下に記していきましょう。それは単独で修行を行なう古伝の沖縄空手（首里手）の形の中の動作には、異なる業と技を凝縮して行なう場面が存在するということです。本書においてこれらを、タイムラグを必要とする動作と記しています。このタイムラグとは、「互いに関連する事柄のあいだに起こる時間のずれ」であると辞書にあります。

すなわち本来ならばAという技とBという技なのですが、形の中ではＡＢの技として演じられる場面があるということです。この場合にABの技をAとBに分けて個々の技として使うという思考方法がなければ、形を使うレベルまではとうてい行きつくことは不可能です。

たとえば本書の平安の形における平安四段の前方への最後の裏拳は、大部分の流会派では交差立ちで行なわれます。あるいはこれも大部分の流会派では、平安五段の前方への最後の裏拳も交差立ちとなります（図①②）。しかしこれはまずナイファンチ立ちや平安立ち、あるいは撞木立ちで裏拳を相手の後頭部、いわゆる「盆の窪《くぼ》」、または顔面へみまうのが一つの技です。その直後に交差立ちによる自分の身体の移動によって転身しつつ相手を投げる、あるいは相手の身体を横へ引きずりこんでいる技です（図③④⑤⑥）。

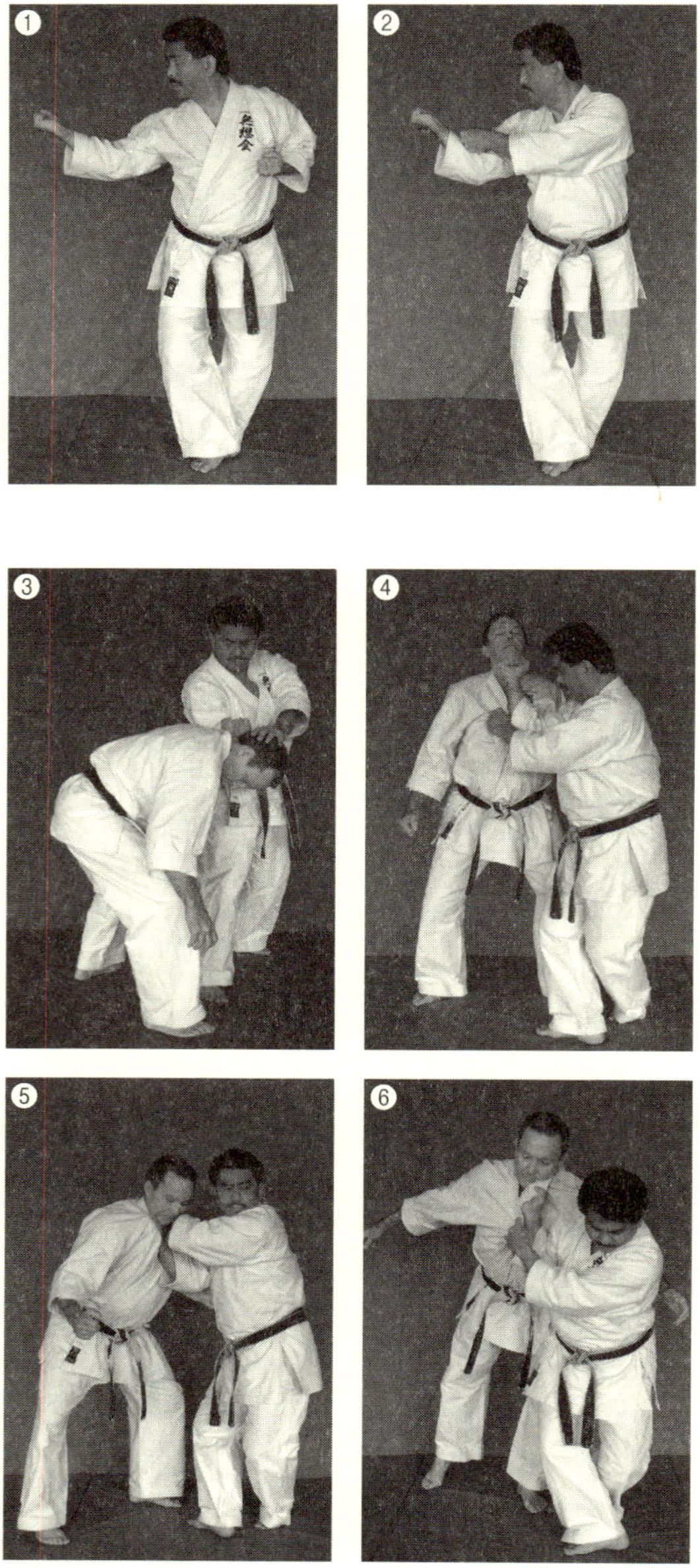

正直に記しますが、たとえ脆弱《ぜいじゃく》な相手の「盆の窪」や顔面とはいえ、その急所への裏拳を出す場合に、自分の身体を不必要に不安定にしてしまう交差立ちで行なう必然性は皆無です。これらの形の場面では、それ以前の技によって相手を無抵抗に近い状態へまで追いやっているのですから、自分の立ち方でももっとも威力の出る肩幅の広さで立つ、ナイファンチ立ちなどを使用するのが自然なのです。

それと同時にこの場面で裏拳を出した後で、相手の真横へ投げる、あるいは引きずりこむ。または相手を演武線の一八〇度上で投げて、地面に叩きつけるなどの技を使用する場合には、交差立ちを行なうことは必要絶対条件とさえいえるほどに、武術的観点からいえば必然なのです。

もう読者にはおわかりのように、これは、Ａ＝ナイファンチ立ちなどで立って相手の後頭部、または顔面へ裏拳を出す。Ｂ＝交差立ちになって相手を投げる。この二つの動作が混交して行なわれた結果、ＡＢとなってしまったのです。そして形を使う場合には、このＡＢをＡとＢの動作に分けて演じなければ意味をなしません。

これは平安五段の前方での最後の裏拳では、さらに著明になります。なぜならこの場面では交差立ちになって右手の裏拳を出す時に、左手での沿えの動作が付加されます。すなわち形においては、「諸手裏拳」とも呼べる動作になるのです（図②）。

これは前記したＡとＢの動作にくわえて、肘当てを相手の顔面へ送り、その後に裏拳を放つ際に左手で相手を離さずに、そのままつかんでいる動作を同時期に行なった結果です。すなわち実際の戦いにおいてはＡの技からＢの技へ、そしてＣの技（あるいは動作）と移行する動作が、形の中においては三つの動作を同時に演じられているのです。

さらにその相手をつかんでいる左腕はそのまま相手をつかんでいる状態を保ちつつ、相手を投げる動作に移行します。ですから数えようによっては、Ａ、Ｂ、Ｃ、Ｄの四つの動作（技）がＡＢＣＤとして一つ、あるいはＡＢとＣＤの二つの動作として形の中では演じられるという結果になります（図⑦⑧⑨⑩）。

さて、これらのAB、またはABCなどのタイムラグの操作を必要とする動作が意図的に行なわれたのか？　あるいは伝承の過程で間違って混交されたのかを解くのは、非常に厄介な問題となります。

なぜなら本書の平安の形のみならず、大部分の流会派において演じられる古伝の首里手の形とされるパッサイの形などにも、この交差立ちによる裏拳の技などと同じく、タイムラグの操作を必要とする場面が登場するからです。

そのために首里手の伝承体系として、タイムラグを必要とする身体操作というものが存在していた可能性も否定できません。さらに記せばこのような古伝の形において、ABと混交されて演じられる動作でも、タイムラグを理解してAとBの動作に区別して行なえば、その意図するところが明確に理解できるようになっていきます。

筆者はナイファンチと平安の形を解明できれば、武術として伝承された沖縄空手（首里手）の形の全貌を解き明かし、そのすぐれた心身思想・操作を理解できると確信しています。

なぜなら平安の形全体は、現代の空手家が古伝を学ぶ際の橋渡しの役割を果たし、古伝の形の四要素を明確に保持しながら、現代のわれわれにも理解できるレベルに簡素化されているからです。

第12章

第1節　平安の形の要旨

では首里手の形における、要旨と主題をつぎに説明しましょう。

平安の形全体に流れる要旨は、「相手に襲われた時に、素手によって確実にみずからの身を守る方法」ということです。これは、当然のように他の古伝の首里手の形も同様です。要旨に付属するものとして、「東洋心身思想の理論で動く」ということがあげられますが、これはその方法が個人の戦いにあっては、人類にとっていちばん効率がよいからであって、他に理由はありません。東洋心身思想の究極である日本武道の動きとは、人類が進化の過程で地球上で二本足直立歩行をすることによって得た心身操作を、いちばん効率よく使用しています。

じつは空手の形が武術としてのみ修行された時代では、まわりに西洋心身操作のスポーツの思想などはないのですから、「東洋心身思想の理論で動く」などという解釈は無用でした。唯一問題にされたのは、「東洋心身思想の理論」で動く深遠さを、どこまで理解しているのか？　さらにいかにして、その理論が明確に存在している形、いわゆる良い形を、指導、修行、そして伝承しているのか？　または、理論どおりに身体が動くか？　すなわち「形を使える」のか、のみだったのです。本書をここまでお読みの読者には、もう「形を使う」とはどのような意味であるかは、理解していると思います。

さて、空手の形は各文化で伝承された民話や物語のようだと前記しました。しかし厳密にいえば、民話のように多くの人々の手によって創作されたものよりは、一人の人間が書いた小説の方に近かったはずです。なぜなら通常は小説を書く際には、書く目的が明確だからです。そして空手の形も、その修行と動作の目的が明確であるからです。

さらにいえば空手の形とは、若い読者にわかりやすいビデオゲームと同じだといった方が、その実態により近いかと思います。それは活字だけの小説とは違って、人間の情報収集方法の八五パーセント前後を占めるという、視覚によって情報を得ることでゲームが成り立っているビデオゲームと、人間が演じることで視覚に訴える空手の形には必然的に大きな近似性が生じるからです。

そのために基本的にはすべてのよくできた物語、あるいはゲームと同じく一対一の戦いであったものが、いつのまにか一〇人を相手にしているなどの唐突な登場人物の数の変化、または前方の敵へ対峙しているはずであったのが、まったく別の敵役が真後ろから現れたなどの方角の変化はありえません。

ただこれは首里手にかぎってのことで、他の泊手の形などにはごく少数ながら「対峙する相手が変わったのではないか？」という、首里手の原則では理解不能な場面が存在します。しかしこれらの形とても、修行する人間が徹底的に形を修行し、その形の意味することを理解し、その動作のすべてを「東洋心身思想の理論」でなすことが可能になれば、基本的には首里手の形とまったく同じ原理・原則であると理解できてきます。

また首里手の形においては闘う場面が突然、砂場になったり岩場になったりの、いわゆる舞台背景の唐突の変化もありません。さらに素手であったはずの相手が突然、棒などの武器を持ったりしません。それと同じく素手の自分が、突然武器を持つなどの場面もありえません。すなわち、登場人物の質の変化もありえないのです。

ビデオゲームでさえも持つ武器は限定され、持つときの状況も限定され、かつ説明されます。なぜならそれらの限定がなければ、ビデオゲームではプレイヤーに混乱が起こって収拾がつかなくなり、ゲーム自体への興味を失ってしまうからです。空手の修行においても同じで、空手の形を学ぶ際にこのような状況の唐突の変化は、受けとる側、すなわち形を学ぶ側の混乱をまねき、修得するときの効率が悪くなるからです。

人間はその道に上達すればするほど、あるいは精神的に成熟すればするほど、「論理的整合性」というものを求める傾向にあります。もしある形が武術的な「論理的整合性」をもたなかったとしたら、長い時間の中で武術の達人たちによって修正されていったか、あるいは消滅してしまったはずです。

空手の形において「機能」の「応用」として、ある一つの技を他の技に置き換えることは可能です。なぜなら武術としての身体操作は、突きであろうが、蹴りであろうが、あるいは投げであろうがまったく同じものだからです。しかしそれとても形の構造を無視して、ある特定の場面では決して使えない「技」が、出現することはありえません。

現代において空手の修行者の大部分（あるいはすべて）に、空手の形はいろいろな技のカタログ的な存在であり、形の中に技の種類を保存してある。そして、それを学ぶために形を習得するということが空手の修行である、というまちがった考えが蔓延しています。しかしそのような考えは前記した理由から、伝承方法としてありえないのです。それらの考えや修行方法は、形の「構造」というものをまったく理解していないために起こったまちがいです。

さらに現代の空手が、形に対してまったくというほど価値を置かないという状態が生まれてきたのは、現代の空手における形の修行が「論理的整合性」に欠けるために、すればするほど、答えることが不可能な疑問が生まれてくる、あるいは修行を行なえば行なうほど、虚無感がわいてくるからです。

第2節　個々の形の主題

ここまで平安の形全体の要旨を説明したので、つぎは初段から五段までの個々の形における主題ということを詳しく説明していきましょう。主題としましたが、これは形の中における、「主となる機能的要素」としてもよいものです。すなわちどのような機能を、あるいはいかなる技を、特定の形で学ぶのかということです。

前記したように首里手における要旨は平安の形全体を含めて、すべての形において共通な事柄です。それは相手の攻撃に対して「素手の身体操作においてみずからの身を守る、東洋心身操作の習得」ということです。これが、業としてもよいでしょう。

しかしみずからの身体を守ることにしても、相手がいかなる攻撃をかけてくるかによって状況が違ってくるために、自分の反応も異なってくるはずです。すなわち相手が自分の身体に向かって突きや蹴り技などの、打撃系の技をしかけてくるのか？　または相手は剣や棒などの、得物とも呼ばれる武器類を使用して自分に攻撃をしかけてくるのか？　さらには、相手はまず自分の身体の一部をつかんでくるのか?などの状況の差異によって、当然のごとく自分の反応が違ってくるのです。

その反応の違いが、形における「主題」というものだと理解してください。この主題とは、おのおのの形で学べるみずからの技の課題ということです。形の要旨は「業」で、主題が「技」と記してもよいかもしれません。

人間が他の人間を攻撃する時には、弓矢や拳銃・鉄砲などの飛び道具を除いた場合においては、素手の状態において「つかむ」すなわち「捕り手」などの方法と、拳で突く・殴る、または蹴るなどという打撃の方法があります。あるいは手の延長としてもよい鋭い剣や槍などの武器で切りかかる、あるいは刺すという方法が考えられます。

空手の形における主題とは、これらの種類の違う相手の攻撃方法に対して、効率のよい方法で自分の身を守るということです。相手が自分の身体をつかんできた場合、いわゆる相手の「捕り手」に対応する自分の「解脱」と、相手が自分の身体に向かって殴りかかってきた場合には、自分の身体操作、いわゆる「業」はまったく同じものなのですが、自分が使用する技は異なるものです。このことを理解しなければ、空手の形とは技のカタログの役割を果たすものだけになってしまい、近代に入って大部分の修行者が犯したまちがいと同じ結果になってしまいます。

すなわち相手からの異なる技、あるいは異なる攻撃への対応策ということが、本稿であげる「主題」ということですが、東洋心身思想においては「主題」は異なるとも、それに対する回答、あるいは対応は同じものであるという結論になります。

みずからの心身操作、すなわち業《わざ》という基本的な本質の局面から判断すれば、各形の異なる局面における主題というものはその応用、または現象でしかないともいえます。すなわち平安の形は初段から五段までの五つの形が存在しますが、応用や現象への対処ということだけをとりあげれば、一〇でも一〇〇でも創作することが可能なのです。しかしこれらの一〇や一〇〇の形は、要旨である「素手の身体操作においてみずからの身を守る、東洋心身操作の習得」という事柄を、異なる場面で語っているだけだということでもあります。

さらに峻烈なことは、一〇や一〇〇の形を創作しても、要旨である「素手の身体操作においてみずからの身を守る、東洋心身操作の習得」を含有することができない形、またはその要旨を効率的に習得することができない形とは、良い形であるといえないということです。

首里手には、「良い形」と「悪い形」を峻別する思考方法が存在すると前記しました。それは「要旨」を基調として、いかに各形によって「主題」を展開することができたのか？という形に対する一定の基準が存在していた、明確な証明であったと思います。

平安の初段から五段の形ではおのおのの異なる状況によって、みずからの業・技を学ぶことが修行の要旨、そして主題となっています。では五つの段から成り立つ形の、それぞれの主題とはどのようなものでしょうか?

平安の場合には二段、三段、そして五段においては、相手の最初の攻撃はつかみなどの組技系統の技、いわゆる「捕り手」の技と、またはその対応策としての「解脱」技の会得が目的です。すなわち日本剣術の影響をうけて発達したであろう日本柔術を、中国拳法の套路の中に組み入れて沖縄空手の形として再構築して、その形の中で「捕り手・解脱」の技術として習得するということです。

つぎに平安初段、四段で行なわれる、自分の顔面を狙った素手による攻撃、あるいは武器をもった相手がふりかぶって自分の上段へ攻撃した時の、いわゆる打撃系統の技や武器への反撃法の習得です。

後記する各形の解明においては、この各形の主題に沿った技をいかに使うかを詳細にわたって説明していきます。

第3節　平安の形の疑問

ここで、非常に記しがたい事柄を述べていきます。

平安の形を一つの全体として俯瞰した場合に、その全体をとおして他の首里手の形と同じように、「相手に襲われた時に、素手によって確実にみずからの身を守る方法」ということが要旨であるのは理解できます。

しかし平安の形全体をとおしての統一された「主なる機能的要素」、または主題となるものは希薄である。あるいは、体系立って存在しないのではないか、との疑問がわいてきます。筆者が思うに、平安が創作された時代の背景が、学校教育の場で児童生徒にできる形を、なるべく早急に作る必要があったからなのかもしれません。

たとえば首里手の基本であり究極の形でもあるナイファンチの形は、初段、二段、そして三段と、本書の平安と同じ段と呼ばれる方法で区別される形で成り立っています。そしてナイファンチではこの初段から三段までの形は、すべて同じ「主なる機能的要素」、すなわち主題をもって成り立っているのです。これはもとになるナイファンチの形、いわゆる古式ナイファンチとも呼んでよい原型があり、それを三分割したのが初段から三段だからなのでしょう。元来が一つの形であるために分割した場合でも、主題が同一であるというのは当然だからかもしれません。なお私見ですが古式ナイファンチは存在しており、それを糸洲安恒先生が三分割したと筆者は愚考しています。

しかし他にも糸洲のローハイとも称される形があり、これも初段から三段の形となっています。そしてこの糸洲のローハイの三つの形の、同一の主題も明確に存在すると思われます。

①

②

しかしこの平安では、全体に共通する主題があいまいなのです。それは技を使う自分が置かれた場面がそれぞれ違っており、使う技の種類に共通性が希薄であるということです。たとえば「チャンナン」という形がもとになったはずの平安二段では、同じ身体操作（技）である上段へ向けて腕を九〇度前後に曲げて上げる動作が、前方へ三歩くりかえされます（図①②）。さらに後へ向かって進む時に、三歩進みながら下段や中段への突きがくりだされます（図③）。

なお現代では大部分の流会派が、ここで写真のように上段への突きを行なっています（図④）。しかし筆者は、この上段突きは本来、自分の中段か下段への突きになるはずであると推察します。しかし時代をへていくにしたがって、多くの流会派で前後の動きを対称にしようとした結果から起

こった現象であると思っていますが、詳細は後記します。

いずれにしろ、この前後へ三歩進んで行なわれる身体操作が、平安二段の主題としてよいでしょう。

さらに他の平安の形では、平安初段に前方へ手刀《しゅとう》を三度くりだす動作が存在し、かつ平安三段で相手の足を踏みつける動きを後方へ進みながら三回行なう動作が存在します（図⑤⑥）。同じく平安三段では相手の「捕り手」に対する「解脱」の機能を学ばせることが主なる目的、すなわち主題であるというのが明確に理解できます。

これは首里手の「ウセーシ（五十四歩）」の形や、琉球王国時代に泊という地域で修行されていた古伝の形である「ローハイ」や「ワンカン」などという形で、「主なる機能的要素」として同じ動作が二、三回出てくることなどとも同様です。ちなみに構造的には「ローハイ」の形などでは、二、三回にわたって出現する「主題」である同じ動作を削除すると、形が最初から最後までつながります。これなどは本書を読みおわった後では、読者にとっては明白なことになると思いますが、他日機会を見て発表することもあるかと思っています。

これらの古伝の形においては、重要な「主題」としての「主なる機能的要素」なので、数回くりかえすということが明確に見てとれます。

ただ古伝の形と比較すると個々の平安の形の主題は、非常に簡素化されたものであるという印象はぬぐえません。そして平安の形で同じ動作が二、三回続けて行なわれる場合は、重要な主題であるというよりは、後記する偶数や奇数の数合わせのかねあいが強いのです。

主題とはある場面において、いちばん重要で効率のよい身体操作だということです。すなわち業の緻密さから、技としていちばん応用がきく方法でもあるのです。平安の形においても、前記したように平安初段と四段、平安三段と五段、そして平安二段など各形それぞれの個々の主題は明確です。しかし平安の形の同じ動作が続く場面の技のすべてを考慮して、初段から五段の形の総体が平安の形全体の主題となりうるものか？ということを考えた場合には、疑問が生じると思っています。

そのために各形の主題は明確であっても、それをとおして全体としての主題が明確に浮かびあがってくるということは、非常に希薄ではないかと愚考しています。

第13章

第1節　受け

その1

本節で記す受けとは、相手の攻撃を受けるということです。そして平安にある「受け」とよばれる技とは、とくに平安初段と四段の最初における、相手の攻撃に対して反撃するときに現れるものです（図①②）。

その時に平安の機能として、相手の上段への攻撃にみずからが二本の手を使って身を守ると同時に、相手に攻撃をかけているという技が存在します。この平安初段と四段における反撃と同時に行なわれる受け技の存在で、空手の受けの概念というものを理解できるはずです。それは空手には従来思われているようには、受けは存在しないということです。

空手の形は、「受けから始まる」とされていました。すなわち空手とは護身の術であって、攻撃的な武術では

ないとされていたのです。これは空手が近代日本において普遍性を求めて一般社会へ進出する際に、倫理的な解釈を空手の形に求めた結果だと思いますが、この考えは空手の普及に非常に有益な影響を与えることになりました。

確かに空手の形は相手が攻撃してきた後で、自分が受ける側となって対応する動作で始まります。この一連の動作だけを見れば空手は「受けから始まる」、だから現代の平和な時代のわれわれの倫理に沿って、空手は「攻撃的」、あるいは「好戦的」な武術ではなく安全（?）な武術であるという、好意的な解釈が生まれてくるのは当然のことでしょう。

しかしこれは「空手が攻撃的な武術ではない」という好意的な解釈以上に、形の構造上において必然として表れたものでしかありません。この場合の自分が受身になるということは、形の存在意義に必要不可欠なのです。

なぜなら、相手が自分よりおとっている場合、あるいは相手に自分の攻撃が入る状態であれば、そのまま自分の得意とする技を出してしまえばよいからです。この場合には、沖縄空手においては形が成立する余地がありません。

すなわち自分が「起承転結」の「起」ならば、相手に攻撃をかけた時に相手より有利な立場にあれば、自分の攻撃で相手を倒してしまって、その動作のみで形が終わってしまいます。または自分の攻撃の威力がとぼしいために、相手に返り討ちになった時点で形が終わってしまいます。そのような構成で作られた形は、習得する際のメリットである「取り目」の非常に少ない悪い形となってしまい、修行する人間にとって非常に魅力のないものとなります。ですから沖縄空手の形が受けから始まるのは、形の構成の都合上において、相手の攻撃という「起」がなければ、形自体が存在できないことに由来するものなのです。

その2

大部分の空手の流会派においては、相手が攻撃してきた時には自分は吸息で受けて、呼息の時に攻撃するのだということが主張されていました。すなわち、受けの時は吸息でとされていたのです。

しかし武術として伝承された沖縄空手（首里手）の心身思想を理解すればわかるように、このような意見はまちがいです。あるいは、誤解にもとづいたうえでの判断でしかありません。本書の「呼吸」の稿で詳しく説明したように、沖縄空手では呼吸でみずからの身体操作をなすという思想は存在しません。

わかりやすいように極端な例をあげますが、もし自分が呼息の状態の時に相手が攻撃してきた場合に、その呼息を瞬時に止めて、その後に吸息をなしながら相手の攻撃を受けるなどという身体操作が、武術の基準である「刹那の間」にまにあわないことは火を見るより明らかです。

これも極論になりますが、実戦では呼息の時であろうが、吸息の時であろうが、相手の攻撃を感知した瞬間に受ける、あるいは瞬時に入り身でかわしながら相手に入っていき、攻撃をかける以外に身を守る術はないのです。この場合には受ける動作、あるいは反撃する動作の後に、呼吸がついてくるという状態が自然な身体操作なのです。呼息、吸息などの呼吸に身をまかせてしまった反自然、または不自然な身体操作をすることは、自分の反応が一拍子遅れてしまい、とっさの場合には役に立たないからです。

さらに現代の空手の形の解釈としてこれらの「受け」が存在するとして、相手の突きに対して、自分の前方の腕が下段、中段、あるいは上段の受けを行ない、その後に後ろ《うし》の手で、いわゆる逆突きを出すなどがあります。これらの方法は現在は「三本組手」、そして「一本組手」などの名の下でよく練習されるものです。しかし武術としての古伝の空手である首里手では、これらの方法の大部分は存在しません。

なぜか？　答えは、それでは「刹那の間」にまにあわない、遅すぎる行為だからです。実際の戦いでは相手のAの攻撃を自分が一で受けて、二で攻撃を返す間に、相手のBの攻撃が入ってしまいます。これはたとえ自分が片手で一、二の挙動をする、すなわち相手の攻撃を受けて、同じ腕で攻撃を返すことでも同じです。このような技は相手との技量の差が非常に大きくなければ、使用不可能です。そしてそれほどの技量の差が両者にあるのならば、すぐれている方が、そのまま相手を打ちすえてしまえばよいだけの話となってしまいます。

これらの鍛錬方法が生まれてしまったのは、簡単にいえば近代日本社会においては、武術的な「身体操作」、または「体術」の思想が皆無だからです。あるいは学校教育などで、大勢の人間（初心者）を同時期に教える必要に迫られて、体育的な思考方法で空手の攻防の際の動きを理解して指導した結果なのです。

首里手においては、「歩くことが技」であるとしています。歩くとは歩法、あるいは足さばきのことです。そして首里手にとって「歩法」とともに重要な体さばきとは、別の言葉に置き換えれば「身体内で歩く」ということなのです。ですから空手の「足さばき」とは「体さばき」と同義語であり、「手さばき」も「体さばき」をともなうものです。結論からいえば、すべては「体術」なのです。そのために首里手の形では相手の技を「受け」ながら、あるいは相手の攻撃を「かわし」ながら、または「流し」ながら自分の身体を入り身にして、相手へ入っていき攻撃をかけていきます。

本稿では、「…ながら」という言葉を使用しています。なぜならこの言葉以外に適当な言葉が、「受けと攻撃を同時進行で行なう身体操作」を表す言葉として、筆者のとぼしい語彙の中からは思い浮かばないからです。そしてこれが西洋文明の基礎を作ったとしてもよい、直列的な心身思想の影響下で体系立てられた身体操作である全身運動や、連動する動きを強調するスポーツとはまったく異なる、東洋独自の並列心身操作による心身の使い方であるとしてもよいでしょう。

そのために空手本来の技とは、技を出す操作自体がみずからの身体を隠す、あるいは身体を守る盾の役割を果たすことになります。これは二本の腕で一刀を操作する日本剣術と、まったく同じことです。日本剣術では刀は攻撃のための武器であると同時に、身を守る盾の役割を果たします。

ただここで注意してほしいのは、刀における盾としての役割とは、相手の刀を受けるという意味ではないということです。誤解をおそれずに極論しますが、実戦では受けなどはあまり役にたちません。そのためにこの場合の盾の役割とは、自分が攻撃あるいは反撃した時に、みずからの身体を隠すものであるという意味です。

すなわち細身の剣の後ろに自分の身体すべてが隠れて、守られているという技量が必要になってくるのです。それは空手の突き、蹴りの技の一つ一つの身体操作にも同じことがいえます。前記した「正中線」そして「天地線」の重要な一つの役割とは、この自分の技を相手に放出する際に、みずからの身体が安全に守られた状態を保つために存在するということです。ですから「正中線」、「天地線」、そして「演武線」の概念のない沖縄空手の形は存在しません。あるいはこれらの概念をもたずに形を行なったとしても、それは武術としての修行にはなりません。

その3

じつは矛盾するようですが、自分を攻撃してくる相手の業・技が前記したような盾と矛の段階まで昇華するほどの修行した人間ならば、自分がこの人間の攻撃を「受ける」ということは、極論すれば不可能に近いとしてもよいでしょう。そしてこの実際の戦いの大部分の局面では受けはない、あるいは受けることができないという認識が、武術としての沖縄空手を語るうえで非常に重要な要素になるのです。

すなわち通常思われている受けという行為は、相手の能動的な攻撃に対して、自分も能動的に受けているということです。この「能動的な受け」の考えが、現在の空手で行なわれている「三本組手」や、「一本組手」の思想的背景となったものでしょう。

しかし自分が能動的に相手に対して行動できるならば、受けなどをせず、その瞬間に相手に対して能動的に攻撃をしかける方が勝機の確率が高くなります。すなわち相手と自分がこれから戦う場面において、自分も相手も心理的に戦う心境になるだけの時間が与えられ、かつ戦いに際して自分の身を守るために身がまえる時間がある場合ならば、これらの能動的な受けの存在価値は多いにあります。さらに相手の心理を読む時間も与えられているために、その相手の気を殺し、または殺《そ》いで心理的に凌駕して勝つ、あるいは有利な状態にもっていくということも可能だと思われます。

しかし本書でとりあげる平安の形のみならず、古伝の沖縄空手（首里手）の形で習得する技術が想定している大部分の局面とは、これら「身がまえる」あるいは「能動的な受け」ができる場面ではないのです。

では武術として伝承された沖縄空手（首里手）において、自分の身を守るうえで想定され、修行された局面とはどのような事態だったのでしょうか?

それは相手の攻撃を辛うじて、身を「かわす」ことで、「避ける」ことのみができる局面です。その局面を時間と場所で表現すれば、「刹那の間」となるのです。なぜならこの「刹那の間」が「生死の間《はざま》」であり、人間がみずからの才能や技量で自分の身を守ることができるギリギリの極限だからです。この局面で身を守ることができなければ、あるいは相手の攻撃をかわすことが不可能ならば、後は自分が斃《たお》されるのみという結果しか残っていません。その相手の攻撃をかわし避けた時に、常日頃の鍛錬で自分の四肢（手足）が身を守っている状態にあったという、意地悪く考えれば「運」が大部分を占めるのではないか?とまで思ってしまうほどの、非常に緊迫した状態です。

ここまで記すと、「刹那の間」での心身操作を基準としている武術としての沖縄空手には、従来思われていたような受け技の存在はないとしても読者は納得するかと思います。

さて筆者は日本剣術にかんして門外漢であると明記したうえで、以下の文を記していきます。

琉球王国時代に武術として伝承された沖縄空手の心身思想に、多大な影響を与えたのが日本剣術です。その日本剣術の大部分の形は、二人で剣を交えて学ぶ相対形の形式です。そして打太刀と受太刀、または為太刀（仕太刀）とも呼称される役目の二人の人間が、攻撃側と防御側に分かれて形を修行します。その攻防の形では、多くの受け技の動作が出てきます。なぜ沖縄空手と同じく「刹那の間」を基準としたはずの日本剣術の相対形では、受け技がひんぱんに登場するのでしょうか？「刹那の間」では、相手の攻撃を受ける時間はないはずです。

じつは大部分の日本剣術の相対形における受け技の際の、真剣の代わりに使われる木刀の役割とは、相手の攻撃の的《まと》の役割を果たしているのです。すなわち大部分の剣術の相対形で、相手の木刀が自分の技を受けているという場面では、実際の戦いならば相手の身体を斬る、または刺すなどの動作をなしているのです。この時の木刀の存在による受け技とは攻撃する側が相手を打った、または斬った時の衝撃の手応え、間合い、拍子などを学ぶために存在しているのです。

現代のわれわれにわかりやすい例をあげれば、ボクシングやキックボクシングの優秀な指導者、またはコーチが両手にパンチングミットを構えて、時に応じて練習者にパンチやキックを出してあげながら、さらに相手の攻撃をミットで受けて指導している状態があります。コーチのもつパンチングミットは、日本剣術の受け手の木刀の場合と同様に、練習者が自分のパンチやキックをミットめがけてくりだすことで、最善の衝撃度またタイミングなどを計り、学ぶために存在するのです。決して、コーチがパンチやキックを学ぶための練習ではありません。なお剣術では、打太刀がこの場合の技を受ける側となります。

すなわち日本剣術も現代の格闘技の練習も、相対における技の習得においては基本的には同じ形態を示します。

それは実際の戦いに適応するための、効率のよい練習体系を模索した結果だと思われます。これが外見上は近似していても、実際の戦いのためにあみだされた練習方法と、チャンバラや映画・芝居の殺陣との決定的な差異でもあるのでしょう。そして実戦における「刹那の間」を基準にした空手の受け技の存在も、この両者と同じだとしても極論にはなりません。

ただこの剣術の受け手側、そしてボクシングなどのコーチの両者と空手の修行とは、決定的に異なる要素があります。それは空手の形においては、相手が自分のくりだす突き蹴りを受けることが不可能な状態にすることが、その修行体系の重要な課題だという、非常に厄介で難儀な事柄に直面するということです。

すなわち前記した例でいえば、コーチが自分の技に対してパンチングミットを構えることのできない状態にして技を出すというのが、空手の形の重要な修行課題だということです。それは武術としての沖縄空手（首里手）においては、四肢のすべてを武器とする突き蹴りなどだけではなく、相手の身体をつかんで固定しての貫手《ぬきて》などの打撃技、それに投げや極めなどの組技が打撃技と同時に併合されて行なわれるからです。

さらに組技も相手が受身をとれない方法で行なうと同時に、相手の首筋を極めて投げるなどという、非常に殺傷能力の高い技がひんぱんに登場します。このような技を相手の存在する相対形で行なうことは、不可能に近いことです。そのために彼我の間で形を相対の形式で行なうためには、形の中の部分部分を取り出して稽古する以外に、「神速」を目標として稽古することはできません。それとても、首筋を極めて投げるなどという行為は非常に危険なために不可能です。

日本剣術では、剣の間合いで勝負が決まります。ボクシングやキックボクシングもパンチやキックの間合いを、ルールやレフリーの存在で人為的に保とうとします。しかし武術としての空手では直立二本足歩行をする人間が、四肢を駆使して出せるすべての業・技、あるいは行動のすべてを網羅しなければならないという、素手の武術としての可能性と同時に制約があります。この場合の可能性とは、素手という人間の自然状態のままでなんの束縛《そくばく》も受けずに自由に戦うことができるということです。そして制約とは、地球上で直立する自分のまわりすべてからの直截的な武力による脅威に対して、素手で対応しなければならないということです。

「刹那の間」を想定してこれまでに緊迫した状態で、相手の攻撃をかわし避けえた時には、相手と自分の位置関係は距離、角度、拍子などのすべてが、一つ一つの技の前後で激変します。その変化を認知して「神速」をめざして修行するには、単独形を主格とした修行体系にまさるものはなかったはずです。

その4

ここまで記して読者のご理解を得たうえで、さらに受け技にかんして驚くべきことを記していきます。じつは空手の形で受けと思われている動作は、「受け技」ではないのです。

しかし空手の形には「上段挙げ受け」、「上段受け」、「中段内受け」、「中段外受け」、そして「下段払い」などの多くの技が存在します（図③④⑤⑥）。

では、これらの動作は何を表しているのでしょうか？

じつはそれらの受け技と思われる技の大部分は、相手に対する自分の前腕での攻撃、相手を片方の手でつかんで引きつけて他の手で突く、あるいは相手の身体を引きまわす、または相手を投げるなどの技なのです。平安の形の創作に大きな影響を与えたクーシャンクー、チントウ、パッサイの形などを、武術的理論で解明できるだけの修行をした人間の目で観ることができれば、現在は受け技と思われている動作、あるいは現在では受けとして解釈されたために、完全に受け技の動作となってしまった身体操作も、元来は投げや攻撃技であるということが理解できます。

さて筆者の私観として率直に記しますが、古伝の形であるクーシャンクー、チントウ、パッサイの形に出てくる動作で、現在は受け技と思われている動作の大部分は確かに投げであり、攻撃技です。しかし平安の形におけるそれらと類似する、受け技と思われている動作が古伝の形と同じく投げや攻撃技であるのか？という、わずかながらの疑問がわいてきます。それは前記したように平安の形の創作者である糸洲安恒先生が、どの程度まで首里手の形とその原理となった心身思想を理解していたのかが不明だからです。さらに平安の形が武術的思想の背景が皆無、あるいは未熟な学童・生徒に対して創出されたために、古伝の形とは違って、内容を吟味せずに外見だけを体育、あるいは体操としてのみ創出された可能性も、わずかながらあるという事実は無視できないと思っています。

そのために再三記しますが、本書における平安の形とは、武術として伝承された沖縄空手（首里手）の心身思想にもとづいて解明したものであるということを、明確にしておきます。なぜなら平安の形の解明を通じて、古伝の武術としての沖縄空手（首里手）の形のもつ心身思想・操作を理解することができ、それによって近代化を迎えてスポーツ化、体育化、あるいは娯楽化されたために起こった沖縄空手への誤解、曲解を払拭して、武道本来の武術としての全貌を現すことが可能になるからです。

第2節　下段、中段、上段

さて「受け」のところで下段、中段、上段など用語が出てきたので、この事柄にかんしてもう少し詳しく説明していきましょう。

古伝の空手である首里手の形だけではなく、平安の形にも中段の攻防がよく出てきます。相手の中段への突きなどの攻撃に、自分が受けて、さらに相手の中段へ反撃するというパターンです（図⑦⑧⑨）。しかしこれらの動作や技は、現代のわれわれが「形の構造」というものの存在を理解していなかった、あるいは、完全にとり違えてしまった結果なのです。なお図⑦、⑧は要旨を明確にするために、両手を同時に使用しています。

⑦

⑧

⑨

これら攻防の技の大部分は、じつは相手の頭部（首）すなわち上段への攻防です。なぜなら離れている相手に対して、人間が自然に出そうとする技の大部分が、この上段への攻撃だからです（図⑩⑪）。

身体における頭部というのは、人間のみならず他の哺乳類にとっても、絶対急所の一つです。他に胴体部に位置する心臓がありますが、この心臓は鍛えた人間ならば厚い胸の筋肉などで覆われているので、鋭い刃物で刺すなどという行為以外には、空手の突き蹴りで比較してみると、脳への攻撃ほどの効果はありません。さらに胴体部の鳩尾《みぞおち》などを打撃技で攻撃して、呼吸困難にさせるという方法も存在しますが、これも前記した心臓部への攻撃と同様に脳への攻撃と比較してみれば、効果の程は少ないでしょう。

人間は脳の働きによって行動することができるので、人間の動きを止めることにいちばん効率がよいのは、脳の働きを止めてしまえばよいのです。そのために攻撃者は自分の頭部を狙って攻撃してきますが、自分はその頭部への攻撃を受けたり、かわしたりします。平安の形を例にとると、平安初段や四段の最初の動きがそれです。そして相手の攻撃を受けた、あるいはかわした後で、今度は自分が相手の頭部へ攻撃をすることがもっとも効率がよいので、平安のみならず古伝の首里手の形も、相手の頭部への攻撃の構成になっています。

しかし注意しなければならないのは、これは相手の頭部へ突きや蹴りなどの、打撃技で攻撃するということだけではありません。現在の空手の形の解釈では完全に無視されているカタチになっている、形のなかの「捕り手法」や「解脱法」の技法も、すべてといってよいほどに相手の頭部（首）へ技を極めることで成り立っているのです（図⑫⑬）。そのために頭部への攻撃の目的とは、立っている相手の脳（首）へ打撃を極めて、脳へダメージを与えて倒す方法だけではありません。相手の頭部をつかんで、あるいは抱えてコントロールできれば、抱えた相手の頭（首）の角度を調節することで、相手の位置エネルギーを完全に殺すことが可能になります。

　さらに重要なことは相手の位置エネルギーの制御と同時に、抱えこんで相手の視覚を低下させる。それにくわえて、相手の平衡感覚を奪うことが可能になります。すなわち視覚、そして平衡感覚などの、相手の頭蓋骨で保護されている脳の機能を低下させることができるのです。相手の平衡感覚を麻痺させ、視覚の自由を奪い位置エネルギーをコントロールすることができれば、相手を転がしたり、投げたりすることは容易にできます。それにくわえて脳の働きに必要な、首の頚動脈《けいどうみゃく》を極めて脳の活動を停止さえることができます。さらに、頚椎を折ることが可能になります。そのために頭部を抱える、または首を極めることで、もし首が一つの関節のようなものだと理解したならば、通常は使用不可能であるいわゆる立ち関節技、あるいは立ったままでの極め技の使用も可能になります。このように頭部（首）とは、あらゆる武術において最重要な部分です。

⑭

⑮

そのために形における大部分の中段での攻防は、本来は上段での攻防なのです。武術としての空手の形においては、自分の突きは中段の位置にありますが、構造的には相手の上段の急所へ当たるように、相手の身体をコントロールしているのです。すなわち多くの形の操作とは、相手の頭部を自分の中段へ位置させるような構造だということです（図⑭⑮）。

ですから形の中の行なわれる上段や中段の技などは、表に現れる様式でしかありません。

琉球王国時代に士族階級のあいだで武術として伝承された沖縄空手（首里手）は、近代に入って学校教育などの公けの場において不易《ふえき》の地位を確立しようとした時に、「危険な上段への技を、中段へ変えた」という口碑があります。これは従来思われていたような形の中の動作、すなわち技そのものを変化させたことは当然あったかもしれません。

しかし筆者はその大部分においては、形の解釈を児童・生徒向きに変更したのではないかと愚考しています。

例をあげると、本来は相手の頭部を自分の胸元の高さへ引き下ろして突きを放つ技、すなわち相手の上段への攻撃を、自分の中段の高さに突きを出すので相手への中段突きと解釈させたなどです。そして武術としての空手の歴史を省みた場合に、この安全面を強調した解釈が広く普及してしまったために、形への認識が激変したとも思っています。

相手の上段への攻撃とはいっても、これは現在の競技空手でよく行なわれる正拳での顔面攻撃だけではなく、

目や首筋などの軟弱な部分への貫手や喉輪《のどわ》、掌底《しょうてい》や前腕での顎下からの打ち上げ、いわゆるアッパーなどがあります（図⑯⑰⑱⑲⑳）。

　そしてこれは腕での攻撃だけではなく、武術としての空手の蹴り技も、すべて相手の「頭部（とくに後頭部）」、さらに絶対急所の脳や心臓と比較して相対急所としてもよい「金的」や「膝」などを標的としています。武術としての空手である首里手は、このようないうなれば「必殺技」のオンパレードなのです。それは、児童・生徒用に創作された平安の形も例外ではありません。

しかしこのような武術的には効率のよい思想でも、これを一般社会に普及させるためには、あまりにも殺傷能力が高すぎ、かつ過激すぎます。そのために近代において学校教育の場などで普及した空手の形の解釈としては、オブラートで包んだカタチで社会的な普及を果たそうとくわだてたあげく、皮肉なことにそれらが完全に失伝するという結果をまねいたのです。

ではオブラートをはぎとって、武術としての古伝の沖縄空手、すなわち首里手をよみがえらせることは可能でしょうか？　そして琉球王国時代の武士たちが学んだ方法である、世界の最高峰に位置する心身思想・操作をもつ沖縄空手の形を、われわれ現代の人間が修行することは可能でしょうか？

答えは、可能です。なぜなら前記したナイファンチの形という、首里手において基本であり究極の形が、東洋心身思想としての武術の根本原理のすべてを含有しており、かつそのナイファンチの形の構造、いわゆる分解も首里手の基本となるものだからです。このナイファンチの意味するところを理解さえすれば、首里手の基本的な事柄はすべてというほどに理解できるようになります。

ナイファンチの形を基本とすれば、他の首里手の形はその応用であるとしてもよいものです。ただどのように、どのような場面を想定して応用したのかを検討する必要がありますが、その糸口として古くから伝わる首里手には、口伝、または口碑というものが存在するのです。

第14章

第1節　首里手の口伝

日本における禅の修業は、不立文字《ふりゅうもんじ》という方法で行なわれます。これは文字や言葉に頼ることなく、みずからの身体をもって悟りの境地へたどり着くということです。そして多くの日本武術も厳しい修行によって、悟りにいたるとされています。武術として伝承された沖縄空手（首里手）においても、これらの修行方法とまったく同じです。

しかし不立文字を主とする禅でさえ公案というものがあり、かつ法戦と呼ばれる言語による対論が存在します。かつ修行の道しるべ、あるいはヒントともなる言葉が存在します。これと同じく沖縄空手では、身体操作と同時に口伝《くでん》、または口碑《こうひ》と呼ばれる技の本質をつかむ際のヒント、あるいは極意への手がかりを示す方法が伝承されてきました。

しかし口伝の多くは、空手が公《おおやけ》の教育機関に導入され、スポーツ化あるいは体育化した時点で消滅してしまいました。または口伝は残っていても肝心の身体操作が変化して、意味をなさなくなってしまいました。

ただ筆者が修行中の沖縄では、まだ武術としての空手の片鱗が残っていました。そして首里手の形の意味を伝える口伝というものが、わずかながら伝承されていた最後の時代でもあります。ナイファンチの形を習得し、かつこの口伝の意味を検証し理解することで、古伝の沖縄空手（首里手）の形の全容を理解することが可能です。そのためにわずかながら残った首里手の口伝を整理して、ここに記してその意味を説明します。

ただ形を習得するうえで一つだけ気をつけなければならないことは、機能的にみてこれらの口伝に制約された動きをするということではなく、もっとも効率よく動いた結果がこれらの口伝に準じた動きであった、というものでなければなりません。

口伝その１――首里は左から

〈その１〉

琉球王国時代の沖縄の首里で修行された手、いわゆる首里手と他の那覇や泊、そして久米村地域で修行された形とのいちばんの差異は、その様式にあります。

琉球王国時代の国都であった首里は、琉球王の居城であった首里城と、それを警護し行政をつかさどる士族の集団からなる街でした。その基本的文化は古日本、あるいは原日本としてもよいものです。首里における武術の心身操作においても、日本の心身文化の結晶である日本剣術が非常に大きな影響を与えています。その代表的なものの一つが、この口伝である「首里は左から」という言葉です。この言葉の意味は、首里の身体操作で動く時は、左（足）から動き出すということです。これは、様式を表す口伝です。

じつは前記したように、琉球王国時代の国都であった首里、その近隣の泊や那覇の手も、その身体操作自体はさらに中国拳法の日本化、あるいは沖縄化が進んだ形で修行されています。

首里におけるそれは、武士階級の多くが日本剣術を深く修行していたために、そして王国の国都という地位によって様式を整える必要という意味から、他と比べて同様のものでした。しかし純粋な中国拳法を移入した時に、首里におけるそれは、武士階級の多くが日本剣術を深く修行していたために、そして王国の国都という地位によって様式を整える必要という意味から、他と比べて

そして現在は首里手の中にとりこまれた観のある泊手ですが、泊地域には中国などから船が難破して漂着してきた人々を受け入れて、本国へ返還するまで滞在させる施設なども存在していたために、直接的な中国武術との接触が首里と比較して多かったという歴史があります。そのために、泊ではオリジナルに近い形で修行された中国拳法の套路（空手の形にあたるもの）が、首里では非常に沖縄的、または日本的に修行されることになります。これは那覇でも同じように、中国人居留地のおもむきが強い久米村という場所が隣接しているために、中国武術の影響が首里より強く現れてきます。そして明治期に那覇手には東恩納寛量先生とその弟子であった宮城長順先生が、中国から直接中国拳法の身体思想・操作を移入させたために、さらに中国拳法の直接的な影響が見受けられます。

私事になりますが、筆者はこの「首里は左から」の理論はどこから始まったのか？　そして、何を根拠としているのか？という疑問の答えを長年にわたって模索しました。答えは、前記したように首里の文化が日本の文化だからだということです。さらにこの日本文化の影響である「左」の思想は、沖縄空手において意味するところは、形における「様式」と「機能」の二つに分けることができると思っています。

まず「首里は左から」での、「様式」の部分を説明していきましょう。

琉球王国の国王であった尚家の紋は、「左御紋《ひだりごもん》」と呼ばれる左まわりの三つ巴です。この「左御紋」の影響で、首里手の身体操作は左から始まることが強調された可能性があると思っています。

じつは現在のわれわれには左は右よりおとるもの、不吉なものとの印象がありますが、古日本、原日本においては左が上位であり、吉なのです。右が強調されはじめたのは中国からの、仏教の伝来以後の思想でしかありま

せん。さらに近代になって西欧諸国の「右」重視の考えが移入されて、「右」を重んじる傾向となりました。

筆者の私観として述べますが、世界的に見てもこの日本の左を右より重んじる思想とはまれであると思っています。古来から日本では、左大臣は右大臣よりも位が上であったことからも証明できるように、日中に南に出る太陽を見た時に左に位置するのが東であり、それが日出方（ヒダリ）として重んじられたからだとの説があります。そのために当時の身分階級の現れである内裏雛《だいりびな》なども、昔はいちばん上位にいるお内裏様はすべて左側（見る方から向かって右側）に位置していました。なお近代日本においてこの左を優先する思想が右へ変わったのは、大正天皇（在位・一九一二―一九二六）の即位の写真が西洋風に右側を主として撮った頃からだとされますが、筆者には確証はありません。

ですから「首里は左から」という言葉は、琉球王国時代に政治の中心であると同時に、心身文化の拠点である首里の優越さを示すことの現われであったはずです。

〈その２〉

もう一つは空手を東洋心身文化の武術のひとつとして見た場合に、日本剣術の影響があるからだと思われます。これは、機能の様式化としてもよいでしょう。

左腰に日本刀の大小を佩《は》いている日本の士族階級、さらに薩摩の侵攻以前の琉球王国の士族階級の人間たちにとって、相手から襲われた場合には、自分の真左側から左後方が最大の死角であり弱点になります。

さらに絶対急所の一つである人間の心蔵は、自分の左側に位置しているのです。剣で襲われてた時に相手が右側から攻撃してきた場合には、左腰に佩いていた剣を抜くことで瞬時に「抜即斬」の動作が可能です。しかし左側からの攻撃にはいったん剣を右側へ抜いた後に、自分の身体の左側へ反撃するという二拍子の操作になってしまいます。そのために大部分の日本剣術の居合いの形などでも、剣を佩いた自分にとっていちばんの弱点になる左からの攻撃を受けた時の対応策となっています。すなわち左側からの攻撃を受けた、あるいは避けた後での自分の攻撃という構成になっているのです。

さらに日本剣術では左腰に差した剣を抜く時に、左足を後方へ引いて右手で剣を抜くことになります。左の腰に佩いた剣を右手で抜くには、右足を先に動かして前に進んでいった方が効率がよいように思われます。しかし実際には、相手が間合いをつめて切りかかってきたなどの緊迫した場面においては、剣の柄にかけている右手を前に動かし、かつ鞘を差している左腰のある左足を後方へ進めた方が、右足を前に進めて右手で剣を抜くより、動作が前後半分ずつですみます。結果的には二倍の速さで剣を操作することができるために有利な時が多々あります。

この進む距離を半分にして速度を倍にする身体操作は、武術として伝承された沖縄空手（首里手）にはひんぱんに登場します。さらにいえば、これが全身運動を主とする西洋身体文化であるスポーツと、武術としての空手の身体操作がいちじるしく異なる部分でもあるのです。この影響からだと思われますが、琉球古武道、または沖縄古武道と呼ばれる武器術でも、棒の形はすべてといってよいほどに、左足を後方へ引く動作から始まります。

さらにこれらの文化的背景から、日本の武士は袴《はかま》を穿《は》く時に、敵に襲われても刀を抜いて踏みこめるように左足から穿きます。これは裃《かみしも》や肩衣《かたぎぬ》を着る時も同じで、右腕の自由を保つために左肩からはおるのが武家作法です。

ちなみに首里の士族階級の日常における、着衣の方法を含めた礼儀作法などの所作《しょさ》の詳細は不明ですが、日本本土の茶道、華道などもひんぱんに修行されていたために、日本本土とほとんど同じであったと思われます。そのために首里の武士たちの日常生活の所作も日本武道、とくに剣術の身体操作で動いていたでしょう。

首里の手では、この日本剣術の動きを空手の形にも応用させて、最初の動きを左足から始めたのだと推察されます。

以上のことから首里手の形の大部分、あるいはすべては、右足から出る那覇手系統と比べて、明確に左足から動き出します。これは身体操作では首里手と同様であった、泊手と比較しても著明な特徴です。

〈その３〉

本稿では「首里は左から」の意味が明確にわかる、二つの形を指摘しましょう。

一つはセイサン、またはセイシャンと呼ばれる形です。漢字表記では、「十三（歩）」とも書かれる形です。この形はやり方が大分異なりますが、同じ名称の形が首里手と那覇手の両方に存在します。このセイサンの形を演じる時に、那覇手では右足が最初に出る身体操作となります。それとは逆に、首里手では左足が最初に出ます。

筆者はこのセイサンのオリジナルである中国拳法の套路は、右側から始まったと推察しています。なぜならオリジナルの套路を右から左へ変化させる理由は、前記した「首里は左から」の思想が首里に存在するからです。しかしその逆の、「左」を「右」に変化させる必然性が琉球王国時代の沖縄には存在しません。そのために首里の武士たちが、みずからの心身思想に沿って中国拳法の套路を改変したというのが妥当でしょう。

もう一つが、ナイファンチの形です。首里手のナイファンチは、左足から始まります。しかし泊手のナイファンチは、その身体操作はまったく同じでも逆の右足から始まります。これはナイファンチの原型である、「古式ナイファンチ」と呼ばれる形も同様です。

しかし実際の場面を考えてみると、通常は相手が自分の左側から攻撃するからこそ自分の初動が左足からとなったはずなのです。しかし首里手のナイファンチでは左足を最初に動かしてはいますが、これでは相手の左側からの攻撃からではなく、右側からの攻撃を仮想した動きとなってしまいます。このように首里手の形においては、形における様式を選ぶのか、あるいは機能の面を選択するのかを迫られる場面が存在します。なぜなら日本文化の影響の下で発達していった首里の心身文化の中に、異なる心身文化の様式で成り立っている中国拳法をとりいれるために、少なからずのむりが生じるからです。

近代になって空手の心身理論と身体操作に大きなまちがいが起こり、「形は使えない」または「形の動作は意味をなさない」と多くの空手家が感じたのは、空手の社会的普及にあたってこの差異を無視したためです。さらに正直に記すと、近代に入ってこの差異を感じとるだけの修行を一人一人の空手家が怠った結果だと思っています。

なおこの際の様式とは形の装飾などでは当然なく、さらに個々の技の機能に対する様式でもありません。業・技の総集体である形そのもののもつ機能、あるいは構造自体への様式であるいうことは、もう読者はご理解していると思います。

このように形の中でも一種の矛盾を含むという事柄こそが、人間が戦うということであり、かつ生きるということだとも理解できてくるのです。

以上の理由からナイファンチの形は、泊地域で行なわれた右足から始まる方法が、中国の套路から学んだオリジナルに近い可能性が高いともいえますが、確定はできません。なぜならじつは筆者には、「ナイファンチは、二人の人間が背中あわせに行なうものだ」という説を拝聴した事実があるからです。この方法だと二人の人間が背中あわせに左右別々に演じた場合に、一人の人間が形の表裏の両方を一度で演じることと同じ現象が現れるという、非常に合理的(?)な方法にもなりえますが、筆者には真偽のほどはわかりません。この説にかんしては本書の要旨とはずれるために、他の書物にて詳しく説明するつもりです。

いずれにしろ首里手のナイファンチは、右足から動くものを首里の武士たちはみずからの心身思想に照らしあわせて、左足を最初に踏み出す方法へ改変した。あるいは左右の足を出す二種類のナイファンチから、左足から始まる方法を首里の武士たちは採択したということです。

さて日本芸能の能《のう》には、「左右《さゆう》」という題目のついたものがあります。本来はこれは、「左右左《さゆさ》」と呼ばれたものだったといわれています。じつは筆者はこの「左右左」とは、神道の神主が御祓《おはら》いをする時に大麻《おおぬさ》を、左右左にふることと密接な関係があるのではないかと愚考しています。芸術として存在している能ですが、歴史的に見てみると身体操作にかんしては、日本武術と能のそれとはまったく同じだとしてもよく、相互に影響を与えています。そして琉球王国の文化には日本剣術はもちろんのこと、この能の影響も存在します。

そして平安の形は様式の具現化は能とは異なりますが、完全に「左右左」の様式になっています。なお平安五段が一部異なりますが、これにかんしては後記します。

この「左右左」の動作は、平安の形を創作するためにおおいに参考にしたとされる「クーシャンクー」と呼ばれる形の影響でしょう。この「クーシャンクー」は「公相君」または「観空」とも呼ばれる形ですが、現存する首里手の形で最古のものと思われます。この形の原型は、乾隆二六年（一七六一年）に冊封使の護衛として来琉した中国武官のもたらした套路であり、それを首里の武士たちがみずからの心身思想で分解し、再構築したものです。本書では詳細は触れませんが、このクーシャンクーの形は伝承された過程で、いくつかの異なった形式で行なわれます。その過程において首里の地で行なわれた形式では、その文化的背景から「左右左」の様式へ変化していったと思われます。

この左右左形式のクーシャンクーは、一説によると原型のクーシャンクーを、首里手の創始者としてもよい松村宗昆先生が変革したものだといわれています。ならば日本剣術の達人でもあった松村宗昆先生が、日本文化の左右左の心身原理をもとにして作り変えたのだとしてもよいでしょう。さらに記せば、松村先生の影響下にあると推測される形はすべて、あるいはその大部分は左足から形が始動します。

この「左」、そして「左右左」の事柄を理解することは平安の形のみならず首里手の古伝の形、かつ他の泊、那覇、久米村地域に伝承された琉球王国時代の形を解明する際に、非常に有益なものとなります。しかし本書では紙面の関係で割愛して、他の機会に説明したいと思います。

さてこの「首里は左から」の言葉を形にあてはめてみると、極論になりますが首里手の形は「左右対称・

Symmetry」の場合は、左側は様式の場合が多いということでもあるのです。

〈その4〉

平安の形においてはチャンナンの影響下で創作された平安二段を除いて、すべて最初の動作が左右対称です。ですから左側の最初の数動作は様式と考えてもよく、構造的に見た場合は極論すれば省略しても形の構造はそこなわれません。そこなわれないというよりは、じつは左側の最初の数動作を省略することで、平安の形の構成はすべてつながります。ですからこの左側の部分は、物語の「枕」にあたるものだと理解すればよいでしょう。

平安二段（松濤館系列の初段）にかんしては、少し事情が異なりますが、これなどについては後述します。

さて平安五段で、筆者がどうしても腑に落ちない部分があると前記しました。なぜなら平安五段では最初に行なわれる左右対称の技の後に、足を揃えて前方へ進むまでは、他の平安と同じです。でもこの時に五段のみでは、右足から三歩のみ前方へ進んでいます。これは、他の平安の形の構成とはあきらかに違います。その他にも平安五段には、首里手の原則からはずれた形の構成、あるいはむだと思える動作が見られますが、これについても順次記していきます。

さて「左」を「右」より重んじた古日本、あるいは原日本からの影響での「様式」としての「首里は左から」と比較して述べると、武家の作法としての「首里は左から」は、刀を左腰に佩びた士族階級の身体操作における機能を重視した結果です。

しかし筆者の文責として記しますが、素手の空手の場合には剣術のそれと同じく、身体を細分化して操作する動作は必要不可欠です。しかし禁武政策によって帯刀を禁止された琉球王国の士族階級においては、日本の武士が左腰に佩いている剣による護身の操作とは異なり、左から動くおもな機能的な理由はありません。首里の様式からはずれて、あるいは日本剣術の帯刀の際の身体操作を別にして、素手の沖縄空手の理論として、しいて記せば人間の絶対急所の一つである、心臓が左にあるためにそれを守るため。あるいは右ききの人間が、左手で受けや、相手の身体をコントロールして右腕で決定打を放つために、左側から動く形になったと解釈してもよいでしょう。

そのために「首里は左から」を空手にあてはめた場合には、剣術の身体操作の「機能」から生まれてきた武術としての沖縄空手（首里手）、そして沖縄古武道の「様式」であるとした方が的確かと思われます。

現代のわれわれの認識から「首里は左から」といわれても、何を語っているのかは理解できかねます。しかし日本剣術の身体操作が一般教養であった琉球王国時代であったならば、「首里は左から」という形の原則を聞いた士族階級の人間は、「ならば首里手の形は、相手がまず攻撃してきたことに対して、武術的に的確に反応するということを主題として、成り立っているのだな」とすぐ理解して納得したはずです。

このように武術として伝承された沖縄空手（首里手）を理解するためには、当時の士族階級の歴史的、そして文化的背景を考慮しなければなりません。残念なことに現代までに伝わる空手の歴史の大部分は、史料・資料がとぼしいことにくわえて、各流会派の思惑が入り乱れるなどして非常に誤解の多いものとなっています。空手の形の解釈と同様に、第三者の目からみても学術的に正しいと思える歴史観の確立が切望されます。

口伝その２――形は元の位置に戻る

この口伝は首里手においては、形は開始の地点と終わりの地点が同一だということです。この言葉は、形の「機能の様式」を示すものだとしてもよいでしょう。もし始点と終点の位置に違いがあれば、形のどこかに欠落した部分、あるいは余分に追加した部分が存在していることになります。

誤解をおそれずにいえば、武術の動きというものは、自分の身体を箍《たが》に嵌《は》めるということです。それは武術として伝承された古伝の沖縄空手（首里手）の形においては、さらに著明です。実際の戦いにおいては、心身ともに自由な境地であればあるほど、勝利を呼びこむ可能性が高いはずです。ではなぜ空手の基本動作、または形においてはみずからの動きに箍を嵌めてしまうのでしょうか？

それは武術として、戦いにおいてつねに勝利をつかむ身体操作を学ぶためには、自然な動作において直立二本足歩行をする人間が創出する力学的エネルギーを、位置エネルギーと運動エネルギーに峻別させなければならないからです。すなわち相互否定を徹底的に行ない、位置エネルギーを創出する部分では、運動エネルギーを決して混ぜてはいけない。または運動エネルギーを使う個所においては、位置エネルギーと混同させてはならないと、心身ともに学ばなければならないためです。この相互否定をさせた動作が多ければ多いほどに、相互相関、あるいは相互浸透させた際の数が増加していく、あるいは効果が増大していくのです。

わかりやすい例でいえば、ひとつのモノがあるとします。それをAとBの二つに分けるとします。するAとBの二つだけではなく、さらにABの三つのモノが存在することになります。そしてABだけではなく、BAとなって四つの方法が存在できます。さらにこれをAとB、そしてCの三つに分けるとA、B、C、さらにAB、BC、AC、そしてABCの七つのモノが存在するということになります。それにくわえてBC、CAとなり、そしてABCをBCA、そしてCABと順序を変えることで、二七のモノが存在できることになるのです。

ここで武術的に重要なことは、AとBに分けた時には、Aは純粋にAだけ、BはBだけであって、Bが少し混ざったA、あるいはAと混雑したBなどいう分け方では意味をなさないということです。さらに武術としての厳しさとは、たとえていえばこの一つのモノをAからZまでのアルファベットのすべて、すなわち二六通りに分けることが要求されるということです。この時にはAはAのみの何ものでもなく、かつZはZ以外の何ものでもありません。

これが禅と同じ思想体系をもつ日本武道、そして武術として伝承された沖縄空手（首里手）の心身思想を基本とした修行体系です。この純粋に分けることができなかった動作を、日本武道では「悪癖」と呼んでいます。

首里手においては、この身体操作の純粋さを得るためには、自分の身体に箍を嵌めることが要求されるのです。これは個々の身体操作だけではなく、身体操作の総合体である形においても、元の位置に戻るという制約において自分の身体操作を箍を嵌めて、自分の行動の認知とするということです。

ここまで「形は元の位置に戻る」という口伝のことを記してきました。しかし実際には本書の平安の形では、三段の形などは始めと終わりの位置は若干異なることになります。そのために形の動作が終わった後で、足を元の位置まで進めることになります。さらに記しますが、首里手の基本であり究極の形であるナイファンチ初段では、厳密にいえば始めと終わりの位置においては、横に足の横幅の二歩分、そして前方へ一足分ほどずれて終わることになります。

このナイファンチ初段と二段、そして三段の元の形である古式ナイファンチでは、形の長さが三倍ほどになるので、当然のごとく初段の三倍ほどにも始めと終わりの位置がずれることになります。

なぜでしょうか？　このことにかんしては平安三段の形の稿でも詳しく述べますが、人間の身体には厚みがあり、高さがあり、かつ横幅があるからです。そのために机上の空論としてではなく、実際の武術としての空手を修行する場合には、このように口伝を参考にしながらも自分の、そして人類すべての身体操作を徹底的に検証して真理に迫る以外にはないのです。

この口伝その1の「首里は左から」と、その2の「形は元の位置に戻る」は、首里手の形の様式的な特徴を述べたものです。この二つと比較した場合に、次にあげる口伝その3から8までは、首里手の形の武術的身体操作の特徴を述べたものだとしてよいでしょう。

口伝その３――力はクシから

この「力はクシから」のクシとは、沖縄方言で腰（コシ）のことであり、さらに後（ウシロ）を示す言葉です。

武術として伝承された沖縄空手（首里手）では、四肢すなわち手足による技の操作は腕や足の筋肉で操作するのではなく、胴体内部の深層部にある大腰筋《だいようきん》、小腰筋《しょうようきん》、腸骨筋《ちょうこつきん》、腸腰筋《ちょうようきん》、腰方形筋《ようほうけいきん》などで操作します。そしてこれらの腰（クシ）による動きが、突き蹴り共通の部分の動きです。それにくわえて首里手の代表的な突き技においては、胴体の後方部にある巨大な筋肉である広背筋《こうはいきん》を最大限に活用します。

本書で述べる形における突き、蹴り、投げ、極め、そして身体移動などのすべての身体操作は、この腰と後の筋肉操作によるものだとしても極論ではありません。この操作を「業《わざ》」としてもよいでしょう。手や腕による突きや当て、あるいは極め、脚や足による蹴りや、投げなど四肢による技とは、このクシの動きと比べてみると末梢、あるいは現象であるとしてもよいものです。

すなわちこの口伝の意味とは、手足の力ではなく腰を構成する筋肉である腸腰筋、腰方形筋、そして小・大腰筋などと、さらに後方の大きな筋肉である広背筋などで創出する力こそが武術的に正しい力、あるいは武術的に正しい身体操作だということです。

沖縄空手（首里手）では手足などの末梢の動きは、この基幹となるクシの働きに付随するものだとの認識で、技というものをとらえています。平安や他の首里手の形においては、おもにナイファンチの修行で徹底的に学んだ首里手の業と技の応用を習得します。しかしそれらの行為の身体におけるエネルギーの根源とは、すべて腰と胴体後方の筋肉の操作によるものだということを認知していてください。

西洋身体文化のスポーツと東洋身体文化の極めである日本武道のきわだった差異とは、この腰の存在意義をいかに的確にとらえて活用したのかであると筆者は愚考しています。西洋スポーツでも近年になってようやく胴体内の動きなどが注目をあびるようになりましたが、沖縄空手においてはいかなるスポーツと比べても胴体、とくに腰の筋肉の存在認識と活用が巧妙です。

さらに身体後方に位置する広背筋の存在意義や活用などは、まだ西洋スポーツが到達していない分野であるとしても過言ではありません。

口伝その４——呼吸は自然に

「呼吸」の稿でも記しましたが、首里手においては動作の最中は、人間が進化の過程で獲得した胸式呼吸、腹式呼吸、あるいはその混交である胸腹式呼吸で行なうということです。さらにいえば呼吸で身体操作するのではなく、呼吸は自分の動作に付随するものであるということです。

そのために首里手では、心法の修行法として丹田呼吸をするという考えは存在するでしょうが、動作の際の呼吸法としては存在しません。さらに呼吸法による、「怒責作用」と呼ばれる操作も存在しません。この怒責作用を行なった場合には、往々にして自分の呼吸によって行なわれる身体操作は、身体の外側、あるいは表面に動作となって明らかに現れてきます。であれば自分と対峙する相手は、その表面に現れる動作で自分の意図を事前に感知することが可能になってしまいます。それらの行為とは逆に、形の最中、あるいは戦いにおいては呼吸を隠すということが沖縄空手の身体操作です。これは、古来からの日本武道と同一の心身思想です。

ですから首里手においては形の最中、戦いの最中の呼吸は自然に、ということになります。さらにいえばこの口伝は、琉球王国が崩壊した明治以後に新しい中国拳法の影響下にあると思われる、丹田呼吸や怒責作用を含む呼吸法が沖縄へ移入された時に、それらの呼吸法と首里手のそれとを区別するために強調されたはずです。

なぜなら現在の空手が武術としてのみ伝承された琉球王国時代には、武術的に正しい「刹那の間」にまにあうことに心身操作のすべての基準がありました。そのために人間が自然に行なう呼吸法のみを行なっていたために、とりたてて「呼吸は自然に」などという必要がなかったはずだからです。

口伝その5――歩み足

「歩み足」とは重力の作用する地球上で直立二本足歩行をする人類が、ふつうに歩く身体操作です。

空手においては、人間が通常になす歩法によって、技を出すということです。人類が通常歩く時は「動歩行」という、両足の外に自分の重心を置いて歩いていきます。

首里手においては重力の作用する地球上において、常時「二本足直立歩行」を行なう人類の身体操作を心身思想として身体操作をとらえています。その身体操作をみずからの身を守るために純粋に武術的に応用するために、個々の動きを相互否定して純化して極限まで高めた後に、相互相関・相互依存の法則によって統合するということです。すなわち重心が両足の外にあることで、身体が重力落下を起こして地面に引かれていきます。その下方に引かれるエネルギーを、前方へ転換して前へ進んでいくのです。

極端にいえば前へ出す足とは、落下する時に身体が地面に激突しないようにするための、突っかい棒の役割を果たすものです。その突っかい棒の役割を相手の身体にさせてしまえば、それが相手の身体に衝撃を与える技となります。これが沖縄空手（首里手）の、基本的な身体操作の原理です。

この時に地球の重力に反して立つことでできるエネルギーが、「位置エネルギー」です。そして自分の身体の筋肉で腕を突き出す、あるいは足で蹴りを出す時に利用されるのが、「運動エネルギー」と呼ばれるものです。首里手ではこの「位置エネルギー」と「運動エネルギー」の総和である、「力学的エネルギー」と呼ばれる生身の人間の作り出せる最大のエネルギーを使用するのです。

なおこの「動歩行」の対極にあるのが、「静歩行」と呼ばれる両足の間に身体の重心を置いて歩く方法です。これは通常は「すり足」や「寄り足」などと呼ばれる歩行も含みますが、武術としての沖縄空手（首里手）はこの「静歩行」、いわゆる「すり足」や「寄り足」ではなく、通常の「歩み足」すなわち「動歩行」で身体操作がなされているということが、この口伝の意味です。

さらに首里手の流会派などでも現在行なわれている、前足の踵を浮かし後ろ足に体重をかける「猫足立ち」という立ち方を常用することは、元来の首里手には存在しません。この立ち方では後ろ足に体重の大部分をのせて居着くという、首里手の心身思想から判断すると最悪な状態を作ってしまいます。さらにこの立ち方で移動した場合には寄り足になってしまう、あるい足を交互に出したとしても静歩行になってしまうために「歩み足」、あるいは「動歩行」主体の首里手の心身思想とは正反対の結果に終わってしまうのです。

口伝その６――突きは手が先

現代空手では足をまず前に出して身体を安定させた後で、腰溜めにした後方の腕を、腰を思いきってまわして、前方へ突き出すことが空手の技だと思われています。確かにこのような身体操作は、動きがはっきり見えてダイナミックなのです。さらにこのような身体操作でなければ、現行の形の試合では高得点が得られません。

しかしこのような身体操作は、武術としての沖縄空手（首里手）の心身思想の観点から見れば存在しません。まず動きがダイナミックだというのは、西洋の心身思想であるスポーツではありうるでしょうが、これは武術では悪癖とされる全身運動をしているからです。さらに他人から動きが見えるということは、対峙する相手にも自分の動きが丸見えだということです。これでは、実際の戦いでは使えません。

さらに悪いことには、足が先に出てしまうと、技が相手に出てとどく前に、前記の口伝その５「歩み足」の項で述べた突っかい棒が働いてしまったということになります。その結果として、重力を利用した「位置エネルギー」を「運動エネルギー」として相手に放出しようとした行為が、すべてむだになってしまいます。これではたとえうまく行なったとしても、相手に放出したエネルギーのうちの、筋肉が創出した「運動エネルギー」しか伝わりません。

これは後ろ足で地面を蹴る、あるいは後ろ足で床を押して相手への衝撃にするという思想も同様です。この動作は作用・反作用のみが人間の身体操作であると理解してしまい、瞬時の衝撃である「突き」と、相手を自分の体重移動で「押す」という行為を、混同してしまった結果でしかありません。

明確にしますが、沖縄空手の究極の目的である「突き」と、このような「押し」の最大の違いとは、どれだけの時間を基準として身体操作をとらえているのかにつきるものです。首里の身体思想はすべて、刹那の時間を基準として成り立っているということを明確に理解しておいてください。

武術としての沖縄空手（首里手）の形では、最小の動きで相手に対して最大のエネルギーを放出することを目的として、修行されるものです。ですから首里手では足が地面に着く、すなわち突っかい棒を立てる直前に、相手の身体に突きを当てることが最大のポイントになります。

人間の技の正確さとは、身体が安定していた時がいちばん効率がよいのです。そのために武術としての身体操作を学んでいない初心者や、スポーツ空手の形では、自分の足を出して身体を固定し安定させた後から技を出します。

しかし相手に対して、あるいは相手へ向かって身体を移動するということは、不安定だからこそなせる動作なのです。そのために武術の修行とは、「不安定の中の安定」を得ることを重要な課題とします。首里手の形はすべてそのように構成されていますし、そのようにして修行しなければ行なう意味がありません。

そのために「突きは手が先」とは、最大の「位置エネルギー」を技として相手に激突させるという意味です。

口伝その7——逆突きはない

前記した「突きは手が先」の項で説明したように、武術としての心身思想を理解することができなかった近代の空手修行者は、「安定の中の安定」で全身運動をなすことが速さにつながるというまちがった思想で空手の形を理解し、修行してしまいました。そのために日本本土へ空手が移入されて以来、歩幅を大きくとって前屈立ちの姿勢で身体を安定させてから、腰をまわして後の腕を勢いよく前へ突き出す。いわゆる逆突きが、空手の代名詞のようになっていきました。

しかし沖縄空手（首里手）を含めて日本武道は、すべて同じ側の足と手で技を出すのが基本です。これを順体、順身、あるいは順体で歩くなどという場合があります。

この順の動きとは反対の操作が、逆体と呼ばれるものです。しかし逆体ではなく、順体で業・技をなすことが武術としての沖縄空手の本質であり、これは日本武道の基本でもあるのです。ですから首里手の形の中で行なわれる業・技は順体を基本としており、逆体に見える技でも身体操作は順体のそれで行なわなければ意味がありません。そのために首里の突きはすべて順突きの操作で行なわれ、逆突きに見える動作も、順突きと同じ身体操作を行なわなければならないという意味です。

日本本土へ空手が移入されて、その身体動作の特徴を表す際に西洋身体思想であるスポーツなどの影響によって、前屈立ちになって腰をまわして突きを出す、いわゆる現代空手の「逆突き」が非常に強調されました。

首里手には「逆突きはない」の口伝は、近代に入って勃興してきたこれらの逆突きを強調する身体操作と、武術としての身体操作の差異を述べるために強調された言葉であるはずです。そのためにこの口伝は、空手が日本本土で盛況の兆しを見せはじめた、昭和初期あたりから発生した言葉だと思われます。

口伝その８――身体を固めるな

再三本書で記していますが、首里手の心身思想とは直立二本足の人間が、位置エネルギーと運動エネルギーの創出を峻別して理解し、巧妙な身体操作によってこの二つのエネルギーの総和である最大の力学的エネルギーを、最小の動きで技として相手に放出するということです。

そのために自分の身体内の筋肉操作で作り出す運動エネルギーの部分と、重力に抗することで生じる位置エネルギーを放出する役割を果たす部分とは、身体内では別々の部分だと認識してかつ使用しなければなりません。この異なる役割を果たす身体の各部分を明確に認識して巧妙に使い、かつ一瞬にして一個所に集中させる動作を学ぶことこそが、形の重大な存在理由の一つなのです。

ですから全身運動になってしまう「脱力」という行為は、沖縄空手には存在せず身体は適度な張りをもつことが要求されます。さらにこの身体の張りとは、身体を剛体化する、あるいは固める操作とは異なった身体操作です。身体を相手の攻撃から守るために固めてしまうと、首里手においては悪癖とされる居着きをまねきます。ですから首里手には、身体を固めるなという口伝が残されているのです。

この口伝は明治後に身体を固める操作をする中国拳法が移入された時に、首里手の身体操作を強調するために生まれた可能性が強いでしょう。しかし琉球王国時代にもわずかながら身体を固めるのを得意とした人物の存在が確認できるために、王国時代に身体を固める思想のある中国拳法の身体動作がわずかながらもとりいれられ、それと首里手の差異を強調するために生まれてきた言葉の可能性も否定できません。

沖縄空手（首里手）の基本とは、地球上で直立二本足歩行をする人類が作り出せる最大のエネルギーである、「位置エネルギー」＋「運動エネルギー」＝「力学的エネルギー」の法則を身体で具現化するということです。

ですからここにあげた口伝その3から8までは、基本の考えを具現化する際の手引き、あるいはヒントとなるものです。

さて次にあげる口伝その9から15までは、形の中の動作にかんする説明です。すなわち、なぜ形ではこの場合には二歩進むのか？　あるいは、なぜこの局面で足を交差させるのか？などの具体的な意味を説明する口伝です。この具体的な意味を表す口伝を完全に無視した、あるいはとり違えたために、現代空手の形の伝承は混乱を起こしてしまいました。

そのために以下の口伝の意味を吟味して、形の存在を再確認することが、「形を使う」うえで必要不可欠になります。

口伝その９――三歩は、一歩

武術としての古伝の空手（首里手）では、とくに前後の線を歩む時に、三歩同じ動作をくりかえしながら進む様式が存在します。この時に首里手でいう「三歩は一歩」とは、「三歩」を進むことは、「一歩」を進むことと同じである、というような意味です。しかしこのままでは何を意味するかが不明なので、詳しく説明していきましょう。

この場合の三歩とは、左右交互の足で二（一歩ずつ）＋一（一歩）＝三（三歩）となり、武術的には一歩（だけ）進んだということになるからです。

すなわち左足が前で構えた時に、一歩右足を踏み出すと右足前の構えになり、構えが逆になります。これは当然のことながら、一歩進んだからです。しかしこの場合に二歩進んでしまうと、歩く順序が右足そして左足となり、最初と同じ左足前の構えになってしまいます。極論になりますが、沖縄空手の形においては、この時に動き出す前の左足前の構えと、二歩進んで同じ左足前の構えでは、自分が動いていないということになってしまうのです。

それとは反対に左足前で構えて、右足を一歩だけ踏み出すと当然のことながら右前の構えとなります。これは、三歩でも同じです。

さらに一歩と三歩のみを記しましたが、極論してしまえば首里手の思想においては、奇数の一、三、五などをすべて同じ一歩と考えます。

現代の空手道場などで移動稽古とされる練習で、足を進めながら同じ技をくりかえす動作の時に、「まわって！」の号令が入るのは通常は奇数の動作なのは、元来はこのことにも由来すると思っています。

なお机上の空論であれば奇数の一や三だけではなく、形の中において五（五歩）や七（七歩）、または九九（九九歩）の動作が出てきてもよいはずですが、形ではそうはなりません。その理由は後記します。

さて、「三歩は、一歩」といっても、三歩進む動作には、形においては二つの場面が存在します。

一つは「結び立ち」、「平足立ち」、あるいは「不動立ち」などと呼ばれる、形の最初に両足が揃って立ち、そのまま前へ歩を進める場合です。

この両足が揃って立っている場合の著明な例は、前記した首里手のセイサン・セイシャンと呼ばれる形です。この形は足を揃えた始まりの姿勢から、「首里は左から」の原則で左足がまず前に出ます。その後に右足、そして左足という順に三歩進んで、各歩ごとに同じ動作をすることになります。

さらに三歩前に進んだ後に、左足前の定位置で数動作を行ないます。極論になりますが、首里手の思想では、この場合には三歩ではなく一歩だけ進んで、同じことをしてもよいということです。じつは筆者が学んだ方の一人は、ある形を演武した際に場所がかぎられていたので、歩数を省略して形をおさめていた時もあります。

次は平安初段から四段などの一連の動きで、自分の身体の左右の側に対して対称な動きをした後で、前方へ左足を出す場合です。すなわち左右対称の動きをした後で、前方（自分の左側）へ向かって左足が前に出て技が出るという動作になります。

この場合は、足は前方へ左、右、左、そして最後は右足と進んでいきますが、進みながらくりだす技はおのおの同じであったり、異なる技であったりします。そして通常は、四歩進んで、転身します（図①②③④⑤⑥）。首里手の原則に沿えば、この時は最初の左足と最後の右足だけ、すなわち一歩目と四歩目で技を完結させることも可能です。

さて三という奇数が一動作を示すならば、偶数の歩数と動作とは、武術的思想を無視してたんに形を行なって

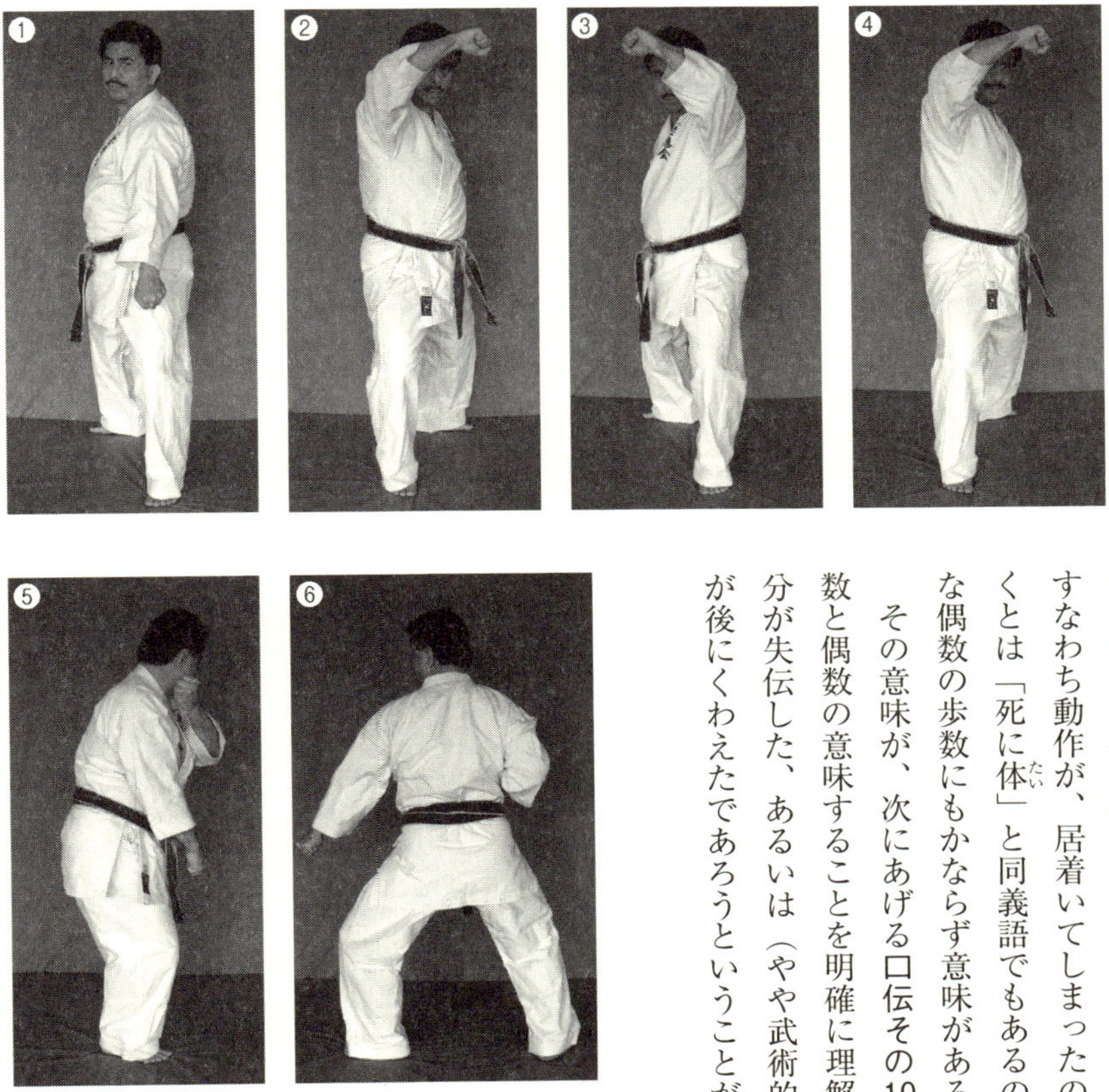

しまうと、その場にとどまってしまったことを意味すると前記しました。すなわち動作が、居着いてしまったのです。しかし首里手において居着くとは「死に体《たい》」と同義語でもあるので、二歩や四歩に代表されるような偶数の歩数にもかかならず意味があるはずです。

その意味が、次にあげる口伝その10と11です。さらにいえば、この奇数と偶数の意味することを明確に理解して検証することで、形のある部分が失伝した、あるいは（やや武術的知識のとぼしいと思われる）誰かが後にくわえたであろうということが、認知されるようになります。

口伝その10——同じ動作は三歩まで

奇数ならば一歩でも三歩でも、そして極端な場合には九九歩でも同じだと記しました。

しかし、形の中では同じ動作は三歩までなのです。なぜなら首里手の思想には、「対峙する相手にとっては見たこともない奇天烈《きてれつ》な技でも、あるいは目にもとまらない早い、または速い技でも、相手が一廉《ひとかど》の武芸者ならば自分が同じ技を三度以上も出せば、かならず対抗策を打ち出してきて自分が敗れてしまうのだ」という考えがあるからです。これは大正・昭和期に実戦の雄として名をなし、「本部の猿」との異名もあった本部朝基先生も同様な意味の言葉を本に記しています。

さらにこれは筆者の仄聞《そくぶん》ですが、野球の大リーグの一流打者は、どんな剛速球でも三回同じところに投げれば、次はかならず打つとされています。

人間の脳の処理とは自分の知識以外のもの、あるいは予測以外の事柄に対しては、一瞬の混乱が生じます。しかし訓練をへた人間の能力は、最初の混乱から立ちなおった後には、最善の対応策を生み出して、それを実行に移すことができるのです。ですからこれは読んで字のごとく、奇数の動作であっても一歩から最大でも三歩までは是としても、それ以上同じ動作を続けることは厳禁であるという口碑です。

ですから首里手の形においては、同じ動作は三歩までとなります。これは平安の形においても前方や後方へ四歩進む時でも、最初の一歩と他の三歩、あるいは最初の一歩と真ん中の二歩、そして最後の四歩目が違うという形式になりますが、詳細は各形ごとに説明していきましょう。

口伝その11——二歩で極める

これは二歩進んだ時の技で、相手に致命傷を与える自分の決め技を出すということです。このことにかんして平安の形における最初の左右対称の動きをした後での、前方へ歩を進めながら行なう動作で説明しましょう。

たびたび述べますが、武術としての沖縄空手（首里手）では**口伝その1**の「首里は左から」の原則にそって左足がまず動きます。この時は相手に対する構え、あるいは受けとしてもよいです。しかし本来はすでに相手の攻撃してきた腕などの逆をとって、相手の身体を引きずりこんだ後の残心（これも一種の構えになります）などが主です。その時には自分は相手の身体を、すでにコントロールしている状態です。そして次の二歩目は、コントロールした相手の身体へ止《トド》めとなる技を出すことになります（図⑦⑧⑨⑩）。

これは三歩は一歩、あるいは奇数に意味があることと同じで、通常は形の中では二歩、あるいは四歩目の偶数が意味することは極め、あるいは決定打となっています。

平安の形においては横側への二歩目、そして前後の線上での四歩目がそれにあたるとしてよいでしょう。ですから平安の形の場合は、通常は前後への四歩目の技が出るときに気合を発するのはこのためです。ただ大部分の流派では、平安三段の前方と後方への四歩目には気合を発しません。この理由は非常に重要なので、後で詳しく説明します。

そして左足を最初に出した場合の二歩目、これは偶数歩で右足になります。さらに沖縄空手（首里手）の場合は、足と手が同じ側、すなわち順体で技が出ます。前記したように、これが「沖縄空手には、逆突きはない」という本来の意味ですが、すると二歩目の右足が出た場合には、当然のことながら同じ側の右手での技になります。ですから首里手の形では大部分の場合においては、極め、あるいは決定打は右手の技でということになります。

平安の形各段において、この一歩と二歩の関係の著明な例は、平安四段において後方へ向かった演武者が反転

して前方へ左足、そして右足と進み手刀《しゅとう》を出す動作があります。この動作の場合は歩数が二歩のみなので非常に明確になりますが、最初の左足前手刀が相手を投げた動作で、次の右足前の手刀が相手の首筋などへの決め技となります（図⑪⑫⑬）。または二度目の手刀は、次の口伝その12の「転身は投げ」として、相手をもう一度投げる動作の反復だとしてもよいでしょう。

なおこの稿で「極め」るという言葉を使用していますが、沖縄空手には現在よく強調される意味での「極め」という行為は存在しません。確かに人体の筋肉で作りだす「運動エネルギー」と、人間が重力に抗して二本足で立つ行為で創出した「位置エネルギー」を「運動エネルギー」として放出して、「力学的エネルギー」として瞬時に統合し、標的となる相手の急所へ放出する行為は必然として存在します。

しかしその瞬間に身体の動きを長時間にわたって止めて、「居着く」ことを強調するという思想は、武術として伝承された沖縄空手（首里手）においては皆無です。なぜなら武術本来の「残心《ざんしん》」とは、この力学的エネルギーへの統合の後でも、次の動作に移ることが要求されるからです。極める動作として、突いた状態で自分の身体を居着かせるなどの行為は、エネルギーを放出してしまった後の形骸ということでしかありません。そして形において、この形骸の動作が強調されるのはありえないことなのです。

さらに前記したように前屈立ちと呼ばれる立ち方で突きを相手に出した時に、後ろ足で地面を蹴ることはもちろんのこと、後ろ足を伸ばして膠着させ相手に突きの威力を浸透させるなどという身体思想も、武術として伝承された沖縄空手（首里手）には存在しません。沖縄空手の突きとは、剣術にたとえれば一瞬の技で相手を斬り落とすことです。この操作が許される時間とは、「刹那の間」でしかありません。しかし相手に威力を浸透させるために、後ろ足を伸ばして地面を押すなどという行為は相手の身体への「押し」であって、空手の「突き」技の行為ではないからです。

⑭

⑮

⑯

⑰

口伝その12――二歩は投げ

前記した口伝その11「二歩で極める」と同じような口碑ですが、この時に数える二歩とは、一つは自分の前方へ一歩、二歩と、左右の足を出して進むことです。この場合は、左側と右側の身体による、同一の投げ技が二度続くことを意味します（図⑭⑮）。または自分の後方へ一歩、二歩と、左右の足を出して後退することです（図⑯⑰）。

もう一つは前記したように前方へ一歩、二歩と進むのではなく、足が一歩前に出て、その後で同じ足が後方へ一歩下がった場合です（図⑱⑲㉑㉒㉓）。平安二段では、これを演武線をはさんで左右の展開で行なっています。この動作は打撃技でダメージを与えた相手の頭部（首を含む）をつかみつつ、自分の身体の反転によって相手を投げる動作です。この場合は投げというよりは、相手の身体を引きずりこむという表現が正しいかもしれません。

この時には自分の身体をまわすのではなく、自分の身体を正中線を境に左右に分けて、その身体を引き戸を引くような操作で、重力落下を利用して相手の身体をコントロールします。これは後記するように、平安の形では

いろいろなバリエーションがありますが、平安四段と前記した平安二段におけるこの方法の類似点が見られるというように、基本的にはすべて同じです。

さらにわずかな例外はありますが、沖縄空手（首里手）にかぎらず古来からの日本武道では、相手を腰に乗せて投げるという方法はありません。相手を腰に乗せてしまうと、大きな相手の場合に体力負けしてしまう可能性が高く、かつ乗せた自分の身体が相手との相対関係によって一瞬居着く、すなわち死に体となってしまうからです。

次に記す口伝13の「転身は投げ」と、14の「交差は投げ」は、この「二歩は投げ」の応用です。

口伝その13——転身は投げ

この「転身は投げ」の一つの例は、前記した口碑の一つである「二歩は投げ」で説明したように、前に出した足をそのままにして後ろ足を交差させ、一直線上に一八〇度の後方へ反転する行為のことです。

これは平安五段の、前方へ進んだ時の最後の動作として登場します。ただ平安五段の形では反転後に「首里は左から」の原則の影響でしょうか、左足が一歩出てからですが、本来はこの反転時のみの身体操作で、相手を地面に叩きつけるという非常に危険度の高い技です（図㉔㉕㉖）。

さらに他の平安の形で後ろ足を、九〇度横にもっていって転身する動作も投げです。これらは平安五段の一八〇度の直線上での動作と、まったく同じなのです。しかし、ここでは形の構成上、前や後ろではなく横へ行かなければならない場面なために、横九〇度へ後ろ足を進めた行為になります。

平安初段、二段、そして四段の、前進した後の右九〇度への転身は、その後の立ち方が撞木立ち、あるいは前屈立ちなどと形によって、あるいは流会派によって違いはありますが、そのすべてが投げであるとしても極論にはなりません（図㉗㉘㉙㉚㉛）。

㉗

㉘

㉙

㉚

㉛

なお後ろ足ではなく、前足を九〇度横に進めた行為が形に出てきます。平安二段の左側から前方へ歩を進める方法などがそれですが、それとこの一直線上で一八〇度反転する動作、あるいは後ろ足を九〇度横へ移動させて転身することを、混同しないように注意してください（図㉜㉝）。

この前足が九〇度移動する平安二段の場合は、様式として演武線上に戻る動作で、機能としてとらえれば相手の身体を九〇度引きずりまわしているということになります。

㉜

㉝

しかし単独の場合とは異なり、相対して学ぶ場合には理論上において、相手の正中線と直線に結ぶ演武線は平面上三六〇度すべてに描くことが可能なために、この動作は通常は必要とはされません。

そのために前に出ている足で九〇度転身する時と、後にある足で九〇度の転身の時には、技が極まった最後の姿勢では同じように見えますが、当然のごとくその過程の体さばき、足さばき、手さばきのすべてが違ってきます。

口伝その14――交差は投げ

前記した口伝その13「転身は投げ」と、同様な解釈のできる口伝です。なぜなら形において一八〇度、九〇度、四五度などの転身の大部分は、足を交差することによって行なわれるからです。

武術としての沖縄空手（首里手）では足幅を狭くした状態で、左右の足を交差させて反転する場合が多々あります。この著明な例が「転身は投げ」の項でも説明した、平安五段の前方へ進んだ時の最後の裏拳の動作から、後方へ向きなおる身体操作です。

さらに平安四段で前方へ進んで最後に裏拳を出して足を交差させる動作も、基本的にはまったく同じものだととらえてもよいでしょう。

ただ武術的に思考してみると、現在の大部分の流会派の形においては、裏拳を出す動作と、足を交差させる動作のタイミングを同じにしてしまい、足を交差して裏拳を放つという方法になっています。

この裏拳は本来はナイファンチ立ちなどの立ち方で、相手の首の後ろの「盆の窪」と呼ばれる個所などに裏拳を放った後に、相手の首を両手ではさみながら足を交差させて投げる身体操作だったと思われます。それが形の様式において、裏拳の際の立ち方と、投げの時の交差の立ち方を同時に行なっていますが、実際に使用する場合はわずかながらの時間差が生じる場面です（図㉞㉟）。

この両足を交差する際には、自分の身体を正中線を境に左右に別々に動かし、胴体内で筋肉を引き戸の開閉のように直線上で操作します。この胴体内の動きに合わせて左右の足を同じように交差させると、自分の身体の動きが最小になり、それと同時に速い鋭い動きが生まれてきます。その結果として武術的に非常に有効な、そして非常に殺傷力の高い技が使えるようになるのです。

後述しますが、平安四段にはこの「交差は投げ」と胴体内の動きはまったく同じでありながら、自分の腕で相手の上段（頭部・首）を押さえて、自分の身体移動で相手をコントロールして前蹴り、あるいは膝蹴り（さらに、その後の前蹴り）と肘当てを入れる、非常に高度な身体操作を要求される左右への動きがあります（図㊱㊲㊳㊴㊵）。

さらに平安初段では二度にわたって足を交差して、相手の身体を引きずりこみ蹴りを放つ動作が出てきます。この四段や二段の場合は投げではありませんが、これも首里手の口伝その14「交差は投げ」の応用（アプリケーション）です。

㊱、㊲　または㊳

口伝その15——つかんだら蹴れ、つかまれたら蹴れ

これは読んで字のごとく、相手をつかんだら蹴る。または相手からつかまれた時には、蹴るということです（図㊶㊷）。

自分が相手をつかんでしまった場合に自分が出せる技は、片手でつかんでいたならば相手を他の手で突くことができますが、両手で相手をつかんだ、あるいは相手の身体を固定した場合には、四肢の中で使えるのは下肢による蹴り技だけです。さらに相手は、自分のつかんでいる手をふり解こうなどの行為に神経を集中するので、この場合には相手には見えがたく、かつ、注意がいきとどかない自分の足による蹴りがいちばん有効になります。

これは逆の場面として、相手が自分をつかんできた状態でも相手の片手、あるいは両手は自分をつかむことに使われています。さらに相手の意識は、自分をつかむことに集中されています。そのために自分が相手へ蹴りを出した場合には、威力のある技となるのです。

しかし近代西洋心身文化であるスポーツの思想で構成された現代空手の形のみを修行していると、「つかんだら蹴れ、つかまれたら蹴れ」という言葉に対応する形の中の動作は、なかなか認知できません。

さらに近代スポーツの影響を受けた蹴り技とは、地面を蹴ってその反動で相手へ蹴りを出すという行為です。このような身体操作では自分がつかんだ相手、あるいは自分をつかんでいる相手にすぐ反応されてしまいます

（図㊸）。さらに全身運動で蹴りを出すこれらの身体操作では、自分や相手の腕や手がとどく範囲の近距離で蹴り技を出すのは、非常に困難になります。

しかし平安の形のみならず、首里手の形ではつかんだ時、あるいはつかまれた時に蹴り技を出す場面がひんぱんに登場します。なぜなら武術として伝承された沖縄空手には、これほどの近距離においても相手に感知されず威力のある蹴りを放つ業、すなわち身体操作が存在するからです。

人が争う時にはつかむ、つかまれるという行為はひんぱんに登場します。それは人類はその進化の過程で前足、いわゆる腕と手がもっとも発達した動物としてもよいからです。その手の発達は、モノをつかむという行為によってなされたものです。ですから人間は本能的に、つかむという行為をします。

人間は進化の過程でモノをつかむ行為を行ない、そのために手が異常に発達していきました。そのつかむという自然な行為を、武術として伝承された沖縄空手（首里手）では否定していません。そして当然のごとく素手の武術において自分の手でつかむのは、人類の祖先がつかんだであろう木の枝や蔦ではなく、対峙する相手の身体の一部です。ですからこの手の発達した人間同士の戦いは素手による場合は、「取っ組みあい」とも称されるようにつかみあい、あるいは組みあいの格好になる場合が多々あるのです。

武術としての空手ではこの状態を否定するのではなく、この状態をいかに回避するか？　あるいは、いかにこの状態から勝機をつかむのか？という思考方法で修行していくのです。さらにいえば、この状態になる以前にいかに勝負をつけるかという思考方法なのです。相手の身体の一部と自分の身体の一部が触れる瞬時とは、すでに

㊹

業・技が相手にとどいた瞬間であるという認識があったからこそ、神速を尊ぶ心身思想が生まれてきたとしてもよいでしょう。

さて武術的に考察してみると、相手が自分をつかむ、あるいは自分が相手をつかんで身体をコントロールするという時は、相手や自分の手と腕がつかむ行為に使われてしまっているという状態です。このような場合における対処法を修行していない場合は、お互いがつかみあって居着いてしまいますが、首里手においてはその瞬間に相手を蹴る行為を形で錬っていきます。

さらに首里手の形においては相手の頭部（首筋を含む）をつかんで、あるいは極めた後で膝蹴りを出す動作がひんぱんに登場します。これらの技は非常に殺傷能力の高い実践的なものですが、空手が公へ普及するにしたがって失伝していったのでしょう（図㊹）。

現代では空手は、教育機関などへの導入のための安全性への考慮、そして組み技が主体の柔道などと差別化をはかるために、突き蹴りなどの打撃系の業・技に重点を置いた修行体系、あるいは形の解釈しかなしていません。しかし空手が実際に武術として身を守るために修行された琉球王国時代には、投げや極めなど、そしてそれから脱する解脱法などの多くの技術が形で修行されていたのです。

第2節　口伝のまとめ

以上一五の口伝を列挙して、現代のわれわれに理解できるように、その意味を記してきました。
琉球王国時代の士族階級のすぐれた武芸者にとっては、これらの言葉の大部分を聞いても「いわずもながら…」、あるいは「何をいまさら…」というレベルであり、笑止《しょうし》の沙汰《さた》としてもよい事柄だらけであったと思います。

ただ王国時代ならいざ知らず、新たに移入された中国拳法との区別をするためのこれらの言葉が生まれてきたということからは、王国が崩壊した後からしばらくして首里手の身体操作の特徴を強調しなければならないほどの、混乱が生まれていたのだという事実が推察されます。幕末期における国難を前にして、近代化をはかる以外に自主独立が適わない状態に置かれた日本国と、その政府下に入ることを余儀なくされた沖縄社会における大きな波のうねりの前には、首里の武士の個々人の力というものは非常にかぎられたものだったのでしょう。

それらの歴史的背景のために、武術として伝承された沖縄空手（首里手）は現代まで伝承される過程において、みずからのそれとは異なる雑多な東洋の心身思想、そして近代化をめざした当時の時代背景から西洋の心身思想であるスポーツの動きが、数多く導入されてしまいました。

しかしこれらの口伝が存在しているという事実は、王国時代の武術としての沖縄空手を修行していた首里の武士たちのあいだには、歴然たるみずからの心身思想への認識が存在していたことがうかがえます。本書の意図とは、この首里の武士たちがみずからの矜持の根源とした、武術として伝承された沖縄空手（首里手）の心身思想のもとで平安の形を解き明かし、その全貌を明らかにしていくことです。

さてこれらの口伝、あるいは口碑をもとに武術としての空手の形を真摯に修行していくと、首里手の形とはナイファンチをはじめとして、パッサイ、セイシャン、そしてクーシャンクーなどの少数の形にかぎられると理解することになります。それにくわえて首里手の祖とされる松村宗昆が、中国からじかにもち帰ってきたという口碑のある「五十四歩（ゴジュウシホ・ウセーシ）」などがあげられるかもしれません（筆者口碑の確証なし）。そのためなのでしょか、五十四歩の演武線と首里手の表面上の演武線は異なりますが、武術本来の演武線を理解している人間には、大きな問題にはなりません。

さらに記せば王国時代は泊地域のみで修行されたという「ワンシュー」や「ローハイ」なども、形の構成における思考方法はやや異なるために、様式における若干の違いが認識されます。しかし身体思想が同じであるために多少の違和感はわいても、それによって首里手の本質が明確になるということで、修行の一環としてとりいれることも可能になってきます。平安の形を創作した時に参考にしたであろう、チントウと呼ばれる形もその一つです。

ここまで首里の思想を心身で理解できれば、昔の首里武士はナイファンチの修行で武術としての基本思想を理解した後で、二つ、三つの形を徹底的に修行したということが如実にわかるようになります。

ナイファンチと、他の二、三の武術的に正しく構成された形の習得、そしてそれらと平行して日本剣術、あるいは棒や釵《さい》などの沖縄古武道を修行すれば、生死の狭間でみずからを守る武術としての心身操作は完成することができるからです。

ナイファンチの他に二、三の形を習得するなどとは口にするのはたやすいですが、これは武才のとぼしい筆者の経験からとして記しますが、生死をかけた戦いの場を想定しての形の修行というのは、精神的にも肉体的にも血の出る思いになります。一部のかぎられた天才と呼ばれる人間ならいざ知らず、われわれ一般の人間では、ある時期において自分のすべてを犠牲にしたという思いがするほどの修行を積まなければ、とうてい到達できるレベルではないのではないかとの感想をもっています。

さらに述べればこれほどの修行を積もうとも、王国時代とは生活様式が違い身体思想の背景が異なる現代の空手修行者には、この口伝・口碑だけでは、まだ沖縄空手（首里手）の形の全貌をうかがい知ることは非常に困難です。そのために筆者が形の解明を試みた修行時代において気づいたこと、そして大切だと痛感した事柄を次に列記します。ここにあげるのは、筆者が現代の空手修行者にわかりやすく形を理解するために要点を述べた言葉です。これは、現代の口伝としてもよいでしょう。

第15章

第1節　現代空手家への口伝

現代の口伝その1——演武線は、一直線

これは首里手の形を行なう場合は、演武線は前後に伸びる一本の線、すなわち一直線だということです。この前後に伸びると記しましたが、実際に形を習得し理解する、いわゆる「形を使う」までに極めるには、この前後に引かれた一本の線を、形の開始の位置から前へのみ進んでいくだけだとの感触を得なければ不可能です。この一直線上で前進して演じられる、相手の攻撃からみずからの身をもっとも効率のよい身体操作で守ることを学ぶのが形の存在意義です。

形には前へ進む以外にも四五度、あるいは九〇度横へ動く転身の動作、さらには一八〇度反転する身体操作も存在します。しかしそれらは五感の空間認識を高めるために、あるいは空間がかぎられているために、または

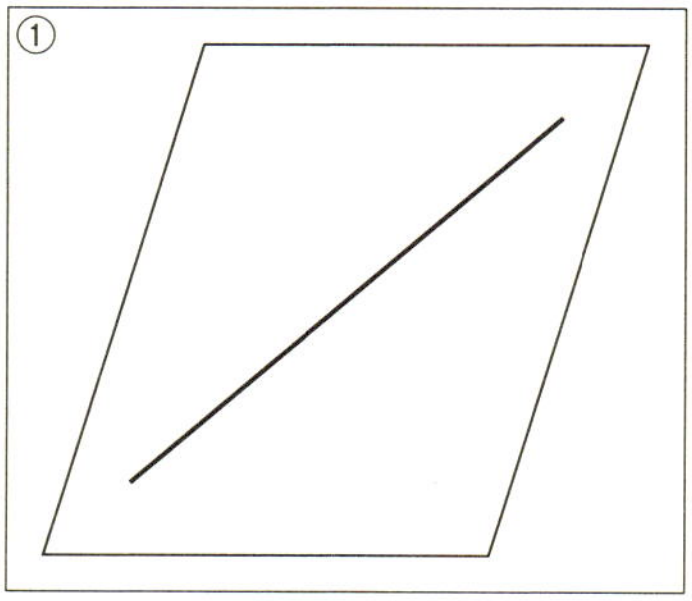

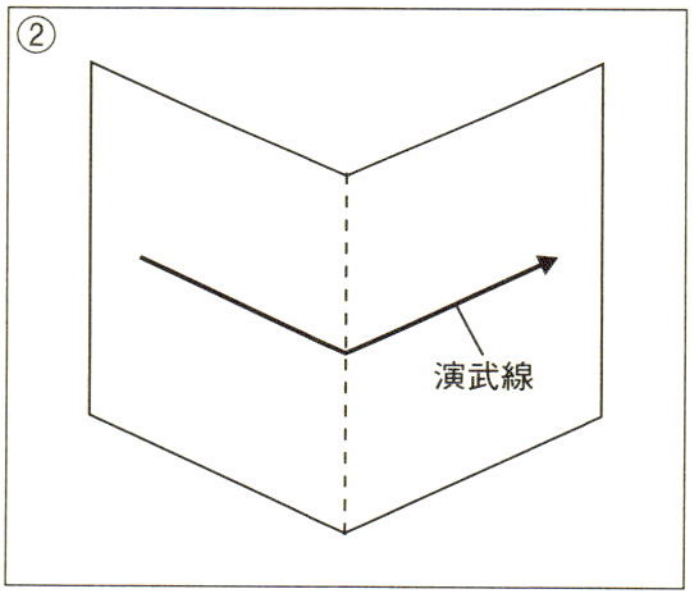

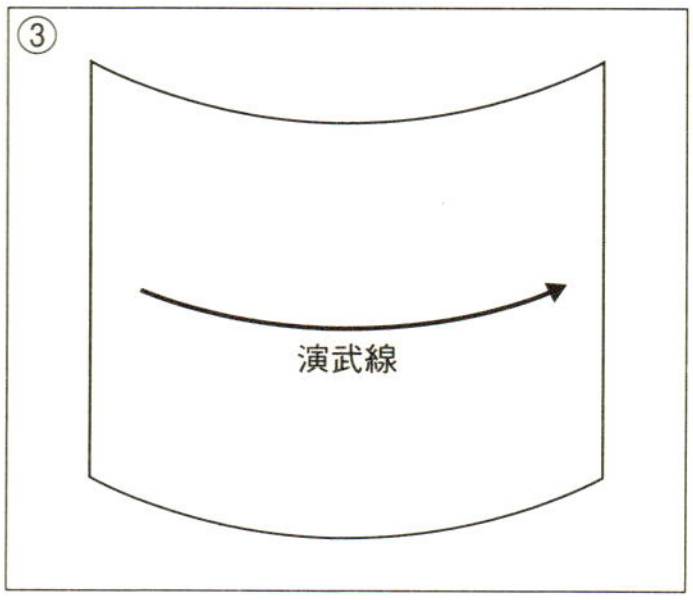

「腰を切る」などの武術的身体操作を学ぶために、転身して横側へ、あるいは後側へも進んでいくとのだと認識してください。

この形の「演武線」の一直線の思想を、視覚で認識するためには、正方形の紙の中央に、一直線を引いたものだとするとよいかもしれません。そして転身する行為とは紙を二つ、ある時には四つに折るということになります（図①②）。

武術的に重要なことは、その折れ目を、鋭角に折らなければならないということです。もし紙を鋭角ではなく、鈍角に折ったり丸めてしまった状態では、いわゆる身体がまわった状態で、円で円を描く「悪しき円」となります。ですから、折れ目を鋭角にするために身体内部の体術を要求するのです（図③…悪い例）。

さらに記せば、（二つ、四つに）折った紙を広げることを学ばなければ、形の構造すべてを理解するのは不可能です。

現代の口伝その2——演武線と正中線の一致

通常は「演武線」とは、左へ二歩、後へ一歩、あるいは右へ四五度など、あるいは歩の進め方がI字形になるとか、□形になるなどの意味で使われます。

しかし筆者がここで述べる「演武線」とは、形の中の身体操作で、相手と自分の正中線を一直線に合わせて動いている時の「線」のことです。これは、形の構造を表す一直線の線でもあります。この一直線の上を、まっすぐ歩いて技を出すことが沖縄空手の形の修行における、いちばん重要なことであるといっても過言ではありません。それは武道で必要不可欠であり、絶対必要条件でもあるみずからの「正中線」と演武線の一致であり、かつ自分の「演武線」上に相手の「正中線」を置くということなのです。そしてこの演武線の存在さえ理解できれば、形の中のどの動作が機能であり、どの動作が様式であるのか、そして応用が、どのようにして生まれてきたのかを解明することできるといっても、あながち極論ではないでしょう。

その反面、この演武線の認識と活用なしに形を修行することは、武術としての修行ではないということです。この真の演武線の存在を知ることで、四五度、九〇度、そして一八〇度の転身は、じつは一直線上を前進する行為で技を出しているということに気づくことになります。さらに、なぜこれらの角度の違いが存在しているのかも理解できるようになります。

現代の口伝その３――相手は単独で同一人物

首里手の形は、この自分の正中線を相手の正中線へ最短距離で合わせた距離、すなわち直線で演じられなければなりません。それが武術的な演武線の意味だと、前記しました。

そして武術的な意味での演武線を理解すれば、自分が対峙している相手は一人だけだと理解することができてきます。現代空手では自分に向かって攻撃する一人だけではなく左右から、そして後ろから続々と敵が襲ってくることに対処することが、形の習得目的だと理解して修行しています。しかしもう読者もおわかりのように、このようなビデオゲーム、または映画やお芝居の殺陣のような、武術的には荒唐無稽な場面を首里手の形は想定しているのではありません。

形においては、相手は最初から最後まで一人の人間です。さらに明確にしますが、その一人も最初から最後まで同一人物です。この自分に対峙する一人の相手と戦い、空手の主要な武器である突き、蹴り、投げ、極めなどの技のおのおの異なった間合い、角度を一瞬の躊躇《ちゅうちょ》もなく読みとり、武術的に正しい身体操作で的確に技を出しつづけることが、「先先の先」と「後の先」の思想を明確にした単独形の修行の目的です。

一人の攻撃へ対処して行動不能にした後に、また別の一人が攻撃をかけてくるなどという場面はありません。これでは、殺陣の場面と同じになってしまいます。同一の相手の攻撃へ対して、いかに自分は対処して、かつ相手を行動不能にするのか？　それのみが武術として伝承された沖縄空手（首里手）の形の、存在目的なのです。

なお琉球王国時代に泊地域（のみ）で修行された「ローハイ」の形などには、現行のカタチで修行された形の場合には敵は一人ではなく、最初の左右への動きで対峙する敵と、その後の前の動きで対峙する敵の合計二人が存在する可能性があるのではないかとの疑問がわくと思います。さらに他の泊手の形にも首里の文化にもとづいた形の構造、そして様式では理解しがたい部分が存在します。

この違いは前記したように日本文化の影響の大きい首里地域で修行された手と、それと比較して中国文化の影響を残した部分が存在する泊地域で行なわれた手との、違いだからです。しかしこれとても基本となる身体操作は同じ日本武術ですので、形の構造と様式の多少の相違さえ理解でき、かつナイファンチの形を武術的に正しく習得してさえいれば、首里手の古伝の形と同じように解明は容易です。

筆者はこれらの古伝の首里手の形、そして首里の思想による泊手、さらには古流那覇手の古伝の形の解釈を、いつか機会があれば記していこうと思っています。

現代の口伝その4——下段、中段、上段は相対

現在の空手の形の修行において、形を説明する時に「ここは上段への突き、ここは中段への蹴り」などと説明されます。しかしこれは自分の身体を基準にしてであって、相手の身体における下段、中段、あるいは上段への

④

攻撃や、または相手の下段、中段、そして上段にある急所の場所ではないのです。

すなわち形の中における下段、中段、そして上段の位置とは、「相対」であって「絶対」ではないということです。この相対の事柄を、平安の形でひんぱんに登場する動作で詳しく述べると、平安初段などでは前進した最後に貫手《ぬきて》で突きますが、この解釈は写真のように相手の中段への技となっています（図④）。このように現在の空手の形では、貫手を相手の中段へ、自分は無防備、あるいは無用意の状態で使う技となっています。

しかし空手修行者だけでなく、一般の人間でも少し考慮すれば、貫手などという拳《こぶし》と比べて強度に欠ける技は、相手の脆弱な部分へ限定して使用しなければ、わが身が傷ついてしまうだけだとの疑問がわきます。さらに動いている相手の脆弱な急所へピン・ポイントで攻撃することは不可能に近く、相手の身体を固定した後でしか使えない技であるとも思うはずです。

このような疑問は、もっともなことです。なぜならこの平安初段の動作は、相手の首をつかんで引きこみ固定した後で、相手の首（上段）を貫手で突くということなのです。二つの写真ともこの場面では理解しやすいように逆手となっていますが、自分にとっては中段の位置へ貫手を出すが、相手にとっては上段（首筋）の位置に攻撃を受けたという結果になります（図⑤）。さらに形の中で出てくる蹴りの大部分は、相手の上段（頭部）を蹴っているのです。

⑤

ただそれは相手の頭部（上段）を自分の中段の位置に落として、その後に蹴っているということです。そしてその相手の頭部を自分の中段の位置へ落とす状態を作る技、さらに作った状態を示す暗喩の動作（サイン）、すなわち様式が、形にはひんぱんに登場します。

現代の口伝その5――身体が武器を隠し、武器が身体を隠す

この口伝では、空手の武器の使用法を述べています。武器をもたずに戦うことが空手ならば、素手の自分にとっての武器とは、自分の手足のことになります。ですからこの口伝の意味は、自分の武器である手足を、相手の目から隠すということです。すると相手は自分がどの武器を、どのようにして使用するのかという、事前の情報を得ることが困難になるからです。

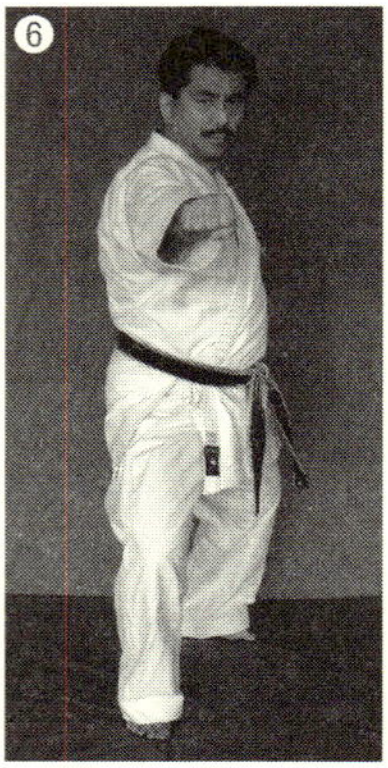

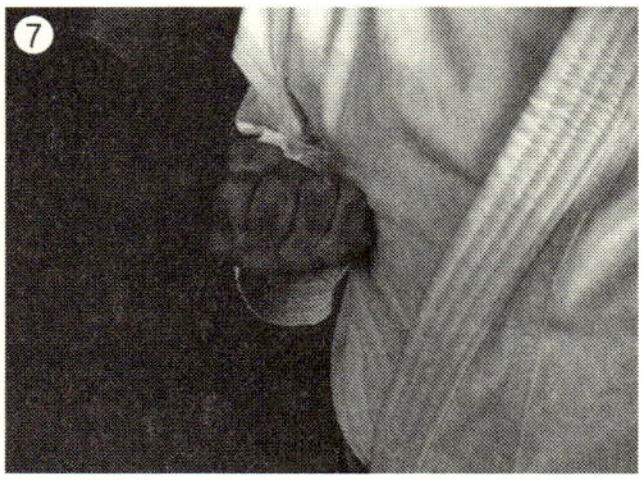

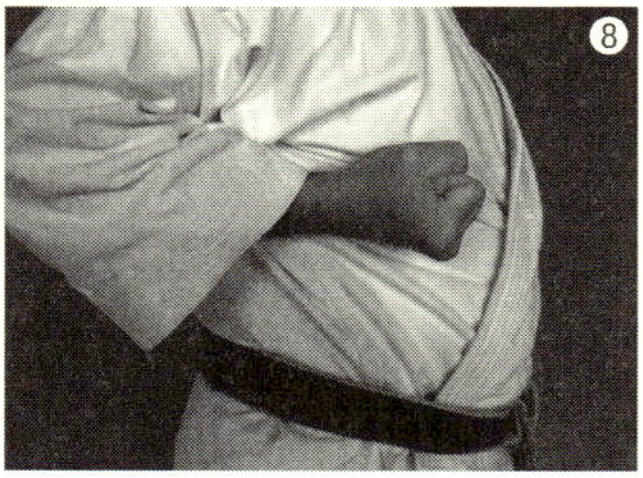

この時に空手特有の著明な動作とは、拳を胸の横に引くというものがあります。以下、この腕を胸に引く行為を読者にわかりやすいように、極端な様式にして説明してみましょう。この腕を胸に引くという行為を相手の視線になって見てみると、後ろに引いた拳の存在を相手の視覚での認知から身体が遮断しているのが理解できます（図⑥）。

次に今度は、この引いた腕の位置を真正面と横から見てみましょう（図⑦⑧）。このように自分が拳を腰の位置ではなく胸の位置に構えると、拳の正面だけが見えることになり、腕の長さや奥行きを読むことが不可能になります。すると相手が自分

の武器（この場合は拳）の使用範囲を読むことが非常に困難になり、相手にとって不利な状態を作りだすことができます。

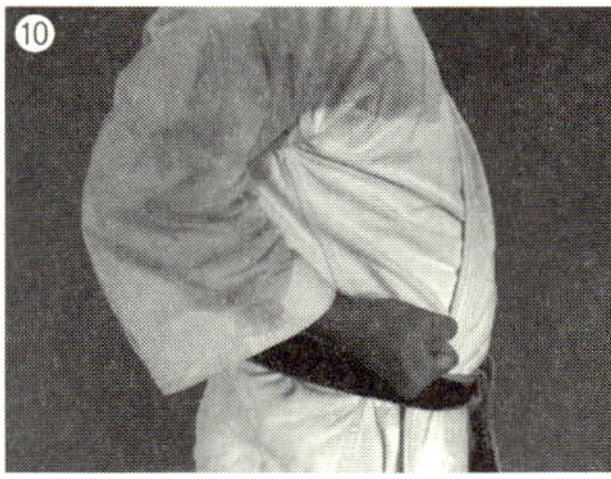

さて現在の首里手系統の流れには、拳を胸の高さに引く方法をとる系統と、腰のあたりに置く二つの系統があります。この差異の理由は、空手の形のオリジナルである中国拳法の流派の一つが拳を胸の位置にとる方式であった。そして、他の流派が拳を腰の位置に置く方式であったからだ。あるいは同じ流派でも、中国の異なる場所から移入されたからだ、などの意見があります（図⑨⑩）。

しかし筆者の私見として、沖縄へ移入された現在の首里手系統の形のルーツである中国拳法は、拳を引く際には腰溜めにした方法であったのかもしれませんし、胸の高さで引く方法であったのかもしれません。

いずれにしろそれが沖縄へ移入されて首里の文化、すなわち日本武道（剣術）の身体思想で解体され、再構築された時に腰溜めの位置から、相手の視覚にとって二次元での感知しかできない胸の位置へと変わっていったのではないかと思っています。

ただその変化の大部分は個人の才覚にまかされると同時に、長い時間軸を基準とされたものです。かつ任意的であり体系立ったものではなかったために、ある個人の流れでは拳は腰溜めのままに残り、他の人物の流れでは首里の文化の影響が濃厚であるために、胸の高さへと変化したと推察しています。

さらにいえば**口伝その1**の「首里は左から」のように、中国拳法においては右から開始される動作を首里の心身思想によって左に変化させましたが、論理的に考えてその逆はありえないと思っています。それと同じく引き手の際の拳の位置も、胸の位置から変化させて、腰溜めにするということはなかったと愚考しています。

現代の口伝その6──「突き」、「受け」だけの行為ではない

現在の空手は、広く一般社会に普及させるための安全性を考慮して、そして柔道などの投げ技主体の武道などとの差別化をはかるために、おもに「突き」と「蹴り」だけのいわゆる打撃系の武道として成り立っています。その目的を遂行するために、空手の形も「突き」と「蹴り」技（のみ）が存在していると思われ、それらの技で形の中にある動作を解明、修行してきました。

しかし武術として修行された沖縄空手（首里手）では「突き」「蹴り」はもちろんのこと、「打ち」、「当て」、「払い」、「投げ」、「刺し」、「つかみ」、「受け」、そして「極め」などのすべての技が含まれています。

しかしこれらの技の大部分を単純に「突き」「蹴り」などと判断してしまい、形を修行してしまうと、本来の構成から大きくはずれた武術的にはまちがった形となってしまいます。まれに蹴り技などにおいて、形の中における前蹴りと膝蹴りの区別が混交してしまったなどという、その差異があまり形の構造自体には影響をおよぼさない場面も存在します。すなわち、応用と呼ばれるものです。

しかしこの口伝で述べている場面は、上体部の腕や手で行なわれている動作である、「突き」技や「受け」技と思われている技術のことです。この差異は、形の構造、機能、様式、そして応用のすべてにいちじるしい影響を与えてしまっています。

現在の「空手の形は使えない」などという言葉は、この現在は「突き」技と「受け」技と思われている動作の意味を、完全にとり違えてしまったゆえに生まれてきたものです。現在行なわれている解釈による形の動作では、とくに後記する現代の口伝その7「突きに双手はない」や、現代の口伝その8「受けに双手はない」などでも明らかなように、素人目で見ても非常に不都合、あるいは不合理な解釈が多々あります。

しかしこれらの場面において「突き」と解釈されている動作、あるいは「受け」と解釈されている動作の本来の機能は、まったく別な働きをする「技」なのです。とくに現行の「受け」技は、自分が素手で向かってくる相手と対峙した場合、あるいは現在のルールのある組手競技で使用されることのみで解釈しているために、まったく違ったものとなっています。

相手が「何者なのか？」、「どんな技を使うのか？」、そして相手の「武器の有無」などの、直前まで情報がまるで入ってこない実戦では、現在行なわれているような受けは使えません。実践では目視した相手の攻撃の前後、あるいは攻撃の最中に自分が入り身で入っていき、相手を倒す以外にもっとも効率のよい方法はないのです。そのいちばん効率のよい方法を学ぶのが、空手の形なのです。

しかし現在の空手では形の構造というものをまったく無視し、個々の場面（のみ）に都合のよい技の解釈をしてしまったために、形自体の意味をまちがえて理解すると同時に、実戦では使えない技を習得してしまう、あるいは演じてしまうという、致命的なまちがいを起こしてしまっています。

⑪

⑫

現代の口伝その７
――突きに双手はない

現行の空手の形には、相手を両腕で突くという解釈の動作がひんぱんに出てきます（図⑪⑫）。

しかしやってみればすぐわかりますが、両手で前方を突いた場合には、前の手と後の手はとどく距離が違います。前方の突きがとどいた距離では、後方の突きは相手に当たるはずがありません。あるいはその逆で短い方（後方）の突きがとどいた範囲では、もう片方（前方）の突きには距離が近すぎるのです。

現行の形では片方の腕がとどき、もう一方の腕がとどかない状態を回避するために、一方を伸ばして逆の手を曲げたままで突きを行なおうとしています。または身体を真正面に向けて、すなわち相手と正対させて左右の突きを同時に行なっています（図⑬⑭）。

しかしこのような現在行なわれている形の中での「双手突き・諸手突き」や、次に記す「双手受け・諸手受け」などの名称で呼ばれている両手を使った技の大部分は、形の中にある両手を使う場面のまちがった解釈から生まれてきた「技」です。これは形の中の「様式」を、技に直接結びつけたために起こったまちがいです。

確かに形の中に現在の「双手突き・諸手突き」と呼ばれる、両手で突くような動作が出てきます。しかしそのような動作の大部分は、「相手を投げた時、または相手を放り投げながら突いた時の、両手の仕様《しよう》」なのです。

この諸手で相手を投げる動作には、その動作に移る前に暗喩としての様式が存在します。さらに諸手で相手を突く、または当て技を出す場合には別の暗喩としての様式が存在するのです。そのために武術として伝承された沖縄空手（首里手）を修行した人間には、各局面においての認識が可能なのです。

非常にわかりやすい例をあげれば、本書でとりあげる平安の形ではなく、泊手の「ローハイ」という形には三、または四度の諸手による突きや当ての動作が出てきます。このうちの左右の二、または三度の諸手突きは、じつは投げ技です。そしてもう一つの掌底による諸手当ての動作は、そのまま諸手掌底の当て技です。これらの技の区別は事前の動作、すなわち暗喩の存在によって判断が可能なのです。

しかしこの様式の理解が消失してしまい、現在の形の解釈ではすべてといってよいほどの局面で諸手で突く動作として解釈されてしまい、形の内容が武術的のものとはまったく異なるものとなってしまっています。

この事柄にかんしては、個々の形の説明の中で記していきます。

現代の口伝その８――受けに双手はない

さらに現在の空手では相手の片手での攻撃に、自分は二本の手を使って受けるなどという形の分解が存在します。このような動作は武術の修行者だけではなく、素人にさえ疑問がわいてくるはずです（図⑮⑯）。だれが考えても、相手の腕一本の攻撃に対して自分が二本の手を使って受けた瞬間に、相手の他の手の攻撃で自分の急所を射抜かれていると思うからです。

そして、その思いは正しいのです。なぜならこの「双手受け・諸手受け」と呼ばれる、両手の小手を合わせて前方へ送る動作、あるいは片方の小手にもう一方の拳を添える動作は、両手で受ける技で

⑮

⑯

はないからです。これは片手で相手を引きつけて、他の手で突いている動作、または片手で相手（の頭部）を引きこんで、他の手で突き上げ（アッパー）を出している動作などです（図⑰⑱）。

現代の口伝その9――両手で受けと攻撃

武術として伝承された沖縄空手（首里手）は、日本武道と同じく「刹那」と呼ばれる、一秒の七五分の一を攻防の基準としていると記しました。この基準を満たすためには、相手の攻撃を受けた後で自分が攻撃しようとしては、遅すぎます。そのために首里手の形では、相手の攻撃に対する受けと、自分の突き、蹴りなどの攻撃は、すべて同時に行なうことになります。

その著明な例が、平安初段の片方の拳による上段への受けと、相手の上段を攻撃する方法。そして平安四段の開手《かいしゅ》による上段への受けと同時に出される、相手のいちばん脆弱な部分であるとしてもよい喉仏への喉輪《のどわ》。あるいは攻撃するために伸びきった、相手の身体の脇下への肘当てなどです（図⑲⑳）。

このような受けと攻撃の同時進行を入り身や半身で行なうことで、反撃している自分の身を相手の攻撃から守りつつ相手へ入っていくことを学ぶことが、武術としての首里手の修行の絶対条件です。

⑲

⑳

武道としての「先」の思想である「先先の先」、あるいは「後の先」などと関連して述べれば、これは「対の先」における心身操作であるとしてもよいでしょう。その両手による受けと攻撃の同時進行を可能にする身体操作が、次の口伝で述べる「転身時は、両手と片手の違い」です。

現代の口伝その10——転身時は、両手と片手の違い

空手では両手を顔前で交差させて降ろす、いわゆる日本の空手などで十字を切ると呼ばれる動作が存在します（図㉑㉒）。この動作は形の最初に登場しますし、かつ転身する時などに使用します。あるいは昔の動作では下段払いのような動作で前進する時に、両手を交差して進んでいきました（図㉓㉔）。

㉑

㉒

この身体操作は武術としての空

手（首里手）にとっては、二つの非常に重要な事柄を学ぶために存在します。

一つは反転・転身の時の、自分の正中線の確認です。この身体を左右に割る指針である正中線は、右でも左でもない線です。かつ前でも後でもない位置に存在する線として身体内に存在しているために、動かすことができません。反転、転身などで、自分の身体が相手に対して開いてしまうことは、相手に自分の弱点をもろに曝《さら》け出してしまう非常に危険な状態です。

とくに自分の動かせない正中線を、相手が感知してしまった場合は、致命的な結果になるおそれがあります。それを防ぐために、自分の身体の角度を変える時には、首里手の形の大部分の動作ではかならずといってよいほどに両手を交差して自分の動かせない正中線を隠し、かつ守ることを習得させます。

もう一つは前記した「両手は受けと攻撃」でも述べたように、両手で自分の正中線を守りながら、片方の手で相手の攻撃を避け、かつもう一方の手で相手へ攻撃をしかけます。受けと攻撃の同時進行を、両手を交差させることで可能にするのです。そして昔の空手においては、現在は「下段払い」や「中段の受け」などの名称のついた動作で前進する時にも、両手を巧妙に交差させて進んでいったと前記しました。これは正中線の確認、そして正中線の防御の様式化としてもよいでしょう。

しかしこの様式のオリジナルとなる動作は、実質的な機能として相手の首を前腕ではさんで絞めている、または一方の手で相手の頭部を固定して引きずりこみながら、他方の前腕や鉄槌で打つ動作であったと思われます。

じつは昔の沖縄空手家が古伝の形をおこなう場合には、手を交差させずに現代は下段払いと呼ばれる動作を行なう場合と、まず前腕を交差させて現在は中段の内受け、あるいは外受けなどと呼ばれている動作をして、その後に現在は下段払いと呼ばれる動作をする場合。さらには片方の腕を下段、他を顔面あたりまで上げて、その後に交差させて現在の下段払いと呼ばれる行為をすることがありました。

この動作の代表的な形である平安二段（＝チャンナン）を例にとって機能的に説明すると、自分が相手に打撃でダメージを与えた後に、相手の身体をつかんで正中線を横切って横へ移動させます。写真では襟元ですが、本来ならば相手の絶対急所である頭部（首を含む）が主になります。この場合は、後記する理由で手を交差させません（図㉕㉖）。

その後に左右の前腕を交差させて九〇度前方へ進みながら相手の首を極める技があり、それが現在は下段払いと呼ばれる動作なのです。この首を極める技を上段で行なっているのが、現在は上段受けと呼ばれている前方へ三歩進む時に行なう動作です（図㉗㉘）。そのために多くの転身の時には、この相手の首を極めて投げる動作のために、両手を交差することになります。

ただ厄介なことは同じ転身でも相手の首を極めるのではなく、（単純に？）相手の身体を投げるあるいは引きずりこむ場合には、相手と自分の相対的な位置関係によって相手の首を極める動作は適いません。そのためにこの場合には両手を交差させず、一方の手は自分の胸の横の引き手の位置においたままで、片腕のみの動作となります。

この事柄にかんしては18章の「平安二段」で、さらに詳細を説明してい

きましょう。

本書における平安の形のみならず古伝の首里手の形においても、武術としての首里手を修行した人間には、相手の首を極める転身なのか？ あるいは、相手を投げている、または、相手を引きずりこんでいるのか?・などの違いは、その転身直前の技の種類、すなわち自分の腕と相手の身体との相対関係によって明らかになります。

さらに記しますが、みずからの修行においてこの現代の口伝その10「転身時は、両手と片手の違い」を理解していくと、彼我の関係が明確になり、形の構造が明確に浮かびあがってきます。すると単独形における仮想の敵の存在が明らかになると同時に、神速を得るための形の修行において脳の処理が直截的になることが可能です。

そのために本書においては平安の各形において、転身の際の両腕の操作を詳細に述べていきます。

現代の口伝その11——二方は暗喩

この二方とは通常は二方向という意味で、同時に左右へ正拳と思える動作を出すなどのことです。または、身体の前後に受けと思える動作を、両手で同時に出す動作などのことでもあります。現在行なわれている形の解釈や修行においては、左右にいる相手に同時に突きを出す、または前後の攻撃を同時に受けている動作である、などの説明があります。

しかしこの解釈では、誰が考えても実際に使うにはむりがあるのは明らかでしょう。自分の左右、または前後にいる相手が、自分の拳のとどく的確な位置に同時に存在する場面、あるいは相手が自分の前後から自分の受けが的確に出る位置やタイミングで技を出すなどというのは、芝居や映画の殺陣では可能でしょう。しかし実際の戦いの場で存在すると考えること自体が、荒唐無稽だとしても過言ではありません。

じつは、これは一種のメタファーなのです。あるいは両手による投げの動作を、二方へ同時に受けを出したのだという誤った解釈による動作なのです。この投げの動作にかんしては、本書の平安の形においては平安五段に登場しますので、20章で説明することとして、本章ではメタファーの事柄について記していきます。

このメタファーとは、暗喩・隠喩と日本語に訳せますが、ある動作を直接的に行なうのではなく、その動作を暗示する操作をすることです。

なぜこのような煩雑な操作をするかというと、形の中にある技を隠して、技を伝授するには適当でない人間から技を隠した可能性もあります。しかしそれよりも重要なことは、形に多様性をもたせ、形の深みを増すことにつながるからです。ですから二方向を同時に突くなどに見える動作とは、形の構造からみてこの通常は二つの手や腕を使った動作の後では、現在の位置（動作）から前にも後ろに、あるいは右にも左にも行ける。あるいは、行ってもよいように形は構成されているということを表す動作です。

なおこの「二方は暗喩」に示される動作は、古い形などでは非常に明確に現れています。例をあげればワンカンの形などで、十字受けの後の動作で左右に拳を突き出す動作などがそれでしょう。十字受けと記しましたが、相手が腕一本で自分に対して突きを出しているのに、自分は二本の腕を使って受けているなどという非効率な動作はありえません。これは後記の「平安五段の解明」でも詳しく説明するように、相手の攻撃を受けている動作ではないのです。

これらは、相手の首筋へ両手を添えて極めている動作です。さらにワンカンではこの動作の後で、首をひねっている動作がくわわります。この相手の首をひねった両手が左右へ向けられるのは、この場合には身体は左右どちらへも移動できるという暗喩です。

そしてワンカンの形では、この十字受けと呼ばれる動作の後に、自分の左右の中段に位置する高さに腕を出し、これは両手による左右の敵への突きであると多くの流会派では解釈しています。

じつは武術としての空手（首里手）では、この動作でタイムラグ（時間差）のある、対称の整合性をはかっているのです。この「時間差（タイムラグ）のある対称」は、後述するように平安の形においては初段の最初の左側への動作と、後方へ進む時の動作の関係として現れます。しかしワンカンのようには、その行為を示すための明確な暗喩は、平安の形には存在しません。

このメタファーが指示する武術的な左右対称性などは、空手の形とは何か、武道の伝承形式とは何かを知るうえで非常に重要で興味深いことです。

さらに「二方は暗喩」の意味さえ明確に把握してしまえば、ナイファンチと平安の形を修行するだけで、他の古伝の首里手の形の解明をすることが可能になりますので、本書で記述しました。さらにいえば、もし筆者に首里手（泊手、古流那覇手を含む）のすべての古伝の形の解明を記す機会があれば、これらの事柄についても詳細を述べていきたいと思っています。

現代の口伝その12——貫手は脆弱な部分へ

この稿では「貫手《ぬきて》は脆弱な部分へ」と記していますが、広義の意味ではこの口伝は「開手《かいしゅ》は脆弱な部分へ」としてもよろしいかと愚考します。ただ同じ開手技の手刀にかんして後記する現代の口伝その13に「手刀は当てと投げ」が存在しますので、差別化をはかるためにこの表記となっています。

開手とは空手の代名詞ともいえる拳を閉手とした場合に、手を開いた状態で使う手刀や貫手、そして琉球王国

時代はひんぱんに使用されたであろう喉輪などの技の総称です（図㉙㉚㉛）。

沖縄空手の最大の特徴は、その「神速」をめざすとまでされる拳の威力です。この拳の使用は中国拳法の影響もあるでしょうが、人類が生み出した最速・最大の破壊力をもつ首里手の拳の作り方、拳の出し方などは日本剣術の「手の内の締め」とも呼ばれる手や掌《てのひら》の使用法や、正中線を心身操作の原理として後方（クシ）の筋肉である広背筋を主体とした身体操作を、みずからのものとした結果です。

首里手で拳を多用するのは、同じ手技である貫手などと比べて威力に格段の差があるからです。まず拳を使用する時に手の内を締めるという空手独特の操作で、人間が作りだせる手の操作において最速を得ることができます。さらに手技の中でいちばん堅固としてもよい拳は、相手に技を出した時に自分の身が傷つく可能性が低いために、極論すれば相手の身体のどの部分をも攻撃できるという汎用性《はんようせい》にすぐれています。この堅固さは相手に受けられた時にも、自分の武器である手を守るということにもつながります。これらが、首里手において拳が主要武器として使用される理由です。

この神速の拳を作るためには、日本剣術と同じく手の内を柔らかく使うことが必要不可欠となります。武術としての空手を知らない人間や武才のとぼしい人間には、拳をガチガチに固めてしまう傾向がありますが、これらの動作は「手の内が固い」となってしまい拳の威力を削ぐ動作、すなわち悪癖となってしまいます。

この拳と比べて手刀や貫手などの開手の技術は、副次的なものとして使用されます。ただ現在は手刀と解釈される元来は喉輪の技はナイファンチの古式の形などにひんぱんに登場しますので、主要武器として稽古されていたはずです。

空手の最重要武器である拳と比べると喉輪はその堅固さや、使用できる範囲などでは汎用性に欠けますが、後記する貫手などと比べると比較にならないほどに堅固です。さらに日本剣術では、極論すれば剣を握る時の指のカタチは喉輪そのものですので、剣術を修行していた首里の武士たちには、非常に使い勝手のよい技であったはずです。

古式ナイファンチなどでの手刀は、親指が掌から離れて曲げられたカタチで行なわれた場合があります。これは相手の喉仏を四本の指と親指の間ではさむ、喉輪としての技です。これは筆者の私見ですが、ナイファンチ初段、二段、三段の原型である古式ナイファンチの喉輪の技術が、首里の様式と機能の解釈によって、現在の形にひんぱんに出てくる多くの手刀のカタチに変化したと思われます。

さて古伝の首里手の形、そして本書の平安の形の中の動作においても、手の指を伸ばして相手に突き刺す貫手という技を使う場面があります。この場合は汎用性にすぐれている拳を使用する場面と比べて、多くの制約が存在します。まず伸ばした指を痛めないために、相手の目や首筋などの脆弱な部分へのみ技を出すということです。さらにピンポイントの攻撃のみで威力を発揮する貫手を出すために相手をつかみ、身体の全体、あるいは一部を固定するという動作が付随します。

この相手の身体部分を固定して脆弱な部分へ貫手をくりだす動作の著明な例が、平安初段における四歩前方へ進んで、自分の一方の手で相手の頭部を固定して首筋を露出させた後に、他の手によって貫手を出すという技です。他に、平安三段において前方へ二歩進んで、左手で相手の身体を固定し右の貫手をくりだす動作が存在しますが、大部分の流会派において、平安の五つの形で貫手の技を出す場面はこの二カ所だけです。これとても、首里手の修行者においては貫手を拳に変換できる行為にしかすぎない、という認識が存在しても不思議ではありません。

そのいちばんの著明な例が、首里手の基本であり奥義であるとしてもよい、ナイファンチ初段の形に見られます。相手の頭を固定したというメタファーの動作に続いて、現代空手において下段払いなどと呼ばれている動作の後でくりだされる鉤突《かぎつ》き、あるいは角突きと呼ばれる動作があります。本来はこの鉤突き、または角突きは、相手の身体を引きずりこみ身体を固定して首筋を露出させ、掌を上に向けた貫手で相手を倒している動作だったと思われます（図㉜㉝㉞）。

現在は失伝している可能性もありますが、筆者の修行時代の沖縄においては、まだこの貫手の動作でナイファンチの形を演じる空手修行者も存在していました。

この貫手は平安の形では掌が横向きで親指が上になりますが、古伝の

クーシャンクーやナイファンチ、そしてパッサイの形においては掌が上を向く操作となります（図㉟㊱）。

現代の口伝その13——手刀は受け、置き、当て、喉輪、そして投げ

次は貫手と同じく開手の技である、手刀にかんする口伝です。

首里手では現在多くの流会派で行なわれている方法とは異なり、この手刀は腕と手をつなぐ手首の部分をまっすぐにして使用します。さらに親指は曲げ、かつ四本の指にはわずかに隙間ができるようにまっすぐにして使用します。この手刀も拳と同じく、手の内を柔らかく使い、相手に当たる瞬間にスナップがかかるようにして使用します。

この手刀が主力武器である拳の副次的なものとして使用されるのは、その使える場面がかぎられているからです。まず貫手と比べると手刀は堅固ですが、拳のそれにはおよびません。拳は手首と指の使い方を正しく行なえば突き、当て、または裏拳などと異なる技でくりだすことができます。さらに四方八方へ向かって出した場合でも、その破壊力には差異はあまり見られません。

しかし手刀がいちばん威力を出す方法とは、一度腕をあげて腕の筋肉による運動エネルギーと、重力落下による運動エネルギーの合計である力学的エネルギーを放出する方法です。しかしこの方法では、腕を上げて落とす

という二動作になってしまいます。さらにこれ以外の方法では、あまり威力を発揮することはありません。ですから「刹那の間」を基準とする沖縄空手においては、拳の技と比べて手刀の技は二次的、あるいは副次的なものとして限定されることになります。

沖縄空手には「手刀の動作が続いた場合でも、最初のそれと、次の二、三回目は違う技である」という教えがありました。しかし現在においてそれを理解し、かつ形の中で動作として行なっている空手家は筆者は一人しか存じ上げません。アメリカで空手を指導なさっている、西銘清《にしめ・きよし》先生です（文責・筆者）。

さらに昔の沖縄では古伝のクーシャンクーなどでは、三歩とも投げの動作としての手刀の技を演じている、少数の流会派も存在していました。

この著明な例を平安の形で見てみると、平安初段で前方へ三歩進みながら手刀をくりだす動作です。この場合は最初の手刀が投げ、次の二歩、三歩目の手刀が相手の首筋などへの当てとなります。さらにこの時の二歩目、三歩目の手刀の流会派などによる角度の違いは、相手の首筋などの当てる個所の違い、あるいは的《まと》と自分との相対関係を表すものだとしてもよいでしょう（図㊲㊳㊴）。または平安初段の横九〇度転身した時の左右への手刀、あるいは平安初段の最後の転身後の左右へ手刀を出す動作などへも、この教えがあてはまります。

これらの連続する手刀の技は、この場合では最初の動作が投げ、次の動作が首筋などへの当てです。または、三歩すべてが投げです。本書では、現在はその大部分が「受け」と理解されてしまっている手刀の本来の意味を、各形を説明する際に詳しく述べていきます。

現代の口伝その14――九〇度転身後の相手は、真正面か四五度の位置

平安の形では前足を動かして、あるいは後ろ足を移動させて一八〇度の反転、あるいは横へ九〇度、または四五度の転身をなします。首里手の形は身体を武術的に操作することを習得させるために、意図的に限られた空間で移動し、極論すれば身体内で歩き技を出すことを目的とします。その限られた空間を最大限に利用するために、自分の身体を一八〇度、九〇度、そして四五度などの角度に転身する行為が多発します。

しかし単独で行なう沖縄空手には、当然のことながら仮想の相手が存在し、この仮想の相手の正中線と自分の正中線を合わせなければ、形はただの踊りとなってしまいます。ならばこの転身時にも武術的に正しい身体操作が要求されると同時に、転身すること自体にも武術的に正しい歴然たる意味が存在するはずです。

この歴然たる意味が、古来からの口伝その12、13、14の「二歩は投げ」、「転身は投げ」、そして「交差は投げ」における意味だということです。この投げにおける身体操作は、首里手の基本であり究極の形であるナイファンチなどを習得してしまえば、おのずから明らかになります。この現代の口伝では、自分が九〇度転身した時には、相手の身体は自分から見て真正面、または四五度の位置にいるという意味です。

平安初段において、前へ四歩すすんで最後に相手の頭部へ自分の左手を添えて傾け、相手の首筋を露出させた後に自分の貫手をくりだします。その後で左横九〇度に、自分の後ろにある左足を移動させ手刀を出す場面があります。この時の手刀は相手を自分の身体移動、すなわち腰を切る動作で投げている時の操作です。次に右足を一歩四五度の角度に進めて、同じく手刀を相手の首筋へ打ち下ろします（図㊵㊶㊷）。

同じ手刀を使った技でも現代の口伝その12「手刀は当てと、投げ」に出てくる、「手刀は最初のそれと、次の二、三は違う技である」という教えが、そのまま適応できる著明な例です。

しかしなぜ九〇度に腰を切った後で、四五度の角度に歩を進めるのでしょうか？

それは自分が真横九〇度に移動した時に、投げた相手の身体は四五度の位置にいるからです。すなわち沖縄空手の形の素晴らしさとは、単独形を演じるときにおいて存在する相手は仮想でも、生身の人間の身体の大きさ、厚みをつねに考慮に入れて演じているという、驚愕すべき事実が浮かび上がってくるのです（図㊸㊹㊺）。

　これは同じく平安初段の後方へ進んだ後の最後の転身で、自分の前足である右足を一三五度横へ転進させて、相手の身体を引きずりこみ、その後に四五度の角度にいる相手の首を、現代空手では上段受けと解釈されている、自分の前腕を下から上へ揚げて首筋を極める動作も同様です（図㊻㊼）。

　このように相手と自分の相対関係を明らかにすると同時に、相手の身体の存在を形而下で想定し認識することで、己がなせる最大の速度で形を単独で演じている際でも、自分の身体と相手のそれの相対的な関係が明確になるために、実際に戦った時に思考が居着くことがありません。なぜなら仮想の相手が論理的に明確に存在することによって、臨機応変に相手と自分の相対関係を読み、どのような角度、距離にあっても、その局面におけるもっとも的確な威力ある技をくりだすことができるようになるからです。

現代の口伝その15——一八〇度反転後の相手は真正面

　この場合は現代の口伝その14とは違って、自分の後ろ足が九〇度横へ転進するのではなく、前にあった足を一八〇度の直線で後ろ側へもっていく動作です（図㊽㊾）。著明な例としては、平安二段の最初の左側の数動作で相手のつかんできた腕を逆にとって正拳を放ち、その後に相手の身体をつかみ、そのまま形の演武線を横切り

㊽

㊾

㊿

(51)

(52)

自分の後方、すなわち形における右側へ相手の身体を引きずりこむ動作があります（図㊿(51)(52)）。

この場合のわれと彼の位置関係は自分の身体が一八〇度反転するのと同じく、相手も自分の真正面、すなわち形の右真横に位置することになります。二段の形では、その後に相手を引きずりこみながら、足を入れ替えてまっすぐ左の正拳突きを放ちます。

さて古伝の沖縄の形とは異なり空手が日本本土へ移入された近代に入って、体育として創作されたと思われる太極の形は、武術的に解釈することはあまり意味のないことかもしれません。しかし平安二段はチャンナン系統の形であり、かつ太極の形もその残滓《ざんし》を得た形だという見解も成り立ちます。その見解に沿って太極の形を検証してみると、その構成はすべてこの「一八〇度反転後の相手は真正面」の論理に沿って、形が成り立っているのが理解できます。

第2節　口伝の総括（ナイファンチがすべて）

ここに記した新旧の口伝それぞれ一五の合計である三〇の口伝は、現代の空手家が首里手の形を理解して「形を使う」段階まで極めるには、必要不可欠なものだとしてもよいでしょう。

さらに現代の空手家にとっては、平安の形を武術的に正しく理解し、形を使えるようになるには、これらの口伝にくわえてナイファンチの形を十分に理解して、その意味するところの身体操作を行なえることが必要となります。そしてナイファンチの形を理解してその心身操作を自分のものにした後で、平安を修行した場合には、古伝の首里手の形の全貌が明らかになるのです。

琉球王国時代の沖縄においては、武術の修行を始めるためには、ナイファンチを習得することがあたりまえ、あるいは必要絶対条件でした。いや！　これは王国時代だけではなく、筆者の修行時代の沖縄でも空手といえば、「ナイファンチ」と「クーシャンクー」であるという認識だったのです。そのためにことさらナイファンチの必要性、あるいは重要性を強調することは、釈迦に説法のおもむきをまぬがれないことだったでしょう。

しかし現代のわれわれは、東洋心身思想の極みである武術とは対極にあるとしてもよい、西洋身体思想であるスポーツによる教育を受けて育ってきました。そのために現代において、武術として伝承された古伝の空手（首里手）の形を修行しようとするならば、ナイファンチの心身思想を、徹底的に解明して学ぶことが必要であるという認識がなければなりません。

本書でとりあげた平安の形は教育機関に導入するための体育として作られ、さらに時代を追うごとに変革されていきました。

しかしその元となったのは、首里手の古伝の形なのです。

そしてこの平安の形の本来の意味を理解して、武術としての空手の形を習得したいと志すならば、ナイファンチを修得した後での平安（他の古伝形も）の「形の使い方」と、ナイファンチを学ばなかった時の「形の使い方」には、雲泥の差があるとだけは理解しておいてください。

では次にナイファンチの形に代表される、武術として伝承された沖縄空手（首里手）の心身思想をもととし、かつ前記した口伝に沿った平安の形のおのおのを武術的に解明していきます。

その解明の一つは、どのような動作が武術的に正しい身体操作であるかということです。これは武術としての空手が要求する絶対的な動きとしてもよく、業《わざ》の部分だといえます。つぎにこの業を、相手に対してどのように使用するのかを説明します。これが、技《わざ》と呼ばれるものです。さらにいえば、この相手に対してどのような技を出すのかを説明するのが、形の分解と呼ばれるものです。

第16章

第1節　平安初段の解明

文章によって各動作での平安初段の形を解明する前に、単独で行なう場合をまず写真で見てみましょう。いわゆる単独形の演武です。なお本書での写真は、特定の部分を強調したり見て解かりやすくするために、誇張された動作で行なわれている部分があると明記しておきます。

さらに平安の形はすでに多くの流会派で行なわれているために、本書では平安の形の順序を読者に習得させるのが目的ではなく、後記する各動作の技の部分を詳細に説明するために、必要に応じて演武者の前後から、または横かつ斜めから撮影している場合もあります。

とくに本稿でとりあげる初段の形は、一連の形の動きを最初にとりあげるために、いろいろな角度から見ていきましょう。

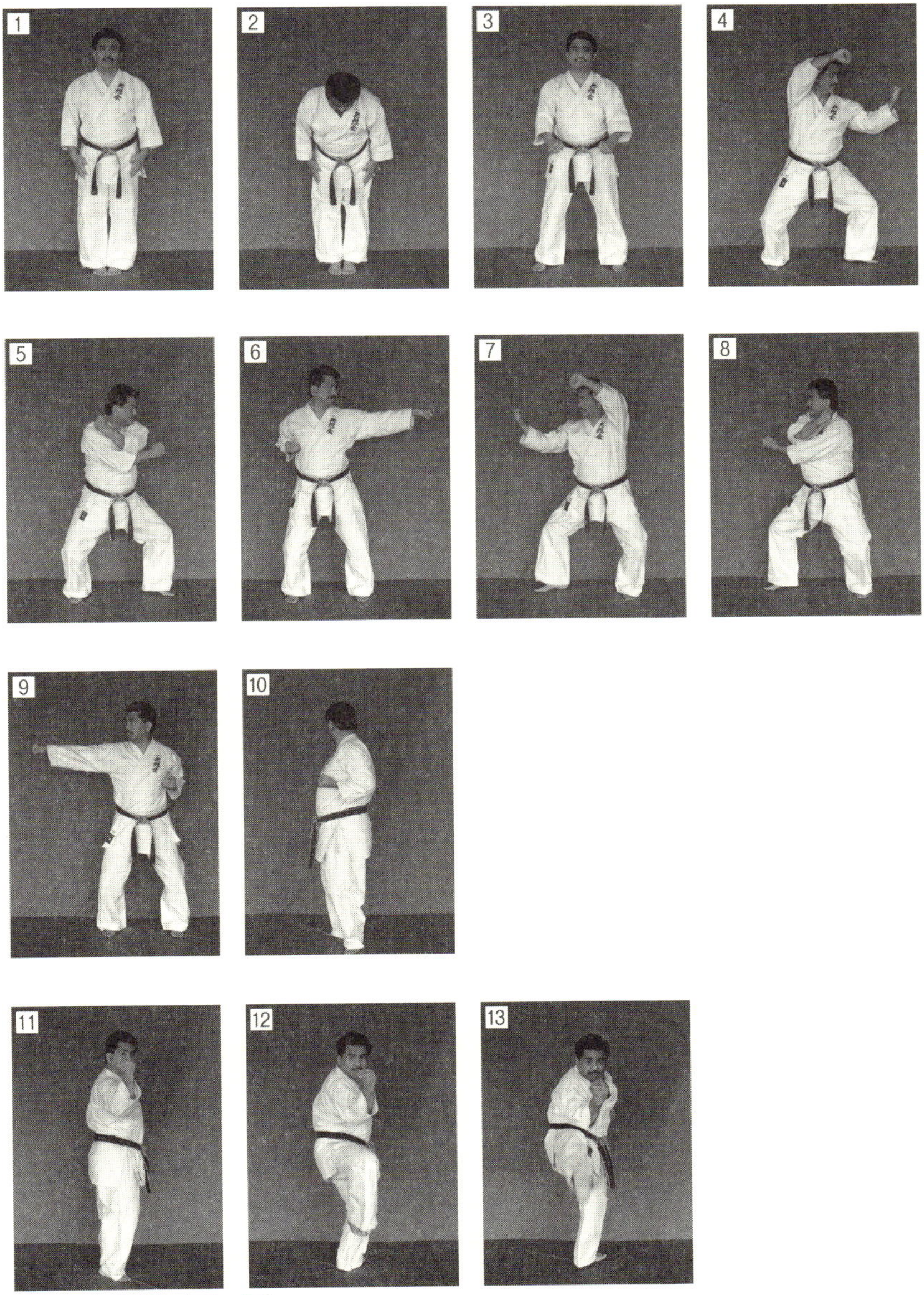

後方から撮影（11～13）

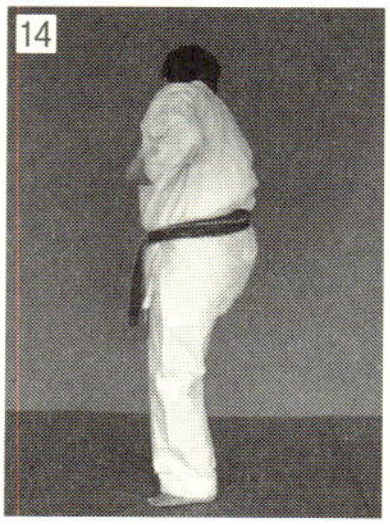
14

15

16

17

前方からの撮影に戻る（14〜23）

18

19

20

21

22

23

24

25

26

27

後方から撮影（24〜34）

（後方45度からの撮影）

（後方からの撮影）

（真横からの撮影）

前方から撮影（35～40）

（前方斜め45度からの撮影）

では、つぎにこの単独形を、相手を置いて、いわゆる相対形として演じてみましょう。

52

53

54

55

56

57

58

59

60

61

62

63

64

65

66

67

68

69

70

71

72

ここまでの動作を真横から撮影（73～84）

前方からの撮影に戻る（85～91）

本書をここまで読まれた読者の方々ならば、この単独形と相対形の連続写真を一瞥しただけで、もう平安の形の構成の全貌がおわかりになったと思います。武術としてのみ存在していた古伝の沖縄空手（首里手）を修行していた首里の武士たちにとっては、みずからが単独形を演じ修行していた時には、このような相対形において仮想の相手（敵）が存在するのは非常に明確なことであったのです。

現在の空手を修行している人々のあいだで、「沖縄の空手家は、形の分解さえもできなかった」、あるいは「沖縄の空手家は形を演じるだけで、形の解釈はできなかった」などという意見が出ます。これは琉球王国時代に武術として伝授された古伝の沖縄空手（首里手）を修行した場合には、あたりまえの話しです。

なぜなら形を修行すること自体が、現在いわれる形の分解そのものだからです。すなわち単独形を行なうことは、形の始めから終わりまで自分と敵となる相手と相対で形を行なうことと、まったく同じだからです。

ここまで形の構成、そして形の中での各技の機能が明確に理解できているのならば、分解の必要性などは皆無です。そのために武術としての沖縄空手には、形の分解という思考方法は存在しません。存在すること自体が不自然、あるいは不必要なのです。すなわち、むだな修行方法となってしまうのです。

ただ残念なことに、近代に入って王国が崩壊し空手が教育体系に組みこまれていく過程において、武術的な思考方法が喪失していき、さらに西洋心身文化であるスポーツの思考方法や、新たに導入された中国拳法の思想などが混入されていきました。そのために形における四要素などが完全に忘れ去られてしまい、形の存在意義に大きな混乱が起こったのです。

しかし本書でたびたび記しているように、空手の形の分解とは、本来は形の構成を理解していない、あるいは仮想の相手（敵）の存在を理解できない武術の素人や初心者にとってのみ、必要であったのです。

では以下に、明確になった構成をもとにして各動作の武術的な意味や、身体操作を詳しく述べていきましょう。

その1

まず前記したように「左右左」の法則があてはまる平安の形などでは、左は様式として解説した方が理解しやすいので、本書では左側の身体操作は外側から見た動作を説明します。その後に、正しく武術的に行なうための身体内部の動きを詳細に記していきます。

まず平安の最初の形である、平安初段から解明していきましょう。糸洲安恒先生が創作した平安初段は、日本本土へ移入された時に船越義珍先生の手によって、平安二段と入れ替えられました。そのために船越先生の影響下にある流会派では、この形は平安二段となっています。さらに船越先生は「ピンアン」の呼び名を、「へいあん」へと改変しています。

まず正面を向いて立っている、自分がいます。その自分の左側から、相手が自分の頭部（顔面を含む）に向かって攻撃をかけてきます。ここでは一応相手が素手による左足前で左手による上段突きとしますが、右足前そして右手での上段突き、または逆体による左足前右手突き、あるいは右足前左手突き、さらには相手が武器を持って自分の上段を攻撃してきた場合でも同様です。

この時に自分は、左足のつま先を外側に九〇度開きます。この動作は「首里は左から」の法則が、明確に理解できる場面でもあります。左足を九〇度に開きながら、横にいる相手の上段への攻撃を、自分の後ろ手になる右手で下からはらいのけます。この動作と同時に自分の前方の手である左手で、相手の顔面を攻撃します。

この時には端的に述べてみると、おもに相手の攻撃に対して自分が中に入っていく場合の平安立ちは、ナイファンチ立ちそのものに非常に近い立ち方になるかと思います。このナイファンチ立ちに近い平安立ちの場合が、相手との相関関係がわかりやすいので、本稿ではこの方法で説明しましょう。

これが相手の技を避ける事柄を主にした場合には、自分の身体（上体）はやや後方（この場合には右側）へ位置する平安立ちとなります。この立ち方の典型が、「日本空手道の父」とも呼ばれ日本本土へ空手を移入する偉業をなしとげた、船越義珍先生の初期の頃の立ち方だと理解してもよいかと思います。ただいずれの立ち方にしろ、心身思想のそれから見ればナイファンチの変形であることに変わりはありません。

その後に上方へはらいのけた相手の腕をつかみ、引きずり下ろすと同時に、自分の左腕で相手の顔面を攻撃します。この動作は、一挙動で行なわなければなりません（図①②③）。形を物語として捉《とら》えれば、起・承・転の三場面が一挙動で成立してしまった場面です。ここまでの動作は左右対称なために、右側もまったく同じです。

次にこれらの動作を、二本足直立歩行をする人間の動きとしてももっとも効率のよい、武術的に正しい方法によって行なわれる身体操作を説明していきましょう。

まず左側の敵の動きに対応するために、自分の身体を左に向けます。しかしここで足を動かすために地面を蹴ったり、正しい武術の動作である正中線を隠す動作をなさずに、左右に開くために身体をまわしたりする操作をしてしまうと、武術の修行とはまったく違ったものになってしまいます（図④…悪い例、⑤⑥…良い例）。相手が先

悪い例

良い例

良い例

に攻撃をしかけた時に、自分がこのような動きをしてしまうと、まずまにあいません。さらに向かってくる相手に自分の身体を曝け出してしまうために、相手の攻撃の絶好の的となってしまいます。

そして自分の身体をまわす身体操作とは、この場合には自分の片足を軸として、他の足をまわすという居着いた状態を作ってしまいます。そしてまわすためにすべてのエネルギーを使ってしまうので、相手に対する技につながりません。

唯一できることといえば、武術としての空手では悪癖と呼ばれる全身運動による、反動をつけた手足の円運動で相手に技を出すことだけです。

しかしこれでは「刹那の間」を基準とする、武術としての沖縄空手の心身操作からは、ほど遠い動きとなってしまいます。現代の空手の形が、無用である、あるいは無用以前に実際の闘いや組手において弊害がある、あるいは有害であるという意見は、これらの「刹那の間」に対応できない動きを強調して、形の修行を行なっているからです。

では、どうすればよいのでしょうか？　以下で、詳しく説明していきましょう。

その２

左側からの相手の攻撃を感じた瞬間に、右足の膝の支えをはずしてしまえばよいのです。すると支えがはずれた左側の身体が、重力に引かれて下方へ向かいます。この膝の支えをはずす身体操作を、日本武道では「膝を抜く」という言葉で説明します。「膝を抜く」動作で、身体が重力で引かれる一瞬は身体が浮くことになります。

ここで「抜く」という記述で、この動作を説明しました。しかしじつは武術本来の立ち方とは、足で立たない立ち方としてもよいのです。すなわち立った時点で、身体の外に仮想重心は出ているのです。そのために上級者であればあるほど、この場面ではすでに膝が抜けており、形の最初から最後まで自分の身体外に重心がある状態です。すなわち膝が抜けた状態を保持しつつ、移動の際には沖縄空手で「ガマク」とも呼ばれる「腰方形筋」を使用し、かつ技に位置エネルギーを開放した運動エネルギーをくわえる働きをします。これが日本武道で悪癖とされる「居着く」ことなく、身体操作を習得させる形の修行なのです。

それと同時に左側の身体最深部に位置する筋肉である、大・小腰筋で左足を地面から薄紙一枚の厚さほどわずかに引き抜きます。この大・小腰筋を効率よく使うことが、武術としての沖縄空手のみならず、日本武道すべてにおいての最大の特徴ともいえます。大・小腰筋の働きとほぼ同時に、骨盤に位置する左側の腸骨筋を伸展させます。すると左側の骨盤が開き、自分の左足が外転し足先が相手のいる左側へ向きます。このように左右の身体を別々に使うことで、「刹那の間」にまにあう操作を生み出すのです。

この時にいちばん大切なことは、大・小腰筋で上がった足は、重さを保ったままで上げるということです。すなわち自分の重心を、反対側の右足にかけてはなりません。なぜなら左に位置する相手の攻撃を避けて、自分の攻撃を出すためには、左側に自分の重心をかけなければならないからです。

この時にもし重心を反対側の右足にかけてしまったならば、右にかけた後に左へかけなおすという、「一、二」の身体操作になります。しかしこれでは「一拍子」、あるいは「無拍子」といわれる、武術的な身体操作が不可

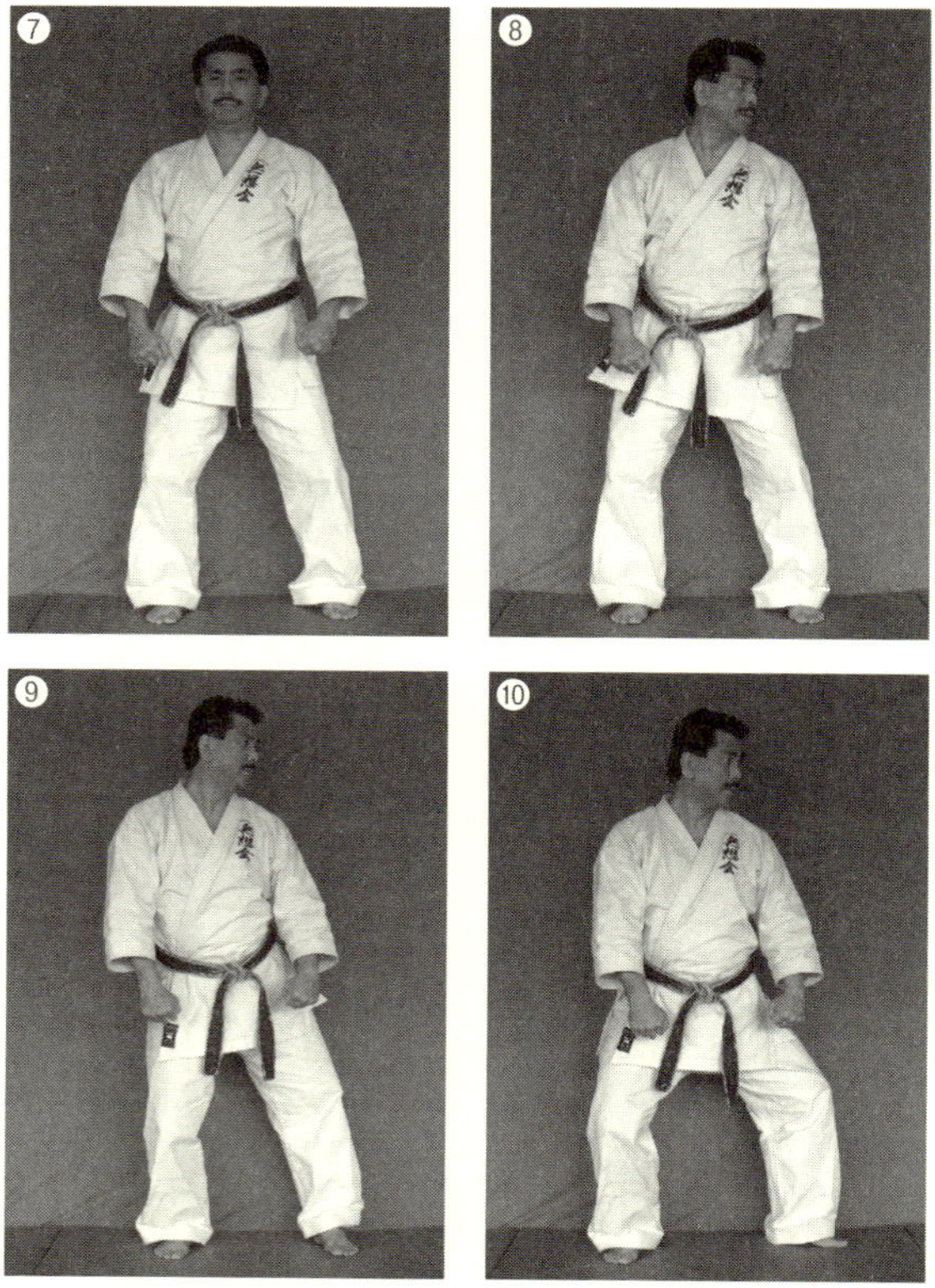

能になってしまうのです。

このまま身体の重力落下を利用しつつ、自分の左足が相手に向かっていきます。または、落ちていきます。この時に武術的な身体操作としていちばん重要なことは、相手の正中線へ向かってまっすぐ進んでいくということです。この理由はいろいろありますが、いちばんの理由は、それが最短距離だからです。

ここまでで下肢の部分における膝を抜き、足を上げ、つま先を開き、相手の身体の正中線へ向かってまっすぐ落下する方法を記しました（図⑦⑧⑨⑩）。

次はこの時における上肢、すなわち腕や手の動きを述べていきましょう。

武術としての沖縄空手では「突きは、腕で突かない」、「蹴りは、足で蹴らない」という不文律の法則があります。前記したように足は大腿四頭筋や大腿二頭筋（ハムストリング）ではなく、胴体内部の大・小腰筋で地面から引き抜き腸骨筋、あるいは腸腰筋などの操作で足を前へもっていきます。あるいは、足を左右に開きます。または、蹴りにつなげるのです。

この足の動きと同じように、首里手ではこの時の腕の動きは、背中の大きな筋肉である広背筋で、左右の腕を自分の正中線上で交差させます。この動作で比較的小さい腕の筋肉を大きく動かすのではなく、背中の大きな筋肉を小さく動かすことで最速を得ることが可能になります。

これが中級者までなら、形によって広背筋の働きを確認するために、正面に向いた自分の身体の前で両手を交差する可能性があります。しかし中級者なら実際の戦いを仮想して自分の左側、すなわち相手の攻撃してくる左側の（横から見た正中線）に沿って、両手を交差することになるかもしれません（263ページ図㉑㉒）。この交差する場合には、左右のどちらかの腕が外側に位置するのかなどは、技の速さ、あるいは相手に対する早さをとるのか、または身体操作として広背筋の働きを重視するのかなどで変化するはずです。

この両腕を交差することで、自分の正中線上にある急所である鳩尾や、とくに頭部を守る役割を果たします。この交差は形を演じる際には真正面の場合もありますが、本来は相手との直線上でなされなければなりません。さらに実際の戦いの場面においては、あるいは実戦の戦いを想定して形を演じる場合には、両手を交差する時間もない場合も出てきます。しかしその場合でも、図⑭のように腕の操作は背中の背広筋で操作しなければならないのです（図⑪⑫⑬⑭⑮）。

さらに両腕の交差の動作などに表れる背広筋の操作によって、次に記す動作を可能にします。

両腕が交差した瞬間に、両肘の支えをはずします。これは右足が行なった「膝の抜き」と同じく「肘の抜き」ともいえる動作で、筋肉による支えを失った両肘は重力に引かれて落下します。この時に肘の抜きで落下した左右の前腕を、上方へ跳ね上げます。これが首里手の特徴である手足を鞭の動きにして、かつ重力落下を利用する人間が作り出せる最大速度を得る身体操作です。

このように右を向いた自分の身体の場合では、前にある右手で相手を攻撃し、後ろに位置する左手で相手の攻撃から身を守ります。後方の左腕は、いわゆる上段上げ受けの状態になります（図⑯⑰）。次の写真では左側の手と腕を鞭の動作で行なうことが理解できるように、開手で行なってみましょう（図⑱⑲⑳㉑㉒）。

しかし再三述べますが、腕による受けのみではこの「刹那の間」ではまにあいません。相手の攻撃を避ける動作を行なっているのは、膝の抜きによる重力落下による身体操作であり、腕は相手の攻撃を避けた時の万が一に対してのそなえの役割を果たすものです。

相手の側から自分の身体を見てみると、このように自分の正中線を完全に隠し、かつ相手の正中線へ向けて鋭利な攻撃をしかけようとしているのがハッキリと見てとれます（図㉓）。この時の自分の前拳は相手の顎に対して、下からの突き上げ（アッパー）を縦拳や横拳の要領で出す方法。または相手の顔面へ裏拳を出すなどの、いろいろな技の可能性が考えられます。いわゆる、機能の応用です。

開手による腕の動き（平安）（⑱〜㉒）

その3

ここからは「首里は左から」の法則で行なわれた平安初段の最初の左側への動きが終了し、実質的な形の動きとして理解するために右側への動きへと変わっていきます。

まず相手の上段への攻撃を受けるために出した自分の上段受けの拳を開き、相手の攻撃してきた腕をとります。ここからが相手の上段への攻撃に対して、自分の前の手で裏拳や突き上げを出して辛うじて攻撃につなげた自分が、今度は攻守ところを変えて攻撃に転じる場面になります（262ページ図⑰）。

受けた腕の拳《こぶし》を開いて、相手の腕をとった自分の手は、身体内部の後方に位置する広背筋と呼ばれる大きな筋肉の働きと、重力落下の加速度による働きで引かれていきます。

この手を下方へ引く動作と同時に左右に開いていた両足を、腰にある腸腰筋で股間をあわせるようします。この時に身体を、上下させません。図では手と腕の動きだけですが、このようにすると相手の腕をもっていた自分の手を、急激に地面に向かって引きずりこむことが可能になります。これも重力落下を利用し、かつ広背筋を使った武術的な動きです（図㉔㉕）。この時に身体を上下させてしまうと、自分の身体の上下への運動だけにエネルギーを使ってしまうことになり、相手に対する技へつながりません。

この左手による引きこみと同時に、反対側の右手は引きずりこまれた相手の身体へ向けて裏拳、または鉄槌として頭部（顔面）に向けて放たれます。この時に拳が相手に対して裏拳の場合には横向きになり、鉄槌の場合は縦向きになるというのは流会派による応用の違いです（図㉖㉗）。

このように自分の「膝の抜き」による重力落下と、相手の身体を引きつ

㉗

㉖

けつつ、自分の胴体内の筋肉である大・小腰筋、腸腰筋、背中の広背筋などを使って放出する技を相手へ激突させる方法は、最小の動きで最大の効果が得られるために首里手の形にはひんぱんに登場します。

さらに大事なことは、この三挙動を一拍子、あるいは無拍子で行なわなければならないということです。地球上で重力に抗して直立する人類が、重力落下によって生じるエネルギーを使うことを理解しているならば、それは可能なのです。

ここからが自分の攻撃によって、形における「起・承・転・結」の変形である「転」の後の、「転Ⅱ」が始まったとしてもよいでしょう。すなわち相手の動きの先へ先へと技をくりだす、「先先の先」の思想による動作が続いていきます。

次に相手の顔面を攻撃した裏拳や鉄槌の手を瞬間的に開いて、相手の髪の毛をつかみます。あるいは喉の下に腕を当てつつ、相手の襟口をつかみます。この時に機能として注意しなければならないのは、反対の自分の左手でつかんでいた相手の腕を折るために、放してはならないということです（図㉘㉙㉚）。このように首里手の心身思想では、人間が自然な進化の過程で得た、手でモノをつかむという行為を巧妙に技につなげていきます。

そのまま相手の頭部を首から折り曲げるようにして、斜めになった相手の頭部へ膝蹴りを入れます。その後に、相手の金的を含む下腹部、または膝関節に前蹴りを放ちます。この時に出す膝蹴りは自分にとっては中段の位置にありますが、相手にとっては上段である頭部への膝蹴りとなります。**現代の口伝その４「下段、中段、上段は相対」が、如実に理解できる場面です。**

㉘

㉙

㉚

平安初段の形においては、この時に相手の身体を演武線上にもってくる操作をします。

これは形の構造上での妥当性はむろんのこと、機能的にも非常に理に適った動きであり、首里手の身体思想がいかに緻密に構成されているかが認識される場面です。相手の突いてきた腕を左手で握ったまま右腕で相手の首下を極めて、相手を引きずりこんだ場合には、相手の身体は自然に自分の演武線の後方へ位置するようになるからです。

広背筋を使用して肘を曲げたまま固定した腕で、相手の身体をコントロールしつつ、重力落下を加味して相手の身体を九〇度右側へもってきます。この行為は相手の首を極めて後の後頭部への蹴りと同時に、自分が固定した相手の腕の肘関節を、自分の胴体と腕を用いて梃子《てこ》の原理の応用で破壊するという非常に有効な技でもあります（図㉛㉜）。

この時の動作は単独形で行なう際には、流会派によっては九〇度へ身体を開く前に正中線の防御と確認のために、左右の腕を胸前で交差させることになりますが、機能本来の面から考察してみると腕を交差さたり、胸の

㉛

㉜

前で手を合わせる必要はありません（図㉝㉞）。

なぜならこれは自分が転身したのではなく、首を含めた相手の身体が、自分が相手の腕と首を極めたことで四五度—九〇度の演武線上の角度に位置するのが、相対関係として自然な状態だからです（図㉟㊱㊲）。これは現代の口伝その10「転身時は両手と片手の違い」の原則です。なおこのような腕の動作も、すべて広背筋の作用で行なうのはいうまでもありません。

ここで前記した膝蹴り、そして金的蹴り、あるいは（下段？）前蹴りが出ます。このような相手の頭部を腕で引きこみ、蹴りを当てるという技は、最高の効率を生み出すカウンターの働きをします。

さて武術としての空手（首里手）が修行された時代では、多くの形の中で前蹴りの動作をする時に、一瞬膝を上げてそのまま止めるような動作が入りました。筆者の修行時代の沖縄では、まだそのような身体操作を行なう空手家の存在もありましたが、もう現在ではそのような古来の動作をな

㉝

㉞

㉟

㊱

㊲

す空手家がいるかどうかは微妙でしょう。しかし彼らの残した動画などを注意してご覧になれば、その動作が確認できるはずです。

その後に、膝下の足を放出します。これは膝蹴りで相手の後頭部、あるいは顔面を蹴った後で、倒れこむ相手の頭部をさらに蹴る。あるいは、通常は相手の下腹部（金的を含む）、あるいは膝を蹴るなどの動作になります。

その4

さてこの場面で前蹴りや前方への膝蹴りではなく、横蹴りの動作を行なう流会派が存在します。これは相手の顔面へ裏拳、鉄槌をみまった後で、相手の膝関節へ関節蹴り、すなわち下段横蹴りを行なっているのです。この違いは相手の前足が右か左かの違いで、彼我の関係が変化して異なった技が出るという機能の応用でしかありません。これで左右対称の動きの後で、前蹴りをする流会派、または横蹴りをする流会派の存在する理由が明確になったと思います。

ただこの平安初段の場合では、相手の顔面への膝蹴り、その後に相手の膝関節への前蹴りを行なった場合の方が、形全体の流れがスムーズに行くということは明記しておきます。

前蹴りの時の身体操作を詳しく記せば、熟練者は右側の腸腰筋（のみ）で蹴りを行ない、その前蹴りを戻した後で、左の腸腰筋を伸展して平安立ち（撞木立ち）になります。さらに記せば、ここで前蹴りを出す場合は「蹴り足を戻した後」と記しましたが、上級者はこの部分での右足での蹴り足の返しと、左足の前方への一歩が同時になされなければなりません。

この身体操作をなすためには、一瞬の間ですが身体が浮いていなければ不可能です。平安の創出には、ナイファンチの形と同じく首里手の代表的な存在である、クーシャンクーと呼ばれる古伝の形が非常に大きな影響を与えています。そしてこのクーシャンクーの形で学ぶ重要なポイントが、この足の入れ替え時に身体を浮かすことです。武術的におこなうならば平安初段のこの場面においても、クーシャンクーと比較するとやや簡易な方法ではありますが、身体を浮かす操作が必要とされるのです。

口伝その１「首里は左から」でも説明しましたが、この身体を半分ずつ使うことで操作の時間を半分にするという身体操作が、武術としての沖縄空手（首里手）の非常に大切な部分です。この身体操作を行なうことで、単純計算してみると速さが倍になります。そしてこの身体を半分に、あるいは四分の一に割るという身体操作は、全身運動を主とする西洋身体文化であるスポーツには皆無としてもよいでしょう。

さらに注意しなければならないことは、この時に横蹴りを行なう場合でも、相手の膝関節への横蹴り、あるいは踏みこみこそが形の中で意味をなすのであって、現代のスポーツ空手の形など見られる高く上がる横蹴りの動作では、この状態の彼我の関係をまったく無視したものであり、形そのものの存在が無意味になってしまいます。

さてこの蹴りが出た後で、相手の首を極めて投げへ移行します。この場合には前蹴りではなく横蹴りを出す動作では、そのまま首筋へ手刀を入れて、ナイファンチ立ちになった自分が相手を投げます。または相手に膝蹴りや前蹴りをくりだした後で、同じく首筋へ手刀を入れて、そのまま投げに移行します。

武術としての空手（首里手）は、生死の狭間でみずからの身を守るということが、至上の目的となっています。そのために相手のいちばん脆弱な首を攻撃する技が、ひんぱんに登場します。

しかし首筋を極めて投げる技などは、相手にとっては致命傷になってしまいます。そのためにこのような技を学校教育などで教えることはもちろんのこと、競技空手の技として存在することは不可能なのです。さらにいえば相対形においても、このような技を相手にかけて神速をめざして練習するのは不可能ですから、単独形でやる以外に方法はありません。

この投げの操作では様式として手は手刀を作っていますが、本来は相手の首筋を自分の手首でひっかけるような動作になります。当然のことながら腕は広背筋の動きを用いて、左肘を自分の身体中心部から左側にもっていきます。そして右肘を身体中央（正中線）に、脇を締めて移動させます。

現代の空手では、これを手刀による受けとしています。しかしこの平安初段の最初の後方から前方への反転しての手刀は、投げの動作です。現代の口伝その15の「一八〇度反転後の相手は真正面」となり、相手と自分の身体は一直線の演武線上に位置することになります。この時の手刀は次の右左と続けて出される二度の手刀とは、機能としては別ものです。そのために肘が心もち締まり、自分の前腕が正中線に対して平行であり、かつ地面（すなわち天地線）に対して垂直に近い関係となります。

余談になりますがこの一見して手刀受けに見える、反転して投げの動作を明確に理解して行なっている現代空手家は皆無に近いと思います。筆者は現存する空手家では、一人しか存じ上げていません。さらに記せば昔の空手家には、この三回すべての手刀を投げ技の動作で始終して、古式の首里手の形を演じる人間も存在しました。

その5

さてここで「首里は左から」の原則で、左足が前に出ています。あるいは、「左右左」の法則の適用としてもよいでしょう。そして次の二歩目である右足が出ることで、相手に対する決定打、いわゆる極めとなります。口碑にある、「二歩目は極め」の原則です。この時の技が手刀による相手の上段、すなわち首筋に対する当てです。ですからこの相手の首筋などを打つ手刀の動作は、前稿の最後に触れた投げの動作とは前腕の角度や、肘の角度がやや異なってきます。

さらに流会派によっても、手刀における手の平の向きの角度が違ってきます。なぜなら相手の喉仏への喉輪、あるいは首筋、目への貫手、さらには目を横からはらうなどの技の解釈が存在するからです。しかしこの動作なども武術としての身体操作さえ正しく行なえるならば、機能の応用のレベルでしかありません（図㊳㊴㊵）。

これらの違いは彼我の相対関係によって起こるものであり、この場面では広背筋を使った脇の締まった手刀による当てである、すなわち「アティファー（当法）」に適《かな》った技であるべきだということがいちばん重要になります。

武術としてのみの空手（首里手）が修行されていた時代であるならば、もし弟子がこの手刀にかんして「どの角度が正しいのでしょうか?」と師匠にたずねた場合には、弟子が正しい武術の身体操作をしていた場合であるならば、「どちらでもよい！（ただ、そんな末梢なことにかかわるお前は、まだ修行がたりない）」という言葉が返ってきたはずです。

蛇足になると思いますが、この場合の末梢と繊細とは、まったく違うものだとは理解しておいてください。そして、もし弟子が重力落下を利用せず、または広背筋を活用していなければ、あるいは手首が曲がっていた状態なら、「(お前のは) どちらもまちがい!」と一言でかたづけられた場面です。

さらに非常に重要なことですが、この手刀では手の内の使用方法は、首里手の拳の作り方とまったく同じ方法でなされなければなりません。ただ拳では開いていた掌を瞬時に締める、そして手刀ではやや閉じていた掌を瞬時に開くという逆の操作になるだけです。武術的に正しい首里手の手刀の方法を行なえば、やや大げさに述べれば自分の手刀が空気を切る音が聞こえるほどにもなります。

㊶

㊷

平安初段の場合にはこの二歩目で終わらずに、三歩目の手刀が相手の首筋への当てとして登場します。しかしもう読者もご存知のように、この二歩と三歩の技は同じ技を左右対称に行なっているだけで、様式の役目を果たすものです。そして武術として非常に重要なことは、この二歩、三歩と進む時には自分の正中線、相手の正中線、そして演武線のすべてが直線になっていなければなりません。

次の四歩目の貫手が、極め技になります。この時には三歩目の首筋に極めた左手による手刀を、そのまま相手の頭部にあてがい、相手の頭部を斜めにして首筋を露出させます。この状態では相手の絶対急所である首の筋肉が伸展して、非常に脆弱な状態になっています(図㊶㊷)。

さらにいえばこの時に露出した相手の首筋とは、自分の中段へ位置することになります。自分の中段の位置にある、相手の上段(首筋)を貫

正しい用法

まちがった用法

手で極めるのです。現代の口伝その４「下段、中段、上段は相対」にあるように、中段、上段などの呼称は彼我の位置関係で変わるということは、もう読者は承知されていると思います。さらに大部分の流会派では、この貫手が決定打であるために気合が放たれます。

　首里手において貫手を使用する場合は、相手の身体を固定して、相手の脆弱な急所へ突き刺すという方法をとります。しかし相手の身体を固定するということは彼我の関係が居着いているという、武術的には自分も非常に危うい状態でもありますので、相手を確実に倒す場面でなければ使えません。かつ相手の身体を固定させる、すなわち死に体にする以前の攻防では、彼我の関係はつねに流動的です。そのような状態で、鋭くはあっても突き指などのみずからの身体を傷つける可能性の高い、貫手などの技を行なうことはありません。

　ですから首里手でひんぱんに使用される主要武器とは、手の内の巧妙な締めによって神速を得ることを可能にし、かつ汎用性に富んだ強固な拳《こぶし》なのだということです。

　ここまで読み進めていくと、現在の形の解釈で相手の自分に対する中段への突きを受けて、自分の貫手で相手の中段（腹部）を攻撃するなどは、近代になって空手の形の構造を理解しなかったがゆえに生まれてきた解釈だと理解できるはずです（図㊸…正しい用法、㊹…まちがった用法）。

㊺

その6

相手の首筋への貫手のあとに、自分の左足が右側へ九〇度移動して、左手の中段への手刀が出ます。なお、左足が九〇度ではなく、四五度などの場合もありますが大筋において変化はありません。ただ自分と投げた相手との位置関係については、平安四段の稿で詳しく説明します。

この動作は現代空手においては、左右から攻めてくる新たなる敵がくりだす自分の中段への攻撃を、手刀受けで受けているのだ、との解釈です（図㊺）。

もう読者はご承知のように、これは**口碑その13「転身は投げ」**で示された動作です。ここでは後ろ足である左足を、九〇度右横にもっていっていますが、じつは一八〇度の直線上（すなわち演武線上）の真後ろに投げているとしてもよい動作です。

しかし形の構成上から横へ行く場面を作り出したために、九〇度の横へ後ろ足を進めています（図㊻㊼）。この行為の結果によって、自分と相手

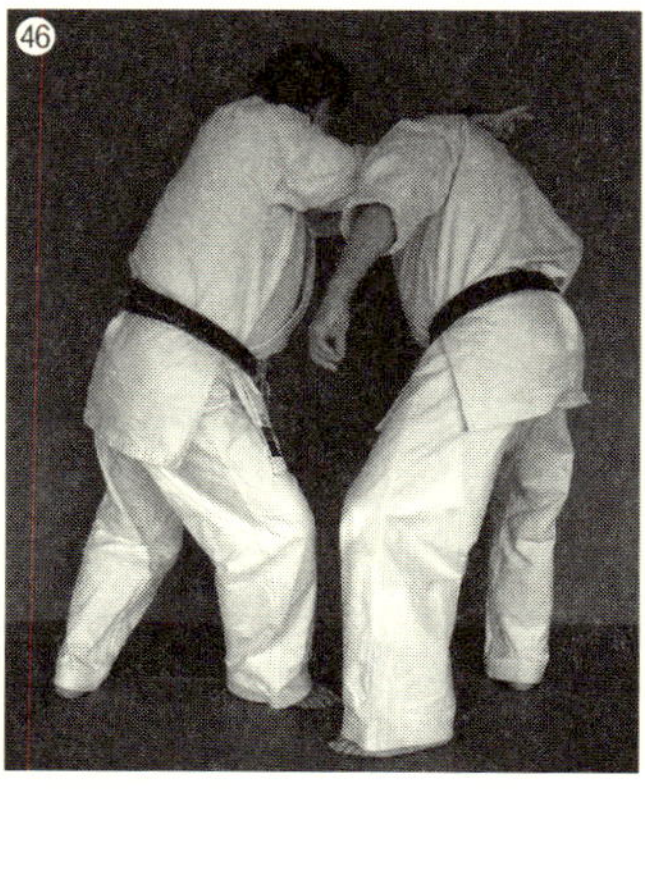
㊻

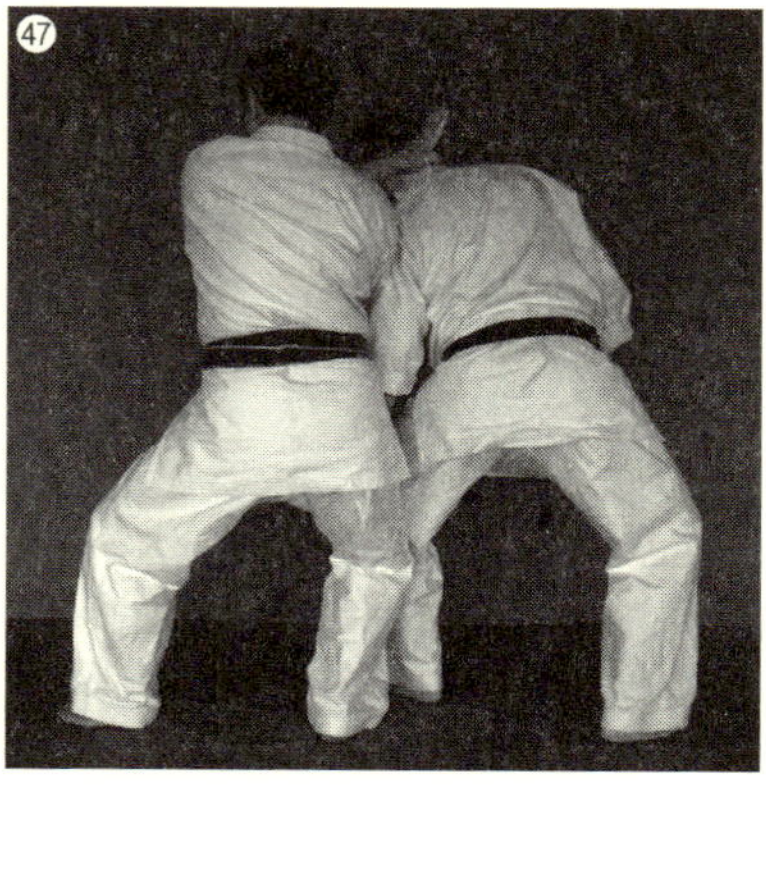
㊼

の位置関係が変化します。なぜなら実際の戦いを考慮した場合に、相手の身体の厚みというものがかならず存在するからです。現代の口伝その14の「九〇度転身後の相手は、真正面か四五度の位置」となり、自分は九〇度の転身で、相手の身体は自分の四五度に位置することになります（図㊽㊾）。

なお沖縄ではこの平安二段の場面で、四歩前進した後にこのように左足を右側九〇度に移動させる動作ではなく、そのまま演武線上の真後ろにもっていく動作で形を行なっていた古い流派も存在していました。この場合では当然のように、現代の口伝その15の「一八〇度反転後の相手は真正面」にあてはまる行為になり、後方へ一直線に進んでいきます。

ここで注意しなければならないのは、相手を自分の腰にのせるのではなく、武術としての空手においては自分は入り身になって相手を投げるということです（図㊿…良い例、51…悪い例）。

良い例

悪い例

悪い例

そのために足さばきと体さばきは、通常の移動するための足さばきや体さばきとは、やや異なった方法をとることになります。この時は身体を反転させるために、自分の後方へ「仮想重心」をもっていきます。すなわち、後方へ落ちていくのです。しかし人体の構造として、人間は後ろにそっくり返って歩くことは不可能に近いです（図52…悪い例）。そのために人間は後ろ向きで歩く際にも、自分の身体の前方へ身体を落下させながら、大・小腰筋でつり上げた足を後方へ運んで進んでいきます。

そしてここでの投げの動作も、後ろ向きに歩く方法とまったく同じです。このような投げるための転身の足さばき体さばきは、平安二段にひんぱんに登場しますので、二段を解明する時にも説明します。

この時には「仮想重心」は形の前方に置きつつ、右足の膝を足首を左九〇度にして抜きます。自分の身体は前傾しながら、反転している状態です。一瞬の間ですが詳細まで注意して見てみると、この時には後ろ足、すなわち左足の膝は極論するとまっすぐに近い状態になります（図53 54）。

余談ですが武術としての後ろ蹴りは、この状態から膝を上げて相手に出せばできあがりです。その後に左の大・小腰筋を収縮させ、左足を地面からやや浮かせます。そして左の腸腰筋を収縮させて、左足を引きこみ右九〇度へ身体を左右に割って転身させます。

この時の手刀は、最初の投げの時と同じ動きをします。さらに自分の身体は九〇度に転身しますが、相手の身体は自分の四五度斜めに位置するということです。写真ではわかりやすいように動作を非常に大きく行なっていますが、この時の手刀は一部の流会派で、「手刀まわし受け」などと呼ばれる技と非常に似かよった動作となります（図55 56 57 58 59 60）。

その理由は第二次世界大戦後の沖縄で、まだ手刀の一部の技は投げ技であると理解していた人間の動きを、日本本土から来た空手家がもち帰ってそれを受け技と解釈して、伝承させたからであると筆者は愚考しています。

当時の沖縄でもすでに投げ技としての手刀の動作と解釈が消滅寸前であったために、このように投げ技である手刀の動作をもち帰ることができたことは、日本本土の空手の伝承に大きな貢献を果たしたとしても過言ではないでしょう。

㉛

次に右足が四五度の角度で出て、右の手刀打ちが相手の上段（首筋など）へ極まります。この時には右足は歩み足で出ることになりますが、左足前の状態で右足が出ますので、一瞬両足が揃った後で右足が出ることになります（図㉛）。しいて述べれば、この一瞬両足が揃った後で片方の足がわずかに出る状態や前ページの図㉘から図㉙、㉚への変化が、武術としての沖縄空手（首里手）で「猫足立ち」と呼ばれた状態かもしれません。ただ筆者は空手が武術としてのみ修行されていた琉球王国時代は、そのような言葉は存在していなかったと愚考しています。

極論すれば、この状態で前後左右三六〇度のどの角度へも移動できるという立ち方であり、上体はやや前傾を保って仮想重心は前方にあり、さらに手を降ろす時に足をわずかに引きます。前傾という言葉は誤解をまねきやすいのですが、これは背中が前方へ丸まっているという状態ではなく、上体が完全なナイファンチ立ちの状態を保っているということです。

次に重要なことは手刀を相手に当てる際には、かならず手が先であり、次に体、そして足の順になりますが、それは一瞬の間です。最後に足が地面に着くことで、いうなれば単独形ではストッパーの役目を果たすことになりますが、実際の戦いの場ではそのエネルギーが相手を倒すために使われるのです（図㉜㉝㉞㉟）。

さらに記しますが、なぜ首里手に現行の「猫足立ち」が存在しないのかといえば、現行の立ち方では足で立つという武術的には最悪の状態を生み出すからです。それと同時に、現行のような後ろ足に重心がかかった状態で

は、前方の相手に手技を出した際には、足がまず先に行った後で手が出る以外に効果的な方法がないからです。極端にいってしまえば、「片足で立って、居着いている」という、武術として最悪な状態を生みだす可能性が大なのです。

そのために最小の動きで、最大のエネルギーの創出・放出を心身思想とする首里の手には、現行の「猫足立ち」を許容する余地が生まれてきません。

以上の理由から武術的に正しい身体操作として、この時の相手の上段への手刀での攻撃では、手が先に出て、立ち方はナイファンチ立ち、あるいはその変形である平安立ち、または撞木立ちとなります。

その7

次は、自分の左側への転身です。しかしもう読者には、この時の身体操作は説明せずとも理解できていると思

います。この時には、自分の後方一三五度へ移動します。そして身体を前傾させて、手は手刀のカタチにして相手の首筋にかけながら相手を投げます。この動作を解かりやすいように、真正面から写真でとらえてみましょう（図66）。その後に後方四五度へ進みながらの、左手の手刀による相手の上段への攻撃が入ります。

　もうおわかりのように、この左右九〇度、そして左右四五度の動作は形の構成上の角度であって、前後一直線の演武線上で行なっても支障のない動きなのです。

　さてこの段階では、左足前で後方左四五度へ手刀による当てを終えた、自分の身体があります。しかし斜めに進んでしまったために自分の正中線は、右側斜め四五度ほど演武線からはずれてしまっています（図67 68）。そのために武術的に正しい形を演じるためには、この時には自分の左の斜め四五度に身体を移動させ、演武線上に自分の正中線を戻さなければなりません。すなわち、形の様式を整える必要があるのです。そしてこの身体を演武線上に戻す際の動作でも、首里手においては武術的な身体操作を要求されるのです。

　通常ならば演武線上に右足が残っているので、それを軸にして左足を八分の一円を描いて演武線に戻せばよいだけの話です。しかしそれでは円で

円を描く動作、かつ居着くことで身体を操作するということになってしまい、武術としての身体操作としては失格です。これでは師から、「いったい、なんのために空手（首里手）の形を修行しているか」と叱られる結果になってしまいます。

70

69

武術的には、鳩尾に位置していた右の手刀を、そのまま身体の線にそってを動かして演武線にもっていきます。この腕の動きをなすためには、後ろ側にある自分の右側の上体を正中線を境として割っていき、右の肩をまず演武線上に位置させなければなりません（図69 70）。この動作で、首里手では転身の時には正中線の保護と確認のために、両手を交差させなければならないという課題をクリアしています。

さらに形の機能においては、相手の首筋をもって投げて打った後に、今度は反対側の腕で相手の首をさらに極めていくという行為になります。または次の攻撃を出すために、反対側の手で相手の頭部をつかみなおすという行為も含まれます（図71 72 73）。

この場面の腕の操作を、単独形と相対形の動作で区分して行なえば、写真のようになります（図74 75 76 77 78 79 80 81）。

71

72

73

単独形での腕の動作（㊹～㊽）

相対形での腕の動作（㊾～⑧①）

それと同時に、右足の膝を外側に抜いていきます。さらに他の移動の時と同じように、左の大・小腰筋で足を引き上げ、左足の膝を腸腰筋で外旋させて演武線上に落とします。これで両膝が抜けた状態になり、身体は演武線上にあって、かつ仮想重心は自分の前方にあるという形の要求する動きができたことになります。

ここからは熟練者の修行の手ほどきとして記しますが、この時には足は演武線上で交差していますが、自分の後ろ足の膝の状態で足首の条件が異なるものの、基本的には踵が浮いてはなりません（図82 83、図84…例外、または悪い例）。足裏の後方に位置する踵を上げると、移動するためには今度は足裏の前方にある中足の部分で地面を蹴ってしまいます。

例外（悪い例）

さらに足裏を二分割して上げてしまうと一、二の動作、すなわち二拍子で操作するということになってしまいます。これでは一拍子、あるいは無拍子を基本とする、武術としての形にはなりません。

右足を地面を蹴って上げた場合には、蹴った側の反対側の身体、この場合には左足に、一瞬ながら自分の全体重がのる、すなわち軸足を作ってしまうという、武術的にはまちがった動き

良い例

悪い例

をしてしまうからです（図85…良い例、86…悪い例）。

そして交差した時には、股関節は両方とも開いていなければなりません。なぜなら骨盤の中に位置する腸腰筋が伸展している状態でなければ、次の動作に無拍子で移れないからです（図89…良い例、図88…悪い例）。この身体の前後を入れ替えさせ足を交差させて、骨盤を開き、かつ足の踵を上げない立ち方は、上級者でも長時間保つことは不可能に近いものです。

良い例

悪い例

余談として記せば、この状態から前足の膝を抜きながら、大・小腰筋で後ろ足を上げて、膝を横からもってくると、直線で円を作るという武術的に正しいまわし蹴りが可能になります（図89 90 91）。しかし平安初段のこの場面ではまわし蹴りではなく、左膝を抜いて右足による膝蹴り、あるいは前蹴りが出ます。

じつはこれは平安初段の左右対称の後に後方への膝蹴り、前蹴りと構造的にまったく同じ動作なのです。違いがあるとすれば機能的にこの場面での蹴りが、難易度が高いということになります（図92）。なぜこの場合の蹴りが難易度が高いかというと、前足と後ろ足が交差しているからです。

92

じつはこの平安初段の場合は、口伝その14「交差は投げ」のように投げのために足が交差しているのではありません。機能的に述べると、前足と後ろ足でいわゆるナイファンチ立ちの変形である「四股立ち」と呼ばれる立ち方で両膝の抜きを行なっているのです。

何のためでしょうか？　それは相手の身体を自分へ引きつけながら、かつ自分の後ろ足で相手の上段を蹴るためです。ですから流会派によっては、この交差の時に前足を後ろへやや引き気味に行ないます。この動作で身体操作を分割して半分にでき、そのためにさらなる速さを得ることが可能になります。それと同時に、相手への引きつけも強化することができるのです。

そのために機能的にこの部分を演じれば、それこそ相手の身体をつかみながら演武線へ戻す。その相手の身体を引きつけるために足を交差しつつ、自分の後ろ足を地面から引き抜いて相手を蹴るという、複合的な動きを一瞬のうちになさなければなりません。

これらの動きは、つぎに左右対称のカタチで行なわれる左の逆突きが終了した後に、相手を引きつけてからの左の蹴りの動作も同様です。

その8

相手の頭部を固定したままの蹴りの後で、自分の左中段突きが出ます（図93）。注意しなければならないことは、自分にとっては中段でも相手にとっては上段である顔面への突きだということです（図94）。現代の口伝その4「下段、中段、上段は相対」があてはまる場面で、上段突きを自分の身体だ

93

悪い例（96〜99）

けを基準にして語ってしまうと、写真のようなことになってしまうのです（図95）。

さらに首里手には現在の空手の代名詞のような、前屈立ちによる逆突きは存在しません。自分の身体を相手に完全に晒《さら》し出し、歩幅を広くして足を固定し、腰を思いきりまわして、握り締めた拳《こぶし》を直線的に出す、などという身体操作は、武術としての沖縄空手（首里手）の心身操作からは決して生まれてこないとしても、もう読者は納得したはずです（図96 97 98 99…悪い例）。

ですからこの場合の逆突きは、順突きとまったく同じ身体操作で行ないます。この時に前足である、右の膝を抜きます。この右側の身体は、自分の正中線を守るためと、自分の体重を利用した位置エネルギーを運動エネルギーに変換させて相手に衝撃を与えるために、身体を開かずにそのまま相手に入っていきます。

さらに右側の身体を保持するのは、正中線を境にして壁として、左側の筋肉に鞭のふりを行なわせる身体内の筋肉操作をさせるためです。これで、右足前の左の突きの動作が完了しました。この動作に象徴されるように、位置エネルギーと運動エネルギーを峻別する武術として伝承された沖縄空手（首里手）には、脱力の心身思想・操作は存在する余地がないのです。

次に、もう一度同じ動作を左手前で行ないます。この場面では左手で突いた後で、拳にした左手を開いて相手の頭部をつかみ、固定します。この場合には相手の首を極めている動作ではないので、厳密には両腕を交差させる必要は生じません。この時にも身体をまわして足を交差させるのではなく、身体を左右に割り、さらに両膝の抜きで身体を左右（あるいは前後）に落下させるのです（図100 101 102 103 104）。

そして右手前の動作と同じ要領で、自分の腕で首筋を固定した相手の顔面へ、後ろ足である左足による膝蹴り、あるいは前蹴りが出ます。上級者になると、この時に前にある右足をやや引きつけるようにして、蹴りの際の膝の抜きの動作が入るまでになります（図105 106 107）。

さらになぜこの場面のように投げではなく、蹴りを出す時でも足を交差させるのかが理解できるようになります。なぜなら足を交差させることによって相手の身体（頭部など）を自分の側に引き寄せつつ、自分の後ろ足で蹴りを出すという非常に破壊力のある方法がとれるからです。そのために実際の機能として演じるならば、相手の（頭部などの）引きこみ、足の交差、そして蹴りは一瞬の間に行なわれることになります（図108）。

これは構造的に考慮してみると、平安初段の最初に左側から攻撃して相

105

106

107

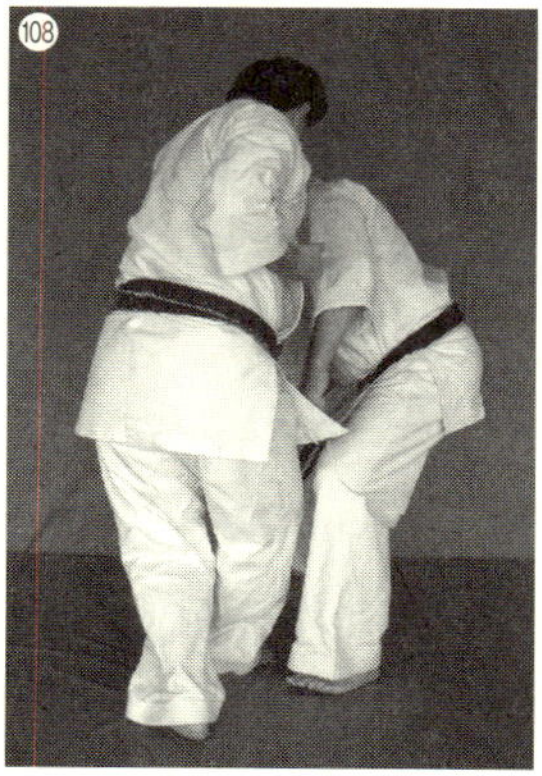
108

手の攻撃を受けながら、左の腕で相手の顔面へ裏拳や顎への突き上げを行なった後で、左腕で相手の首筋を極めて、自分の左足で蹴りを極めた動作と同様であると理解できます（図(109)(110)(111)）。

「首里は左から」と首里手は左側から動き出し、そのために左側が様式となってしまった傾向があります。しかしこのように詳細に形を解明していくと、左右対称を行なった後で消滅したように見えた左側の動作の必然性が、形の途中から登場してくる動作によって見えてきます。

すなわちＬを左側の動き、Ｒを右側の動きとすると、左側から始まってＬ１→Ｌ２→Ｌ３となり、次がＬ４となるべきはずの動きですが、ここでＬである左側の動きが消滅してしまいます。そしてＬ１からＬ３の動きが、左右対称の反対側である右側のＲ１に取って代わられ、Ｒ１→Ｒ２→Ｒ３→Ｒ４と動きが継続するかのようになっています。すなわち単純に表面に現れる動きを考察していくと、Ｌ１→Ｌ２→Ｌ３→Ｒ１→Ｒ２→Ｒ３の形式となり、そのまま形の終わりまで右側の動き（Ｒ）が続いていき、形が終了するように見えます。

(109)

(110)

(111)

しかしよく形の構成を考察してみると、Ｌ３の動作以後は消滅したと思われる左側（Ｌ）の流れが水面下で続いているのです。この左側（Ｌ）の動きが出現するのが、この右腕で相手の首筋を固定して、左前蹴りをくりだす動作です。

【図式】

Ｌ１↓Ｌ２↓Ｌ３（以後、Ｌは水面下に隠れる）
←（Ｒが出現）　Ｒ１↓Ｒ２↓Ｒ３（以後、Ｒは水面下に隠れる）
←（Ｌがふたたび出現）　Ｌ４…Ｌ５（終了）
←（Ｒがふたたび出現）　Ｒ５（終了）

図にしてみると（数値は任意）このようになり、様式と（だけ）思われていた左側の動きは、水面下において右側の動きと平行して行なわれており、この部分において表面に現れてきたとすることも可能です。

この平安二段でもうかがえるように、形の左右対称において、初期の段階で消滅したと思われる動作が形の途中から現れるという形式が、古伝の沖縄空手の形には明確に存在するのです。

その9

様式を説明した時にも述べましたが、形の様式には「暗喩」や「メタファー」の役割があります。そして琉球王国時代に修行された古伝の形には、この形の途中で一方の動作が消えてしまい、かわりに他の一方が現れる際に、「暗喩」や「メタファー」の印《しるし》が明確に存在します。

しかし平安の形には、メタファー（印）としてのこのような様式は、見あたりません。唐突《とうとつ》に片方の動きが消滅して、今度は事前の予告もなく突然形の途中から消滅したと思われていた部分の続きが現れてきます。

さてこの部分では、左の蹴りの後に右の中段突きが出ます。これは、前記した**その8**における左の中段突きと左右同じ要領ですから、自分にとっては中段突きですが、相手の上段である顔面への突きです。

次に相手の顔面を突いた拳《こぶし》を返し、相手の頭部を摘みます。そのまま一歩前進してつかんだ相手の頭部を自分の広背筋で引きつけ、それと同時に後ろ手である左手の拳で相手の顔面を下から突き上げます。通常はこのような決定打となる技は、人類の大部分の利き手は右手になるので、右腕での突き技などになります。そのためにこの場合でも左手の拳での突き上げでも、右手での引きが非常に重要になる場面です（図⑫）。

このような突きにしろ、蹴りにしろ、首里手においてはすべてといってよいほどにカウンターの動きを利用して、相手に対して最大の衝撃を与えることをめざしています。ですから腕は突いた直後に開き（開手《かいしゅ》）、相手の身体（おもに頭部）を引きつける動作になります。

よく、平安の形の創作者である糸洲安恒先生は武術としての空手の形を変革する時に、貫手などに代表される開手から、閉手《へいしゅ》いわゆる拳を主にする動きに変えたとされています。しかし筆者の主観として記しますが、この開手から閉手への変革は糸洲先生のずっと以前の琉球王国時代から中国拳法の套路から、沖縄空手の形へと解体、そして再構築する時に行なわれていたはずです。なぜなら日本剣術の刀の操作法である「手の内の締め」を己のものとしていた沖縄の武士たちにとって、開手の貫手などと比べて堅固で威力があり、かつ汎用性の高い拳を主要武器とすることは、当然のなりゆきだったからです。

しかしここまで読み進めたならおわかりのように、形の中において閉手を主要武器としてはいても、それは相手を突くなどの技を出す場合であって、相手をつかむ、投げる、極めるなどの技の際には当然のごとく自分の手を開いて、あるいは開手にして操作をします。さらに述べれば、開いた手を「手の内の締め」の操作によって拳にするからこそ、神速をもつ突きとなるのです。

糸洲先生が開手から閉手へ変化させたといわれるのは、体育として学童・生徒に指導する際に安全性を考慮して、形の最中において開手から閉手の変化を削除させて、閉手すなわち拳のみの動作でおもに形を演じさせたことを、意味するのであると思っています。そしてこの閉手のみ、あるいは閉手を主とした形のみを修行した結果が、現代において形の本来の意味を喪失させることにもなったのです。

通常は空手の形においては攻撃の時、それも相手に決定打を放つ場面で「気合」が入ります。筆者が知るかぎりにおいて、沖縄空手（首里手）の形では「受け技」の時に気合を発する場面はありません。ですからこの場面で「気合」を発するのは、通常思われているような諸手での中段受けではなく、相手への決定打を放つ動作であるからです。

この相手の顔面を突き上げた左手を、そのまま相手の後頭部をつかんでいた右腕と交差させます。この場面は現在は中段（内・外）受けと呼ばれる動作に酷似していますが、本来は相手の首を両腕で極めている状態です。

そのまま右手でつかんだ相手の頭部を左前腕部で下方にもっていきながら掻っきる動作をします。これが、現在は下段払いといわれる技です。流会派によっては、現在の中段（外、内）受けと呼ばれる操作で首を極める方

法も存在していました（図113 114 115 116）。

　これは相手の身体を自分の腕でコントロールしているために、当然のごとく広背筋を使用します。さらにこの動作に入る直前に自分の仮想重心は右側に入ることで、右九〇度に重力落下を起こします。

　この平安初段の「結」の部分に相当する最後の数動作も、現代の口伝その14「九〇度転身後の相手は、真正面か四五度の位置」が明確にあてはまります。右膝は左九〇度の角度へ、「膝の抜き」を行ないます。

　そして後ろにあった左足は左の大・小腰筋でわずかに引き上げます。さらに引き上げながら、左の骨盤内に位置する腸腰筋の収縮で左脚を自分の右側へ引きつけます。

　この時の自分の状態はやや前に傾いた「くの字」の体勢を保持します

悪い例

が、前傾しすぎると自分の頭をふることになってしまい、回転運動を起こしてしまいますので注意を要します。これで転身した自分の左九〇度へ向けて、相手の頭部を地面に投げる姿勢となっています（図[117][118]、図[119]…悪い例）。

しかしこの場合には、地面に向けて直接投げるのではなく、その途中で相手の上体を起こします。その後に左手は相手の頭部を下方へ引き、相手の首筋に自分の右の前腕を当てて上方へ上げていきます（図[120][121][122]）。現在は上段受けといわれる動作ですが、本来は片方の腕で引きずりこみ、他の片方の腕で突き上げる、あるいはかち上げるというカウンターの動作がここでも著明になります。

ここで相手の身体を完全に行動不能にした、いわゆる「結」の部分が完了します。同じ動作が右側でも行なわれて、平安初段の形が終了します。

その10

ここまで記すともう明らかになったと思われますが、平安の形はもとより、武術として伝承された沖縄空手（首里手）の形とは、護身の技であると同時に必殺の技でもあります。生死の狭間においてみずからの身を守るということは、相手を完全に行動不能にできるという技能がなければ、成立しない課題なのです。とくに首里手はみずからが日本剣術を修行していた首里の武士たちが、相手が剣をもった時でも素手で身を守ることができるか？という、熾烈な条件での試行錯誤を余儀なくされた状況のうえで成り立ったものなのです。

これはよく誤解を受けるのでここで明確にしておきますが、首里手においては剣を仮想敵として技が成り立っているという表面的、即物的なものではないのです。人間が作りだせる最速の動きである「神速」を基準とする剣術と同等か、それ以上の身体操作を沖縄空手では基準としているということなのです。それは「神速」をもつ日本剣術に素手で対抗する身体操作を確立することさえできれば、相手が素手で向かってきた場合には、比較的楽に対抗できるからでもあるのでしょう。

120

121

122

そのために非常に言いにくい言葉ですが、「動いたら、かならず相手を最後までしとめる」ということに目標をおいて形の成立がなされており、かつ修行されたのです。それは剣が鞘から離れたら、かならず相手を切るという「抜即斬（抜き、即、斬）」の思想である日本剣術とまったく同じ思想です。そのために「一撃必殺」という言葉が、首里の武士たちのあいだでなんの違和感もなく享受されたのです。これは心身思想の技量だけの問題ではなく、心のあり方、または意志、決意、あるいは胆力とも呼ばれるものをも含むものです。

しかしこれらの「必殺技」のオンパレードである古伝の首里手の形、あるいはその面影を宿す平安の形を、その必殺の思想のまま公共の教育体系へ導入することは、誰が考えてもむりがあります。ここまで古伝の首里手の形の全貌を理解すると、平安の形をはじめとして武術としての沖縄空手（首里手）の心身思想が終焉を迎えたのは、近代という時代の要請に答えるためのやむをえない判断だったのだと理解できます。

しかしなぜ相手の攻撃をかわすと同時に自分の反撃を相手に与えた後で、このように執拗なまでに相手に対して攻撃を継続していくのでしょうか？

まず一つの理由は、「抜即斬」や「一撃必殺」などの言葉で象徴される、日本武道の究極の目的である相手を完璧に行動不能にするという心身操作を学ぶためです。霊長類の一種でもある人間は、感情の生き物であると同時に理性の生き物です。ですから攻撃してきた相手を確実にしとめる理論と技術が自分にあるという認識は、自分が身を守るために戦う際に心理的に大きな自信を与えます。これは武術として伝承された沖縄空手の形を習得した時における、心法としての効用です。

しかし形の存在意義としてもっとも重要なのは、この心理的に大きな自信を与えることのできる、心身思想の理論と技術の習得なのです。自分の身体のみを武器とする空手では、自分の身体と対峙する相手との距離の違いによって、武器となる身体の部分や使用する技がまるで違ってきます。相手に対して自分の技がとどく最大の距離から、相手の身体と密着した状態、あるいは相手と自分の身体が交差した状態でも、生身の身体を武器としている空手では、技を出せる距離（間合い）となるのです。

これを技として簡潔に説明してみると、相手との距離がいちばん遠くにある場合には、自分の身体でいちばん長い足による技である蹴り、次は腕の範囲における突き技、そして互いの身体が接触する距離での貫手、さらには相手と密着しての投げ、極めなどの捕り手、解脱法などになるでしょう（図(123)(124)(125)(126)(127)(128)）。

それのみではなく、互いの身体がすれ違った距離にあった時でさえ、後ろ蹴り、後方への裏拳などの技を出すことが可能です（図(129)(130)）。

しかしそれらの技を出せる瞬間は、「刹那の間」でしかありません。沖縄空手が至高の理論として目標とする「神速」とは己の身を守る時のみではなく、自分が相手に技を出せる状態、すなわち攻撃できる瞬間にまにあうための速度としての標準でもある

のです。日本武道の基本思想である「先」の思想を行なうためには、それをなしうる身体操作が要求され、そして沖縄空手にはそれを習得させうる形の存在があるのです。

通常の空手の試合では、自分と相手の技が交差して身体が密着した、あるいはつかみあいになった時には、審判の「やめ！」が入り試合が中断されて、打撃による間合いに戻されます。これは空手の試合のみならず、世界中の格闘技の試合においてルールによって使える技が限定されており、審判は競技者がこれらの技をひんぱんに使用することができるようにつとめます。

しかしあたりまえの話ですが、実戦においては第三者の存在である「審判」の存在がありません。すると間合いがつまった際には、自分の技量で間合いを切る、あるいは密着した間合いで使える技を相手に出す以外に生き残る術はないのです。

空手は、素手の武術です。剣や棒などの武器を使用しないということは、自分は素手なために非常に不利な闘いを強いられるということですが、一面から見れば武器に囚《とら》われない自由な身体操作ができるということでもあります。

しかし蹴り、突き、捕り手・解脱、極め、投げなどの技を、彼我の関係において自由自在に駆使できるためには、それ相当の訓練が必要です。たとえばそれらの修行を怠った時や、遠い間合いからの技を出すことにのみ自分の心身を鍛錬した場合には、その技を受けられた場合、または自分の技の威力のみでは相手が倒れずに、間合いがつまってしまった場合などに、心身が居着いてしまうのです。そして当然のごとく、その逆の場合も起こりうるのです。

ですから自分の身体が相手のそれと距離がある場合、比較的近距離であった場合、身体が密着してしまった時、互いの身体が交差した場合などでも、自由自在に適材適所の技を出すことが空手の究極的な目標であり、そのための鍛錬が形による修行なのです。

筆者は、これほどまでに効率のよい心身操作を習得させる形によって、ここまで自分の心身を鍛錬することができたからこそ、相手を自分の気迫で屈服させる、または相手の動きを事前にすべて感知するなどということも、可能になってくるのだと思っています。

さらにいえば人間は相手と密着した場合には、動歩行の操作が著明になります。ナイファンチの立ち方の足の角度を四五度ほど外へ向けた、相撲の四股立ちは動歩行の最たるものです。その相手と組んだ四股の姿勢で動くこと、それも真横に動くことを、「相手なしで単独で行なえ！」というところに、ナイファンチという形の凄みがあるということです。

次に平安初段とは異なる戦術思想で構成されていると思われる平安二段や三段は後記するとして、平安初段と同じ構成になっている平安四段の形を、詳しく説明していきましょう。

第17章

第1節　平安四段の解明

平安四段の単独形での動きを、まず写真で見てみましょう。

7

8

9

10

11

12

13

14

15

16

17

18

19

20

21

22

23

24

25

26

27

28

29

30

31

32

33

34

図19～33を後方から撮影（35～50）

次はこの単独形を、相手をおいての相対形として演じてみましょう。

最後の膝蹴りなどの部分は読者が見やすいように、やや斜めから撮影していますが、形の流れは完全に理解できると思います。

66または67

73

74

75

76

77

78

79

80

81

82

83

84

85

86

87

88

89

91

91

92

93

その1

平安四段も平安初段と同じように、まず自分の左側から攻撃してくる相手に対処するために、左九〇度に自分の身体を開くことから始まります。この時の身体操作は平安初段、そしてこの四段とも足さばき、体さばきともに同じです。

本稿では相手の攻撃は読者に理解しやすいように、相手が左上段突きで突いてきたとして解説しますが、これは右の上段突き、あるいは武器をもって相手が自分の上段を攻撃した時、さらには相手が両手で自分の両肩などをつかもうとしてきた時などでも、同じ動作で対処できます（図①②③）。このように首里手の形は相手が左右の手の片方で、あるいは両方の手で攻撃したとしても、同じ動作で対応できる汎用性に富んでいます。そうでなければ、実際の戦いには通用しません。

この最初に存在する相手の攻撃が、形の物語性において始めの部分である「起」です。

①

②

③

腕の操作は平安初段とは同じですが、手の形容が異なります。自分の左右の手は上段、あるいは中段の高さで手刀を作って相手に対峙しています。すなわち平安四段の形の最初の動きでは、右の手刀は上段受けのカタチになり、左手刀は上段、あるいは中段への受けのような格好になります。

平安初段と同様、四段の片方の腕での上段への動作は、相手の上段突きなどの自分の頭部（顔面を含む）への攻撃を腕を上げながら受けており、形の物語性において「承」の部分です。

しかし上段または中段の高さで相手へ出された左手刀は、武術としての沖縄空手（首里手）本来の使い方は、通常思われているような中段手刀受けなどではないということは、ここまで読まれた読者には納得がいくことでしょう。

この部分は古伝の空手の形では、喉輪が相手の喉仏に決まった瞬間となります。この動作は、じつは現在は手刀を横にする、あるいは縦にする様式で行なわれている、首里手の基本形であるナイファンチ初段の最初の動作と同じものです。

そしてナイファンチ初段のオリジナルである古式ナイファンチなどでは、現在は縦、あるいは横向きの手刀となっている部分は、すべてといってよいほどに喉輪を相手の喉仏に決めている動作なのです。それが首里の様式で相手から見て三次元になる喉輪の技を、手刀を横にした方式で二次元に変化させたのです。その様式の変化を理解できなかった後世の人間が、縦の手刀を出すには身体の構造から悠長すぎるとして、現在は大多数の流会派が使用している、掌が上向きの横向きの手刀に変化させたにすぎないと思っています。現在では数多くの流会派においては、あまり修行されない傾向にある古式ナイファンチを分割して創作されたナイファンチ二段、三段などにも、その片鱗が残っている場合もあります（図④⑤⑥⑦⑧）。

本書では紙面の関係で記せませんが、オリジナルのクーシャンクーを首里の様式に従って改変した「松村のクーシャンクー」などに登場する最初の左右の手刀も、本来は喉輪なのです。それを理解できなければ、古伝の形

を理解することは不可能です。平安四段が創作された初期のころは、このナイファンチなどの形にあるように、喉輪で相手への反撃をするということが当然の解釈だったはずです。

しかしこの方法だとあまりにも殺傷能力が高い技であるために、学校教育の場面で児童・生徒へ指導するには、さしさわりがあります。そのために現行の手刀という解釈が生まれてきて、さらに次の世代の手刀の「受け」の動作だけを学んだ人間たちが大多数を占めることで、失伝してしまったものの典型だと思われます。

さて喉輪という非常に効率はよいですが殺傷能力の高すぎる技を、一般社会への普及のために封印した平安四段の形を児童・生徒に指導するために、比較的安全な解釈によって形が指導されていきます。

その解釈とは前記した相手の上段、または中段への突きを、自分の手刀で受けるということ以外にも幾多の方法が考案されました。その一つは相手の身体は自分の頭部を狙って、両腕がくりだされていたために胴体が伸びきっています。その伸びきった相手の胴体の脇の下の急所に向かって、自分の鋭角になった肘を当てます。またはそのまま上方へ上げて、相手の顎への肘打ちという解釈です。

⑨

⑩

しかし相手を置いて試してみるとわかりますが、相手が武器をもって刺してくる、あるいは相手が腕を伸ばして自分の上段を突いてくる時に、この距離から自分が肘当てで反撃しようとすると、自分の技が相手にとどかない時が多々あります。

この彼我の距離を考慮してか、昔の沖縄には前方の手刀を相手の首に対する貫手として、この四段の形の最初の部分を始める流会派も存在しました。さらにはこの貫手が通常の平安四段の掌が横を向く方法ではなく下方、または上方に向く方法で形を行なっている流会派も存在していたのです（図⑨⑩）。空手の母体となった中国拳法の南派などでは、このように貫手を多用する流会派が多く存在します（図⑪⑫⑬）。

しかし貫手などという鋭くはありますが、脆弱な手の先による技を自分が固定していない、そしてコントロールしていない相手へ放つという方法は、首里手では例外的な用法です。本来は相手の首筋への喉輪であった技を、手

刀や肘当てなどと解釈して形を行なうことは、形の四要素の「応用」だと理解できます。

相手の攻撃に対応して自分のカウンターを出したということですから、この喉輪、肘当て、または貫手が「転」の動きとなります。なお平安四段のこの場面で肘を当てた場合には、この最初の動作に出てくる肘を縦に上げて相手の脇下、または顎を攻撃する方法。そして形の途中で登場する肘を横にして、相手の頭部を攻撃する二種類の肘打ち、あるいは肘当ての方法が習得できるということになります。

ここまでの左側への動作は平安初段と同じく、「首里は左から」ということで様式としてもよいでしょう。そのために本書では、右側の対称の動作を行なった後からの、身体操作を説明しましょう。

平安四段では上段への上げ受けをした

⑯

⑰

⑱

⑲

左腕は、手刀で行なっています。ですから平安初段の拳による受けの時よりは、相手の突いてきた腕をつかむのが比較的容易にできます（図⑭⑮⑯⑰）。

ここからは形の物語性における、「起・承・転・結」の変形である、「転」の後の「転Ⅱ」としてもよい部分です。このまま自分の背中にある広背筋を使って相手の腕を引きこむと同時に、右手で相手の肘の逆を極めます。

これは相手の、肘関節を折る動作としてもよいでしょう（図⑱⑲）。

相手が左ではなく、反対側の右の上段突きで攻撃してきた場合には、相手の腕を引きこんだと同時に、自分の拳で攻撃するのは相手の上段（顔面）となります（図⑳㉑㉒）。

そのためにこの場面において後記する相手の頭部を自分は抱えこんでいるという暗喩《メタファー》である、自分の胸の横へ両拳を重

ねる動作を行なう流会派も存在していましたし、現在もそのように行なっている流会派も存在しているはずです（図㉓㉔）。

そのまま自分の右手で相手の顔面を押さえつつ、今度は右手を引きつけると同時に、左手での突き上げ（アッパー）が相手の顔面へ放たれます（図㉕㉖）。

空手の形は相手が右足前で攻撃しようが、あるいは左足前で攻撃してきても、まったく同じように対応できるように構成されています。このような汎用性がなければ、「刹那の間」の時間しかない実際の戦いには使うことができないからです。

その２

次に、両足を揃えて立ちます。その後に展開する左右への動きが、平安四段の白眉《はくび》ともいえる動きです。形における構造、機能、様式、そして応用の四要素のすべてが、この左右の動きには出てきます。

そのために、詳細に記していきましょう。

まず最初に両足を揃えた閉足立ちになって、右拳が胸の横側、そして左腕が胸前で九〇度ほどで曲げられています。その後に広背筋の働きで左肘を後方へ引くようにして、左腕を自分の左側へ出します（図㉗㉘）。この時には右の腕は、拳《こぶし》を胸の横に構えます。いわゆる突きを出す準備、あるいは引き手の位置に自分の拳がきます。さらに腕は、自分の胴体部と平行になります。

そして左腕は胸の前で横向きにして、天地線という地面と平行に位置する線と、平行になります。この動作は首里手の基本であり、かつ首里手の心身思想の総大集でもあるナイファンチの形にも、しばしば登場するものです。正確に記せばナイファンチ初段では、左右二度ずつ、都合四回この動作が行なわれます。

現在の空手ではこの片方の拳を胸の横に引き手のように構え、もう一方の腕は横にいる相手を突いているなどの解釈で形を説明し、かつ身体操作をなしています。ナイファンチ初段においては、左右一度ずつにおけるこの動作は、現代空手の解釈どおりに、横にいる相手に対する突きとなっています。なお本来は相手の首筋への貫手の可能性が大なのですが、本書では要旨を明確にするために省略して説明を続けていきます。

　しかしそれとは異なり、ナイファンチ初段における他の左右一度ずつの動作は、この平安四段と同じく形の中にある暗喩としての様式です。

　じつはこの動作は相手の頭部（首筋、襟を含む）を、自分が抱えてコントロールしているということを示す様式、すなわち暗喩なのです（図㉙㉚）。暗喩という言葉がむずかしいのなら、ジェスチャーとしてもよいでしょう。ですから自分の身体と腕を平行にもっていく時代以前のナイファンチの形などでは、この動作は胸の横に置いた拳（いわゆる引き手）の上に、じかに重ねるようにして形を演じていた人物が多々おられました（図㉛㉜㉝）。

前記したように、武術として伝承された沖縄空手（首里手）における捕り手用法は、相手のいちばん脆弱な首への攻撃に始終します。この相手の頭部を、自分の背中の大きな筋肉である広背筋を使った両腕の操作によって、まず自分の胴体部に引きつけます（図㉞）。その後に左側へ左手を用いて、相手の頭部を移動させます。

これは現在では突きとされている動作ですが、本来は相手の頭（髪の毛）、首筋、あるいは襟元をコントロールしながら、横へ送っているのです。

その後に左の小・大腰筋で左足を地面から引き抜き、左の大腰筋膜張筋の働きで膝を鋭く抱えこみ、相手の顔面を蹴ります（図㉟㊱）。蹴った足の膝の位置はそのままで、すばやく足を引きこみ、自分の身体の前傾を保ちます（図㊲㊳）。

この蹴りの直後の前傾した膝の抱えこみこ

そ、重力落下を利用した、人間がいちばん効率よく移動する方法です。実戦においては、この膝を落とす方角をコントロールして移動し、かつ膝を落とすことで生じるエネルギーを利用して、相手へ放出する次の技へとつないでいきます。この一連の動きは重力と自分の身体を巧妙に使った、沖縄空手の特徴をみごとに表したものとしてもよい身体操作です。

この時に自分の左の拳は開いて開手になり、その手の平へ自分の肘を打ちこみますが、これは一種の「様式」です。機能的には、相手の上段（頭部、首筋など）をコントロールしていることを表しています（図㊴）。

相手の顔面を蹴った直後に、相手をコントロールしていた腕を広背筋を作用して引きつけますが、後頭部へ遣った自分の手はそのままの状態です。ここでも、クシ（広背筋）が強く働くのが確認できます。そして自分の反対側の右腕を曲げて肘を鋭角に保って、左腕で引きつけた相手の頭部へ肘当てを放ちます（図㊵）。

この後の動作は形の演武の際には肘当てを放った右手は拳のままですが、武術的に形を修行する時には、右手は一瞬開いて相手の頭部をふたたび握りなおします（図㊶㊷㊸）。今度は左の拳が胸の横に置かれ、右の腕が胸前を横切る

姿勢となります。またも、左右対称の動作で相手の頭部をコントロールしているという暗喩、すなわち武術的な様式の出現です（図㊹㊺）。

次に右手で相手の頭部を右側へ送り、相手の頭部を蹴ります。そして蹴った相手の頭部を広背筋を使用した右手で引きつけ、左の肘を当てます。これは前記した、左側の動きと対称になるもです。

連続した動きで読者の理解を深めるために、蹴りまでの動作を相手を置いた相対形として見てみましょう（図㊻㊼㊽㊾㊿51）。

これらの動きは、首里手の古伝形であるクーシャンクーの影響下にあるものです。

じつは筆者の修行時代の沖縄では、この四段のもととな

った古式のクーシャンクーの形において、この左右の前蹴りなどの後で片膝立ち（居合い立ち）になって、肘当てを出す流会派が存在していましたし、これらの流会派ではいま現在もそのように操作しているはずです（図52 53）。

　これは自分の蹴りで倒れた直後の相手、または倒れつつある相手の顔面へ、片膝立ちになって自分の身体の高さを合わせて、肘を当てている動作です。自分にとっては最下段ともいってよい肘打ちの技が、相手の上段へ炸裂したということです。この応用として、突きの場合が考えられます（図54 55）。

　この古式のクーシャンクーの形に出てくる動作こそが、現代の口伝その４「下段、中段、上段は相対」であるということが、非常に明確に理解できる部分です。

　しかし現代の大部分の首里手系統ではクーシャンクーなどの形でも、この部分が欠落している、あるいは修正されてしまっています。これは膝をついて肘を出す方法が、元の形には存在せず後からつけ足した可能性も否定できません。しかし前記した平安の形の影響などで、古式の形も簡素化されてしまった結果であり、かつ現代の突き蹴りに特殊化してしまった形の解釈にそぐわないとして、省略された可能性も高いのでしょう。

この動作において、武術的に非常に大切な二、三の身体操作の正確さが要求されますので、ここで詳細に説明してみましょう。

その3

まずナイファンチ初段にも出てくる、相手の頭部（首筋を含む）を抱えて立つ動作です。首里手の様式においては、この時には胸の横においた自分の拳の人差し指と中指の作る大拳頭は、正中線と平行になり、まっすぐ正面を向いていなければなりません。

この大拳頭が正面を向いているということは、自分の肘が拳と一直線を作っているということです。さらにこの肘の位置が、突きの際に腕を作用する広背筋がいちばん効率よく伸展している角度なのです（図56）。さらに身体の外側に位置する拳と、身体の中心を地面と垂直に走る正中線とが並行であるということで、自分の身体サイズの認識になると同時に、身体をまっすぐにすることを学ぶことになります（図57 58）。

それは、自分の正中線を正確に立てるということです。

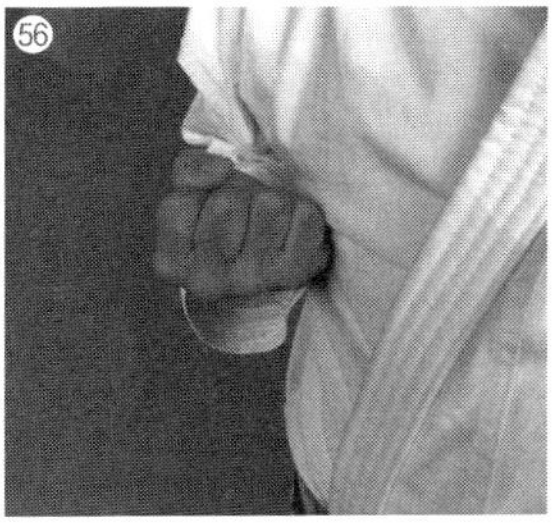

人間が動く時には、筋肉収縮によって動作を始めるために、かならず動く側の筋肉が収縮します。そして訓練されていない人間、あるいは正中線の存在を知らない人間、または正しい正中線の使い方を学んでいない人間は、この時の筋肉の収縮で身体が大きく歪んでしまいます。あるいはもっと稚拙な動きとしては、胴体内の筋肉ではなく足や手、すなわち上肢・下肢の筋肉を使用するという、目で見える方法で行なってしまいます。

しかし自分の正中線を確認することで、上肢・下肢の筋肉ではなく、身体内部の筋肉で技となる手足を動かすことが可能になります。さらに正中線の活用で左右・前後で分けた身体内部の筋肉において位置エネルギー、運動エネルギー、そしてそれらの合計である力学的エネルギーを効率よく作り出すことを学ぶので、最大のエネルギーを創出することができると同時に、身体の歪みを最小限に抑えることが可能になります。

これは地面と平行を保っている、自分の身体を水平に分割する天地線の場合でも同じです。

武術としての沖縄空手（首里手）では、移動の際に頭を上下させるな、といわれます。これは重力を利用した移動とは、重力（落下）によって創出された位置エネルギーを運動エネルギーとして開放しているということです。その際に自分の頭、あるいは身体を上下させるということは、自分の身体（頭）を上下するためにのみエネルギーを消費するという行為になってしまうからです。

西洋身体思想のもとにおいて発達したスポーツの影響を受けた空手では、地面を蹴って技を出す。あるいは後ろ足を相手の圧力に負けないよう地面に対して、突っかい棒の役割をさせて突きを出すなどの身体操作を行ないますが、武術としての空手にはこのような全身運動の思想はありません。

そして平安四段のこの時の動作では、前腕は天地線の確認のために地面と平行を保っていなければなりません。これは形の四要素における、天地線の認識を示す「様式」だとしてもよいでしょう。

さらに記せばこの動作は天地線の確認と同時に、上腕二頭筋、上腕三頭筋がニュートラルの状態にするために必要なのです。腕をニュートラルにするということが、首里手による人類がなしうる最速の動きである、鞭の動きをするために必要不可欠だからです。

これらは形の四要素における、身体の正しい「機能」をなすための動きです。さて地面から垂直の位置にある自分の正中線と、地面から平行に位置する天地線は、当然のことながら自分の身体内で直角に交わらなければなりません。正中線、演武線という形而上の線を、実際の形而下の自分の身体に応用すれば、両肩と腰の左右の線が地面と平行であるということです。かつ自分の左右の肩と腰の線が、地面から垂直に立っているということです。

武術的にいえば、身体が歪んで立っている人間、まっすぐ歩けない人間などは、正しい武術の修行をしていないということになります。まっすぐに歩くなどと記すと非常に簡単に思えますが、正しい武術の修行をしない人間が、まっすぐ歩くことは困難です。さらにくわえて、まっすぐ歩きながら技を出すなどという身体操作は、武術の修行なしでは不可能といってもよいでしょう。ここまででみずからの身体の操作を使っての、正中線と天地線の存在の認識を示す様式の存在と、その機能を記しました。

この平安四段の演武をする時に、あるいは修行の途中では、肘当ての後に右側の動作とは対称になるようにして左拳を胸の横にそえ、右腕が胸前でまげて自分の正中線、そして天地線と拳と腕が平行になることを確認するように一呼吸が入る場合があります。古武道などの形が非常に長い場合に、「ナカユクイ」という小休止が入る場合と同様だとしてもよいでしょう。しかし実際に形を武術として使用する際には、これらの動きはすべて一拍子、あるいは無拍子で行ないます。

その４

次は平安四段のおける演武線を踏み越えて、左右へ移動する際の武術的な身体操作を説明しましょう。この場合は自分の身体内の動きなので、身体の外へ表れる動きのみを表すことのできる写真などで理解しようとすることは、あまり有効な手段とはなりえません。武術的に正しい身体内の動きを理解する「観の目」でみて、理解する以外の方法はないのです。ここに武術として伝承された沖縄空手（首里手）の習得のむずかしさ、そして厳しさが存在します。さらにいえばこれらの動作こそが近代に入って、西洋心身文化であるスポーツの影響で喪失してしまった部分でもあるのです。

まず左手の引きつけ、右手の肘打ちの後で、右手を開いて相手の頭部を握りなおします。この時には形においては、前記した左右対称の動きを行ないます。しかし実際の動きでは、このまま つかんだ相手の頭部を自分の胴体前で、平行に横に移動させます。

この時にいちばん重要な働きをするのが、沖縄語でクシと呼ばれる腰と胴体後方部の筋肉です。まず自分の胴体部後方にある広背筋で、右肘を重力落下の方向へ移動させ相手の頭部を引きずりこみます。同時に小・大腰筋で、右足を地面から引き抜きます。その直後に、腸腰筋で右足を身体方向へ引きこむのです。

相手の頭部を引くことと、反対側にある自分の足を引く行為が、まるで引き戸を引くような具合になります。その時に相手の身体を引く原動力になる身体操作とは、自身の体重移動と自分のクシの動作です。

この自分の体重移動によってエネルギーを増すという方法は、後記する捕り手、解脱法の習得が主題である平安三段、五段ではひんぱんに登場します。しかしこの平安四段では、三段、五段とはやや異なったおもむきで、非常に武術的なダイナミックさによって表されています。

この場合の記述において筆者は、本書で通常使用する「重心移動」の用語ではなく、あえて「体重移動」と記しました。なぜならこの平安四段の場合には、文字どおり自分の左右への体重の移動によって、相手の身体をコントロールしている動作が如実にうかがえるからです。

この平安四段での修行目的とは、身体内の筋肉の操作がスムーズに、速くできるようになるというだけではなく、いつ、いかなる場合でも、重力落下を利用して自分の身体を操作できると同時に、相手の身体さえもコントロールできるようになるということです。すなわち位置エネルギーと運動エネルギーの総体である、力学的エネルギーを身体によっていかに具現化できるかを学び、かつ著明に演じることができるということが、平安四段のこの左右対称の動きなのです。

武術的には、これらの動きを一呼吸で行なうと前記しましたが、厳しい鍛錬の後に、武術的に正しい自分の身体のクシの部分と重力作用を利用することを学んでいくと、これらの複雑な行為を左右対称で行なえば行なうほど、あるいは形の後半になればなるほど、自分の動きが速くなっていきます。

それはむだな動きをいっさい排除して、重力落下の方向へ自分の身体を進めることを学んだために、重力加速度を利用して最大限に加速する方法を己のものとしたからです。ここまでむだをはぶいた武術的に正しい速さを獲得した暁《あかつき》には、いかにして速度を増すかではなく、いかにして自分の身体を最大速度下でコントロールするか？　たとえばいかにして減速することなく、瞬時に次の技に移ることができるか？ということに修行の目的が昇華していくことになります。

さてこの場面の次の動作は、現行の形の解釈では新たなる敵となるもう一人の相手が前方から現れて、自分の上段を攻撃してきたところを左手の手刀で受けて、さらに右手の手刀を相手の顔面や首筋へ出すという解釈になっています。すなわち写真のような場面として解釈しています（図59）。

しかし本来はこれも、左手でいままでと同じ人物である相手の頭を抑え、右手で相手の頚椎《けいつい》を折る動作です（図60）。一部の流会派でこの場面において、右の手刀が下から上へ掌底を上に押し出

すようなようすで行なわれるのはこのためです。または喉輪の動作で行なう流会派の場合も、下から押し出す場合の彼我の相対関係は同様です（図61 62 63 64）。

右側を向いていた自分の身体をまわすことなく、左右の膝の抜きによって半身を切り、前方へ向きます。その時に相手の顔面へ添えていた両腕をおのおの右腕は右側、左腕は左側へと、相手の頭部を首から捻じきるようにします。

その後に倒れこむ相手の顔面に前蹴りを入れる、あるいは顔面に膝蹴り、その後に金的蹴り、または相手の膝関節への蹴りが出ます。それと同時に、相手の後頭部に右の裏拳を放ちます（図65 66 67 68）。

武術的な考察で形を解釈すると、この裏拳を放つ時

悪い例（69 70）

の立ち方はナイファンチ立ち、その変形の撞木立ちなどであり、まだこの段階では足を交差してはいません。いや！　この段階で足を交差させてしまって、自分の身体移動によるエネルギーを使いきってはならないのです（図69 70…悪い例）。

前記した平安初段の解明の稿で、後ろへ進む動作の時に、相手の頭部をつかんで前蹴りを放つ身体動作を説明しました。その時には彼我の関係から最大のエネルギーを放出する方法として、自分の足を交差させることで相手の身体を引きこむと同時に、自分の後ろ足で前蹴りを出すという相乗作用で最大の威力を発揮することができる身体操作を記しました。

それではなぜこの場面では、足を交差させて裏拳を放ってはならないのでしょう？　それは平安四段の形においてはこの場面の次に、転身して投げの動作があるからです。そして裏拳の時に足を交差させてしまうのと、転身しての投げの時に交差するとでは、その必然性に絶大な違いがあるからです。

しかし形のもつ構造というものを理解しないかぎり、この必然性の差異というものには決して気づくことができないのです。

さらにいえば、もし昔の達人が、平安四段のこの場面での裏拳での当て、そして足を交差して転身して相手を投げるという動作を行なった場合に、あまりにもすばやく、かつスムーズであったために、観の目をもたないかぎり、通常の人間の目では見てとるのが不可能であったはずです。

その5

次に口伝その14「交差は投げ」のとおりに、裏拳を行なった右腕で相手の首を下方へ送り、左腕で相手の頭部の上側を支えて相手の頭部（首筋を含む）を固定して、自分の左足を交差して転身しつつ相手を投げます（図71 72 73）。

この時は形においては、自分の身体は後方右九〇度へ転身します。しかし、流会派によっては右四五度のみへの転身です。

なぜ後ろ足である左足を九〇度転身する流会派があり、かつ四五度だけ転身する流会派などのいろいろな方法が存在するのでしょうか？（図74 75 76 77）

じつはこの事柄を語ることは、首里手の形の構造と応用はどのような心身思想で成り立っているのかを知るうえで、非常に興味深いものです。そのために、本稿で詳しく説明していきましょう。

まずこの九〇度、四五度の交差で体重移動によって相手を投げるという操作は、武術として

78

79

の投げとはいかなるものか？ということを如実に表しています。そして武術としての沖縄空手（首里手）では本稿の平安四段のこの場面のように、自分の投げによって平衡感覚を失った相手の顔面を蹴る動作がひんぱんに登場します。

この平安四段では横九〇度に転身した場合と、四五度に転身する場合でも同様に、相手を投げた時、あるいは投げている途中で相手を蹴る動作です。しかし自分と相手の身体の相対関係をどのように解釈するのかで、流会派によって九〇度と四五度と角度に違いが生じてきたと思われます。

まずこの場合は九〇度へ転身する方法が一般的であり、正しい方式だとしてもまちがいではないでしょう。自分が九〇度転身した場合には、相手の身体は四五度の位置に存在します。その四五度の位置にいる相手の顔面、あるいは腹部などを蹴るというのが、この平安四段における転身の動作の主旨なのです（図78 79）。

しかし、ここで一つ重要な問題が発生します。すなわち自分が九〇度転身して、四五度の位置にいる相手を蹴る動作では、やってみるとわかりますが、自分の身体が斜め四五度に開いているために、自分の正中線が相手から見て完全に露出してしまうのです（図80と前ページ図74）。

平安の形だけではなく、首里手の古伝のすべての形においては、彼我の正中線の存在の認識と演武線上での両者の一致が必要不可欠です。

しかしこの場合に、相手の正中線と自分のそれを一直線に揃える行為をするためには、首里手の基本である正中線を隠す半身の姿勢ではなく、相手と

80

四五度の角度で向かいあうことになります。

するとこの状態を相対形ではなく、単独でした場合にさらに著明になりますが、自分の体勢が正中線を露出するという武術的には非常に不利な、かつ熟練した人間にとってはまことに不本意なものになってしまいます。

その不利な状態、あるいは不本意な体勢を避けるために、九〇度の転身をした場合に自分の真正面に投げた相手の身体が位置するという解釈に立って、蹴りを放つ動作となります。この場合には自分と相手を九〇度転身後の横一直線上において、正対するのを避けたということです。

これが同じ平安四段においても、この場面で九〇度の転身をして、その後に九〇度の直線上に位置する相手に向かって、演武線の真横に前蹴りを出す流会派の解釈だったはずです。

次に四五度の転身を行なう流会派では、この場合に四五度転身した自分と投げた相手が同じく四五度の直線上に位置することで、自分の身体が開いて正中線が露出することを避けたのです。

本書で行なっているように自分が九〇度転身して四五度の位置へ相手を投げた場合には、実際の戦いでは投げられた相手の身体が四五度の角度に置かれ、かつ首里手の原理である相手の身体内の正中線と、自分の正中線が一直線上に位置するためになんら支障はありません。支障がないどころか、それこそが武術的に唯一絶対的に正しい彼我の相対位置になります。

しかし前記した単独形のように、仮想の相手はいざ知らず、現実の相手が存在しない場合には、自分の身体を曝《さら》け出した無防備に近い状態に置かれてしまうのです。

沖縄空手の修行者たちには、形における彼我の正中線の存在と、演武線上での合致という最重要事項の認知は第二の本能となるまで高められていたはずです。だからこそ正中線の露出という、首里手にとっては非常に不本意な状態を形の構成上なさねばならないことを認識した両者は、それぞれの解釈に立って一方は九〇度の直線上で、そして他方は四五度の直線上で相手へ蹴りを放つという、解決策を見つけ出したのだとしてもよいでしょう。

なお私事になりますが筆者の主催する無想会においては、以上の解釈によりこの場合は形の構成上で首里手の法則に沿った解釈を行ない、自分の身体を九〇度転身させて、四五度の位置に投げた相手の身体を蹴るという動作で形を行なっています。

なぜなら「神速」を目標として形を自分のできるかぎりの速度で行なった場合に、自分と相手の位置関係が論理的に正しくなければ、速く行なえば行なうほど、自分の心身がその場面で膠着《こうちゃく》してしまうからです。それは彼我の関係が武術的には自然ではないために、武術の心身思想によって訓練された脳が拒絶するからだとしてもよいでしょう。

この相手の顔面への右の前蹴りの後に大部分の流会派では自分の右手による順突き、左手による逆突きが連続でくりだされますが、これは蹴り足の膝の高さを保ったまま、前傾姿勢で出される二連突きだとの感触になります。さらに突きの高さは自分にとっては中段ですが、相手の上段である頭部（顔面を含む）へくりだされています（図81 82 83 84）。

なお蹴った足を前に出すのではなく、後ろに引いて逆突き、順突きの二連打を出す流会派も存在しますが、この時は蹴った足の膝を一瞬保ち、完全な前傾姿勢を保ちつつ二連打

が出ることになります（図⑧⑤⑧⑥⑧⑦⑧⑧）。

ただ首里手の原理・原則を厳しくこの場面で適応した場合には、二連打の最初の突きを放った後で拳を開いて相手をつかみ、その後に二発目の突きが放たれるというのが正しい方法でしょう。

なぜなら非常に厳密に考えてみた場合には、自分の初発の突きが相手に決まっていれば、次の突きを出す場合には相手と自分の位置関係は変化しているはずだからです。そして首里手の古伝の形の構造は、そこまで我非の相対関係を認識して構成されており、この平安の形も例外ではなかったはずだからです。

そのまま連打で突いた両手を開手にして、ふたたび相手の首筋で交差させ相手の頭部を固定します。または片方の手で相手をつかみ、他の手はそれを補佐するカタチになります。

今度は右足を一三五度移動させることで、相手の身体を九〇度右へ引きこみます。この場合には自分は演武線から九〇度の左側、そして引きこんだ相手は演武線から左側四五度に位置することになります。この時には左の膝を抜くと同時に右の広背筋が収縮し、さらに右足を移動させることで、重力落下と筋収縮による、いわゆるクシの作用で相手の身体をコントロールするのです。

そして左後方四五度にいる相手の顔面に対してふたたび、左の小・大腰筋で地面から引き抜かれた左足によって強烈な蹴りが出されます。口碑の「つかんだら蹴れ」という動作が、ひんぱんに登場する場面です。その後に

左右対称の動きとして、左右の二連打がくりだされます（図⑧⑨⑨⓪⑨①⑨②）。

なお、彼我の距離を考えると、この場面の前蹴りは他の平安初段の最初の蹴りのように、膝蹴りを相手の顔面に出して、その後に相手の下腹部や膝への（下段）前蹴りであった可能性もありますが、筆者には確証がとれませんでした。

その6

前記したように、個々の流会派によって裏拳からの転身の時に、自分が直角の九〇度転身して、真横に位置する自分が投げた相手に右前蹴りを出す。または自分は四五度へ転身して、同じく四五度上に投げた相手に対しての前蹴りをする。あるいは自分は演武線九〇度へ直角に転身して、四五度に位置する投げた相手への前蹴りを出す形式の、都合三通りのやり方があります。

しかしこれらの違いは、形の構造においての解釈の違いでしかありません。この三通りのやり方を詳細に検証してみるとわかりますが、自分と相手の正中線と演武線を一致させるという、首里手の心身思想の基本原理をすべて踏襲していいます。あるいは原理原則を踏襲しようとするがゆえに、この三通りのやり方が生じてきたともいえます。

すなわち同じ$H^{2}O$を水として表現するのか、あるいは氷として、または水蒸気として解釈するかの違いだけです。古伝の空手（首里手）は一人一流派、あるいは一人一手とまでいわれて、個々の武人の解釈によって、おのおのの細分において違った形の動作が生まれてきた理由が、この$H^{2}O$をどの段階において理解して表現するかということだったからです。ですから、首里の手には流派はありませんでした。なぜなら水、氷、水蒸気はすべて$H^{2}O$であるという原理・原則を理解した場合には、流会派の違いが生まれ出てくる余地はないからです。

しかし現代空手の悲劇とは、水、水蒸気、そして氷が$H^{2}O$であるということを理解せずに、たとえていえば氷状の固体、水蒸気状の気体、あるいは赤い水、緑色の水、または甘い水、苦い水などというものが形の思想であり、人間の動きの原理・原則だと理解してしまったことです。そして、それらはすべて異なるものだと理解してしまい、流会派が生まれてきたということなのです。

非常に重要なので再三述べますが、形の存在意義とはたとえば化学において水が$H^{2}O$であると理解できると同等までに、自分の（ということは人類全体の）身体操作を理解することが第一となります。

これほどまでに人間の心身の根源を理解するためには、みずからの心身を切りきざむほどの厳しい修行が要求されます。そして厳しい修行によって、水は$H^{2}O$であるとわかった時点において、水蒸気として、あるいは氷の状態としての水（$H^{2}O$）というものが、最大に活用できることになるのです。

この最大限の活用というものが、本書における形の四要素の一つである応用というものです。

この二連打の後に、ふたたび進行角度が変わります。すなわち演武線から斜め四五度に位置していた自分の身体を、演武線上に戻す必要があるからです。この時に自分の正中線を隠すために、自分の両手が交差されます。これは自分の拳を開手にして、相手の首筋を前腕で極めながら、頭部を握りこむ動作でもあります。相手の頭部を握っていた左手を引きつつ、右の拳が突き上げられます。これらの動きは、すべてクシの動きであるというこ左膝の角度をさらに鋭角にして、すなわち再度にわたって「膝の抜き」を行ない、今度は右足の踵を相手の膝を折るために落とします。この時に流会派によっては相手を引きつけることを示す動作である、両手を自分の腰のあ

とはもういうまでもありません（図93 94）。

この動作を三回行ないますが、首里手では口伝その９にあるように「三歩は一歩」です（図95 96）。偶数の四歩目で自分の両手をクシの動きで相手の頭部、または肩口を固めて引きずりこみます。

この時に隠し手として、自分の両方の親指で相手の目を抉《えぐ》る動作が入る流会派も存在します。

それと同時に、左の膝を抜きます。「膝の抜き」と同時に、右の小・大腰筋で右足を地面から抜き、大腿筋膜張筋などの働きで膝を鋭角に突き上げて、相手の顔面へと送ります（図97 98…単独形、99 100 101…相対形）。

単独形

相対形

たりに拳にして引く場合もあります（図102 103）。

その後に蹴った右足が前へ出て、身体が反転します。この時は自分の左右の手は、手刀のカタチになって相手の首下へ交差して添えられています（図104 105 106…後方から）。

後方より

演武線上での一八〇度の反転ですので、相手の身体も同じく一八〇度の演武線上に位置することとなります。形においては左足前、左手前の手刀という姿勢になりますが、この時は撞木立ち、平安立ちなどのナイファンチ立ちの変形となり、現行のいわゆる「猫足立ち」に近い立ち方となります。さらにこの時に手刀の手と肘の位置は、単独形での最終的なカタチとしては投げのために地面へ向けて垂直に近い位置となります（図107）。

次に左右の腕が交差しつつ、右足前で右の手刀が相手の頭部（首筋を含む）へ極めとして出されます。これで、平安四段の形が終了します（図108）。

私見になりますが、平安四段は形に登場する各技が美しく、かつ即時に分解につながるという非常に効率のよい、そしてスムーズな構成になっています。そしてこの形が前方へ進んで右横へ転身する動作に、流会派によって四五度、あるいは九〇度の違いがあるということで、当時の首里手の修行者たちの正中線、演武線の認識の明確さをうかがい知ることができると同時に、それをどう対処したのかがわかる貴重な形でもあります。

さらに武術としての身体操作の事柄からみても、みずからの重心移動、そして体重移動の身体操作を利用して相手の身体を完全にコントロールするなどと、非常に難易度の高い操作が要求されるものです。

これらの理由からこの形は修行すればするほど、形の後半へ進むにしたがって自分の動作の速度が増していくことが実感できるという、初心者が中級への段階へ進む時に非常に勇気づけられることのできる形です。

以上平安初段、平安四段という、機能的に共通点の多い形を説明してきました。平安の形では武術的心身操作でみずからの身体を守りますが、おのおのの形は異なる局面を想定しています。それに合わせて異なる身体操作の応用、すなわち技で対応する主題ともいえるものが存在します。

次はこの平安初段、四段とはまったくといってよいほどに異なる身体操作の応用、すなわち技を学ぶことを目的とする平安二段の形を解明していきましょう。

●第18章

第1節　平安二段の解明

単独形による平安二段の動きを、見てみましょう。

7

8

9

10

11

12

13

14

15

16

17

18

19

20

21

22

次はこの平安二段を、相手の存在する相対形で見てみましょう。もう読者は平安の形の構造を理解されていると思いますので、重要な部分は違う角度からの写真で見ていきましょう。

32

33

34

35

36

37

38

39

40

41

42

43

44

45

46

47

48

49

50

51

52

53

54

55

その1

平安二段の形はチャンナンと呼ばれたものが原型とされて創作された、あるいはチャンナンの形そのものの可能性が高いと前記しました。そのためでしょうか、一見してこの二段は他の平安の形とは異なった印象を、空手を知らない人間にも与えるほどです。さらに重要なことは見た目だけではなく、武術的に考察した場合に、この二段と他の平安の形が構造的に非常に違っているということです。これは、他の平安とは別の系統の考え方が根底にあるとしてもよいほどの差異です。

つぎに筆者の個人的な見解と明記したうえで述べますが、平安二段の形は近代に入って伝承の途中で、その武術的な原理・原則を無視した改変が行なわれたと思われます。これらの事柄を明らかにしつつ、この平安二段の形を解明していきましょう。

まず最初の動きから、説明していきましょう。じつはこの二段の最初の動きが、多くの流派間で異なった動きになっています。そのおもなものを一つ一つとりあげて説明すると同時に、どうしてこのような違いが起こったのか？　そして原型となる動作とはどのようなものであったのかという事柄を、詳細に記していきましょう。

まず自分の左側に位置する相手が、自分の左腕をつかんで攻撃しようとします。相手につかまれていた左腕は肘の内側を上方へ向けるようにして、脇を締めて広背筋で正中線側へ引きこみます。それと同時に右の膝を抜き、左足の腸腰筋を伸展させて左側へ開きます（図①②）。

相手につかまれていた左腕ですが、前記のクシの操作をすることで、今度は逆に自分が相手の手首を極めている状態が生まれます。この時の自分の手首の状態は裏拳、あるいは鉄槌のようすに見えますが、これは似て非なる動作です。

しかし、それも一瞬の間です。さらに様式としては自分の身体が横へ開くということですが、機能的にはこの際には両腕を交差させません。すなわち、片手のみでの操作になります。ただ初心者などに広背筋での腕の操作を理解させるために、両手を交差させることによってその認識を高めるという作用もあるかとも思われます（図③④⑤）。

形本来の動きとしては、相手の腕を極めている途中で右足を進めて、相手へ右腕による順突きが入ります。現在はこの場面においては、大部分の流派では右の中段順突きです。

それは相手の中段への突きに対して、自分が中段受けで受けて、その後に中段への突きを返すという解釈から起こってきたと思われます（図⑥⑦）。

しかし武術としての沖縄空手（首里手）では、人間の絶対急所である頭部を狙うために、古い動作を残している流会派では相手の頭部（顔面を含む）への、自分の上段突きとなっています（図⑧⑨）。古伝の形であるチャンナンでは、

⑧

⑨

⑩

児童生徒に教えるなどという制約はなく、純粋に効率よく相手を行動不能にするための操作として、当然のごとく相手の頭部への、自分の上段突きだったと思います。

さらにこの事柄にかんして筆者の私観を述べると、この左側の動作の後に登場する右側の動きでは、自分の中段の高さを突く動作が出てきます。これは大部分の従来からの解釈では、自分の中段突きで相手の中段を突くとなります（図⑩）。この右側への中段突き（本来は相手の上段への突き）と左右対称にさせるために、形の最初に出てくる自分の中段突きで相手の中段を突くという、解釈から生まれてきたものだと思っています。

平安二段（ⅱチャンナン）の形には、この場面の他にも前後の動作で上、中、下段の混乱があるのではないか？と思われる場面が登場します。

その2

現在の平安二段では、この最初の動きである中段への受けに見える動作がなく、左側へいわゆる前屈立ちになって、下段払いの動作で始まる流会派も存在します。

なぜなのでしょうか？　それは平安二段の形の構造を、他の四つの形の最初に現れる左右対称の動きと、対比させようとした結果からだと思っています。

なぜなら次の場面で、中段（あるいは上段）を突いた自分の右腕を、身体を一八〇度反転させて右側を向き、一見すると下段をはらっているように見える身体操作が出てくるからです（図⑪）。この右側の下段払いのような動作への対称の動きを作るために、形の最初の動作である左側の動きも、同じように下段払いから始めたために起こった事柄だと思われます。

もう本書をここまで読み進められた読者にはおわかりのように、これは左側の動作で相手を引きこんで顔面を突いた後で、口伝その13「転身は投げ」の言葉どおりに、相手の頭部をつかみ反対の右側へ投げすてる途中の動作です。この写真はわかりやすくするために、後方から撮影しています（図⑫⑬）。

さらにこの場合では右手で突いて、その後に相手の頭部を同じ側の右手でつかみ、相手を反対側へ引きずりこんでいますので、両腕で首を極めることは不可能になるために、機能の面から述べれば両腕は交差されません（図⑭⑮⑯⑰⑱）。

この二段も口伝その1「首里は左から」からの原則どおりに、最初の動きが左側の攻防から始まりますが、他の四つの形と異なり、二段では自分の身体が演武線を左から右方向へまたぐという大きな違いがあります。

他の平安の形ではこの平安二段とは違って、最初の場面の動きにおいては左と右の動きにはエネルギーの関連はありません。左右それぞれが、独立した動

⑭

⑮

⑯

⑰

⑱

きなのです。ならば平安二段と他の平安の形は最初の動きにおいて、構造自体が違っているということです。そのためにこの平安二段の一連の動きを、平安の他の四つの形と同じく左右対称だと理解してしまうと、いちじるしいまちがいを犯してしまうので注意が肝心です。

　この部分における他の平安の形の左右対称性と、平安二段のもつ左右の非対称性が、筆者がこの二段の形がチャンナンの原型、あるいは変形であり、他の平安の形はクーシャンクーやパッサイなどから動きを借用したものだという考察のよりどころの一つでもあります。

　左側にいた相手の身体（頭部、襟元など）を引きずりこんで、自分の身体が演武線をまたいで右側へ移動します。この時の身体操作も、すべてクシの動きです（図⑲⑳）。

　もうおわかりのように、現代の形の動作の説明においては、この時は右側へ下段払いということになりますが、現代の空手で「下段払い」「下段受け」などといわれる拳、あるいは手刀を作っての、腕による下方へのふりはらう動き

⑲

⑳

の大部分は、相手への投げや引きこみです。

その3

さらに機能の面で説明すれば、前記した多くの場面で登場するように、武術としての沖縄空手（首里手）では投げる途中、あるいは地面へ引きこむ途中で、蹴りなどの技が出ます。すなわち本書でも前記した、「…しながら」という言葉で説明するような二つ、三つの動作を同時進行させるのです。この場面でも、引きこみだけでは終わりません。解かりやすいように後ろ側から撮影した写真を見てください（図㉑）。

㉑

引きずりこんだ相手の頭部を、右側へ移動させた瞬間に、今度は自分の左膝を抜きます。それと同時、相手の頭部や襟元をつかんでいた自分の右腕をクシ（この場合は広背筋）の働きを利用して、自分の身体側に引きつつ突きます（図㉒。図㉓は㉑と同じく後ろ側から撮影）。この時の動作は形の最初に現れる、相手の手で自分の左側の腕をつかまれた時に対応する方法と、非常に似ています。

これは外見だけではなく、身体内部の操作も同じです。唯一の違いは、立ち方の幅が左側と比べてやや狭くなるということです。これは相手を引きずりこむためのエネルギーが大であるために、右腕を操作する右の広背筋の力だけでは不足する傾向があるために、右足の引きを増幅する必要があるからです。

この時の立ち方は、首里手の「猫足立ち」と称してもよいものです。

ただ重力落下を利用するために、上体は武術的に正しい姿勢でやや前傾しますし、瞬きをする間もないほどの動きでなければなりません。この時に上体を後ろに傾けてしまうと、相手の体重がもろに自分の身体にかかってしまい、勢いに負けた自分の身体が死に体になってしまいます（図㉔…悪い例）。

さらに述べれば相手の身体の重さに自分が負けないように、強固な立ち方が要求される場面です。なぜなら相手の身体を引きずりこみながら、自分の左の突きを相手の顔面へ送りこまなければならないからです。すなわち「不安定の中の安定」が、いちばん問われる場面なのです。

悪い例

この右腕で引きずりこんだ相手の頭部は、自分の中段の高さにあるので、外見からは中段へ放っているように見える、相手の上段への突きを放ちます。ここで自分の上段に突きを放ってしまうと、自分の突きが相手の頭上高く飛んでいってしまいます。現代の口伝その４「下段、中段、上段は相対」が、あてはまる場面です（図㉕㉖）。

さて非常に重要な事柄なので明確にしますが、武術としての空手の形を理解しようとするならば、この時の自分の左手による突きがどのようなタイミングで出されるのかを、考慮する必要があります。

相手の身体を引いて自分の突きを出すためには、自分の足が地面に着地

した時では、すでに遅すぎて技になりえないのです。

　この場面のように、相手の頭部を右腕で引きながら、一歩進んで左の突きを当てるタイミングとは、左の足が地面に触れる直前です。あるいはこの時には、左足が地面を離れた瞬間である場合もあるでしょう。それが武術の基準となる「刹那の間」と呼ばれる、一秒の七五分の一の時間なのです。

現在行なわれている、立ち方を極めて身体を安定させてから、突きを出すなどという行為は、むだであるだけではなく、悪癖を助長するものでしかありません。

　非常に大切なことなので、さらに記しますが、立ち方を極めた後で突きを「出す」だけでなく、突きと身体の動きは同時に行ない、立ち方を極めた後で突きを「極める」という操作でさえも、悪癖と呼ばれるものでしかありません。さらに要旨を明確にするために極論しますが、現在の空手における大部分の立ち方とは、突きが終わった後の残滓でしかないのです。それは相手に突きを出した後で、自分の身体がつまずかないように瞬間的に安定させるために、個々の場面に合わせて足を出して立っているというだけにすぎません。

　武術としての沖縄空手（首里手）においては、身体は突きの後についていくものにすぎません。ですから相手に当たった瞬間とは、極論すれば自分は相手に自分の身体のすべてをあずけた姿勢になっているのです。

　もちろん、このような姿勢は「刹那の間」以上の瞬時でなければなりませんが、言葉どおりに身体を全部相手にあずけた場合には、相手が自分の技を受けた時、または避けた時、あるいは技の威力がなくて相手に衝撃を与えることができなかった時などは、それこそ自分が転《こ》けてしまいます。または体勢の崩れた自分が、今度は相手の技をもらってしまいます。

そのために相手に自分が作り出したエネルギーのすべてを伝えるために、身体をあずけつつも自分の態勢は崩れていない。あるいは崩れないという「不安定の中の安定」が、武術としての空手にはつねに要求されるのです。さらにその「不安定の中の安定」を見きれるだけの「観の目」を、武術としての沖縄空手（首里手）は修行者に要求します。

さらにいえば一部の修業者は「刹那の間」を考慮せずに、自分の腕で相手を押しつづけて、物理学でいう自分の仕事量を増やして相手の身体を後方へ吹っ飛ばそうなどとしてしまいます。このような思考方法や身体操作は、空手の最主要武器としてもよい「突き」と、「押し」の区別さえつかない、武術としての空手の修行者としては失格であるとしてもよいでしょう。

ここまで形を理解して修行しなければ、究極的には形は武術としての沖縄空手（首里手）の修行においては、弊害になるだけであり、実践・実戦には形は使えないという結果を生み出すだけです。

防具つき組手などで直接相手に技を当てる組手などでは、みずからの身体操作を第三者の目でみることのできる人間には、この相手に自分の身体を一瞬ながらあずける行為を、相手の身体に直接的に当てることで解決することができます。

しかし武術としての沖縄空手（首里手）の形の修行の辛さとは、自分一人の身体で仮想の相手に向かって、自分の身体をあずけるという不安定な行為を、安定しつつなせ！という、理不尽とも思える行為を要求していることにあります。しかしこの理不尽さの要求する行為を習得し、かつこの理不尽さの本来の意味を理解した時に、東洋心身思想の結晶である首里手の形が、その深遠さの全貌を見せることになるのです。

その４

ここまでで自分の右側へ左足前で、相手の頭部（上段）へ左の中段突きをしている動作が終了したことになります。今度は自分の突いた拳を開手にして、相手の頭部をつかむという動作になります。

さらに次からが、演武線上へ戻った前方への動きとなります。この時に右側から前方九〇度への転身のために、現代の口伝その10「転身時は、両手と片手の違い」で述べるように、大部分の流会派では腕を上下に交差させて前方へ進むことになります。

純粋に形の構造と機能としての動作を考察してみると、ある場合には右側で相手を突いた自分の左手で相手の頭部をつかんで引きまわしているだけの動作であり、相手の首を極める身体操作は存在しません。そのために、両腕の交差は機能的には必要ないことになります（図㉗㉘）。そのまま左腕を現在は下段払いとも呼ばれる動作で、相手の頭部へ前方へ運んでしまえばよいのです。

しかし自分の左腕で相手の上段を突いた後で、右腕を相手の首下へ送って、そのまま転身の体さばきで相手の首を極めるという、武術的にみても妥当な思考方法による身体操作も可能です（図㉙㉚㉛）。

さらに平安二段の原型となったであろうチャンナンの形の影響を受けたと思われる動作、すなわち相手の身体を演武線上の前方へ移動させる時に、現行の下段払いをするのではなく、中段（内・外）受けのような動作をなした後で、次の動作で一歩前進しつつ手を交差させて、現行の上段受けを行なう流会派も存

㉗

㉘

在します（図㉜㉝㉞㉟）。

形の構造というものを理解して、平安二段のこの場面を実際の戦いを対象として考察した場合には、この相手の顔面や頭部を左拳で突いた後、そのまま手を交差させて現在の中段（内・外）受けのような動作で引きずりこんで、首を極める次の動作に移ることが理に適っています。

さらに後記する平安五段解明の稿でも述べますが、人間を投げる、あるいは引きずりこむなどの技では、相手の重心を一度上げておいて、その後に下方へ叩きつける、あるいは投げるという動作がいちばん効率がよいので

㊱

㊲

す。

またはその逆の相手を下に押しつけて、相手が抵抗する力を利用して上へもちあげるという方法もあります（図㊱㊲）。

そのために、現行の多くの流会派で行なわれている下段払いのような動作で相手の頭部を下へ落としながら前方へ転身して、その後に相手の頭部をもちあげて首を絞めるという後記の方法も、瞬時に行なうならば非常に理に適ったものです。

さらに他の場面の動作の中において、この中段受けの後で左右の前腕を交差させて、現行の下段払いをする流会派も存在していました。前記したように本来は機能として当然なされる動作が様式化されて、移動の際には両手を交差する動作が生まれてきた理由の一つだと思います（図㊳㊴）。

このように学童・生徒に創作された平安の形においては、武術としての首里手の動作が簡素化、または欠落している。あるいは武術的解釈から疑問符の出る余分の動作をつけくわえるなど、形の構成に混乱が起こっているのは、もう読者は理解しているはずです。

この簡素化が、創作された当時に行なわれたのか？　あるいは日本社会、

㊳

㊴

そして沖縄空手界が武術的思想を失っていく過程にともなって失伝したのか?は定かではありません。思うに、その複合なのでしょう。

だからこそ同じ「平安」という名の形であっても、これほどまでに武術的思考の欠落した数多くの異なる平安の形が存在するのだと思われます。

ただ、これらの古伝の形の動きと平安の動きを比較していくと、首里手の心身思想・操作が忽然として浮かびあがってくると同時に、他の古伝の形の解明の手解きともなるのです。

さてこの場面では現在の多くの流会派においては、「首里は左から」の原則どおりに左足が一歩前へ出て、相手の頭部をつかんでいた左腕を下方へ落としますので、本章ではその操作に従って動作を進めていきましょう。

その右腕で叩き落とした相手の頭部を、今度は引き上げます。その引き上げた顎の下へ、一歩前進しながら自分の右の前腕を当てて、相手の首筋(喉)を極めます。右足が前に出る、この「二歩目は極め」です(図㊵㊶)。

㊵

㊶

㊷

㊸

さらに平安二段では三歩目、四歩目も現在は上段への「上げ受け」、あるいは「上段受け」とも称されている、相手の首を極める技が続きます(図㊷㊸)。

この時に二歩目だけ拳を開いて、相手の首の後ろ側を引きこむ動作をして三、四歩目は拳のみで行なう流会派と、次の三、四歩目も開手にして相手の首の後ろを引きずりこむ動作をする流会派の別がありますが、これは「様式」が異な

るだけで基本的には同じです（図㊹㊺）。

右足が前になる四歩目で通常は、相手への決定打を示す「気合」が入ります。この自分の前腕で相手の首を極めている動作を、相手の上段への攻撃への受けの動作として解釈した場合には、なぜ受けの動作で「エイッ！」などという気合が入るのか？という根源的な疑問が生まれてこなければ武術的思考とはいえないでしょう。

その後に左足を右側九〇度へ転身して、相手の頭部をつかんでいた右腕を下方へ引きずりこみながら、現在は「下段払い」と呼ばれる動作で左腕で相手の首筋を極めます。そのためにこの転身の場合は形の構成上、そして機能の上からも両手が交差されます。この動作は相手の攻撃に対する受け技ではなく首を極めての投げ、あるいは引きずりこみだと読者は理解しているはずです（図㊻㊼㊽）。

その後に相手の頭部（上段）へ、自分の中段突きを出します。しかし厳密に述べてみると、この下段へ相手を投げた、あるいは転倒させる途中で、自分の中段の高さに突きを出すことは本来は理に適ってはいません（図㊾）。

なぜならそこに

は相手の身体（とくに頭部）は存在しないからです。ですからこの相手の身体を自分の下段の位置へ引きつりこんだ後ならば、本来は下段突きともいってよい角度で突きは出されるはずです（図㊿）。

じつは流会派によってはこの転身後に、平安二段の主題とも呼べる前方へ進んだ時の動作と同じく、相手の首筋（喉）への前腕での極め、すなわち現在の空手で上段への「上げ受け」と呼ばれる技をふたたび出す方法が存在します。あるいは転身で左横へ相手の身体を投げる、あるいは移動させる時に、現在は中段受けと呼ばれるのと同様の動作で相手の頭部を自分の中段に位置させて、自分の中段の高さの突きを相手の頭部へ出す流会派も存在します（図(51)）。図㊾(51)とも高低を明確にするために、両手を同時使用しています。

平安二段の主題ということを考慮すれば、転身時に相手の身体を下段払いのように引きずりこみ、その後に引き上げて頭部へ突きをみまうという、形の最初に出てきた技を使う可能性も否定できません（図(52)(53)）。

これらの違いは彼我の違い、すなわち自分と相手のわずかな位置関係によって生じる技の適応性であり、形の四要素における「応用」としてとらえることができます。ただ近代になって武術的思考が欠落してしまったために、形の構造を理解しないどころか、形に構造が存在するということさえも思慮の外にな

ってしまったために、「なにがなんだか、皆目意味が解からない」状態が生まれてきてしまったのです。

そしてこの場面でも平安四段で説明したような、現代の口伝その14「九〇度転身後の相手は、真正面か四五度の位置」の原理・原則を、いかに形の中で様式として理解したのかが、流会派の別によって異なってきます。

しかしこの差異などは、武術として伝承された沖縄空手（首里手）の全貌を理解したあかつきには、個人的な差でしかないと理解できてきます。古来から沖縄手、または首里手と呼ばれた古伝の武術としての沖縄空手には、流会派の別はなかったといわれていました。

ここまで本書を読まれた読者には、もう当然至極のこととして理解できると思いますが、現在の流会派の存在理由の多くは基本となる形の構造の解釈ではなく、構造の存在の有無さえも理解できなかったがゆえに生まれてきたものでしかありません。

その５

さらに相手の頭部をつかみ、右から左側へ演武線をまたぐ身体操作が登場します。

再三記しているので読者は、「これは相手の身体を引きずりこんでいる動作であり、両腕は交差される必要はない」と理解しているはずです。そして前記したように、現在は大部分の流会派では下段払いと称される動作になっていますが、現在の中段受けと呼ばれる動作で相手の頭部を自分の中段の高さへ引きずりこむ流会派もまだ

存在します。あるいは写真のように、下段から中段へもちなおす動作のある流会派も存在していました（図⑭⑮⑯）。

この後者の流会派に残っている動作である、演武線をまたいで自分の身体を一八〇度転身させて、相手の身体を引きずりこみながら、その勢いを利用して自分の突きの威力を倍増するという身体操作が、この平安二段の主題だとしてもよいでしょう。

その後に右足前になった段階から、左の順突きが相手の顔面へ放たれます。または流会派によっては二段の主題ともいえる、現在は上段受けと理解されている相手の首筋を極める技が入ります。その後に相手の頭部を左手でつかみ、九〇度左へ転身して演武線上に戻りつつ、左腕のみの動きで、あるいは両腕を交差して下方へ引きずりこみます。この時点では、自分の身体は演武線上を後へ向かって進むことになります。

ここで筆者には、解けない疑問があります。それは平安二段において、形の初期において左側から演武線上へ戻り、そのまま前方へ進む際には左腕で下方へ引きこんだ相手の頭部を、もちあげる動作が存在します。その後に、自分の中段の位置にもちあげた相手の頭部（首筋）へ突きを放つのです（図⑰⑱⑲）。

しかしこの後半の部分で、大部分の流会派においては演武線上を後方へ進む時には、相手の頭部をもちあげる動作は登場しません。そのまま自分の上段突き、あるいは中段への突きが、三回続いていくだけです。

しかしこの場合は大部分、あるいは筆者の調べたすべての流会派の形の中の動作において、相手の頭をもちあげる、またはもちなおす動作が存在しません。そのために相手の頭部（上段）は自分の中段か、またはやや下段

(57)

(58)

(59)

の高さに位置することになります。すると上段を出した場合には、自分は何もない空間に向かって、自分の突きを放っていることになってしまいます。すなわちここまで記してきた事柄が、ここでも起きてしまったことになります（図(60)(61)）。

これは前記した大部分の流会派で行なわれている方法の、前方へ四歩進んだ後で横九〇度に転身して突きを放つ時にも生じている矛盾と同様なものです。

この場面における大部分の流会派では、相手の頭部をもちあげる動作がないのは、伝承途中における欠落なのか？　あるいは、浅才の筆者には理解できないなんらかの理由があるのかは不明です。筆者の私観と明記したうえで述べますが、この場面で後方へ進む時に上段への突きが三回続くのは、前方へ三歩進む時の動作が上段への攻撃であったために、後ろへ進む時も同じ高さにして、前と後ろで対称にしようとした結果だと思われます。

(60)

(61)

突きが三回続いた後で、今度は後足である左足を左九〇度へ移動させる動作が出てきます。この動作は流会派によっては、左四五度の場合もあります。もうご存知のように現代の口伝その14「九〇度転身後の相手は、真正面か四五度の位置」の原理・原則を、いかに形の中で様式として理解したのかの違いです。

通常は右九〇度へ撞木立ち、あるいは平安立ちで立ち、手刀が中段へ添えられます（図62 63）。この時に左四五度へナイファンチ立ちやその変形である四股立ちなどで、下方へ手刀を出すなどの身体操作をする流会派も存在します（図64 65）。

62

63

64

65

これももう読者にとっては明らかなように、最初の手刀が示すのは開手によって相手の身体をコントロールして投げている動作と、その後の相手の上段（首筋を含む）への手刀による攻撃です。そのために撞木立ち、平安立ち、または四股立ちの場合、あるいはナイファンチ立ちなどの場合でも、外見からは同じ手刀による二つの動作でも、「似て非なるもの」として、身体操作は微妙に異なることになります（図66 67 68）。または二歩は投げの解釈で、二度投げている動作を手刀で表しているとして、この二つの手刀の技を同じ操作で出しても、大筋ではまちがいではないでしょう。

さらに記しますが、現在の手刀と呼ばれる技は、この平安二段までの解説で明らかなように相手の首などを極めて投げている。あるいは文字どおり手刀で、相手の首筋などを打つ、などの用法があります。

しかし前記した平安四段、さらには古式ナイファンチなどの解明をすると明らかになりますが、現在の手刀の技が意味するものは相手の喉仏をつかみつぶしてしまう、「喉輪」の技の場合も存在します。この喉輪の手刀にかんしては、さらに後記する平安五段の稿でも詳しく説明します。

その6

この平安二段の形において非常に著明になりますが、平安の形を要約してしまえば、左に二歩、右に二歩、前へ二歩、そして後に二歩と、畳三畳ほどの空間におさまるものなのです。なぜならこの空間が、一人の人間が相手の攻撃を認知して、みずからの身を守れる閾《いき》だからです。さらにこの形の最初の部分で著明な動作のように、一歩相手に入る動作は上級者になれば、自分の前足の膝を抜くだけではなく、やや引き気味にして始動を早めるなどの動作をするために、さらに行動する空間が狭まります。

現代の空手の組手競技では、遠い間合いから飛びこんで相手の上段への突きを出すなどの身体操作が、ひんぱんに登場します。これは、竹刀競技である現代剣道も同様です。しかし真剣での実際の戦いを想定した日本剣術や、武術としての沖縄空手（首里手）には、そのような身体操作がひんぱんに登場することは、その実践性から考えてみてもありえません。

さらに記しますが、日本武道では昔から「歩幅の大きい人には、名人はいない」という言葉があります。これは武術として伝承された沖縄空手（首里手）でも、まったく同じことです。自分の左右の足の開きを大きくとると、さも身体が安定して大きなエネルギーを放出することができる感触になります。じつはこの感触は、自分で創出しているエネルギーを自分で消費してしまったがゆえに、生まれてきたものです。

しかしながら、武術としての打撃技とは対峙する相手へエネルギーを放出することに意味があるのです。その自分で創出したエネルギーを自分で消費してしまうということは、武術的には自己撞着以外の何ものでもありません。

ただ例外として、小柄な人間が相手と当たり負けしないようにして、相手へ技を出す際に重心を低くするために、歩幅を心持広くとる場合があります。しかしこれとても、移動中の歩幅は武術的に正しい幅となります。そうでなければ動きが緩慢になってしまい、ただでさえ身体差で不利な状態を、さらに不利なものにしてしまいます。

すくなくとも東洋心身思想の究極である日本武道、そして武術として伝承された沖縄空手（首里手）を理解しようとするならば、歩幅を広く、あるいは大きくとるという身体操作は居着きを生み出すとして、武術の「悪癖」の中でも、もっともいみ嫌われる身体操作の一つであるということを認識しておいてください。

本書の読者にはもうおわかりのように、平安二段では技の面から、演武線をまたいで左から右へ移動した時のエネルギーの使用方法が非常に重要になるという、他の四つの平安形とは異なる機能を果たしています。

他の平安の形は最初の左右への動作は、完全に左の動作が右へのそれに影響を与えない、「様式」としての左右対称となっているとしても、極論にはならないかもしれません。あるいは形の途中での左右の展開での投げなどにしても、正中線をまたいでのエネルギーの活用は著明ではありません。しかし平安二段では、形の最初の左側の動作と右側の動作は連結しており、必然として存在するのです。

そのためにこの平安二段においては多くの流会派が、右側の動作による右足前の姿勢で、右手を下方に落とす動作を「前屈立ち、下段払い」と理解してしまったと思われます。そしてこの「前屈立ち、下段払い」を他の平安の形と同じく左右対称に行なおうとして、形の最初の動作である左側も「前屈立ち、下段払い」になっていったと思っています。

さらに前方へ四歩進む動作のうち二歩から四歩目までが、すべて相手の上段の首を絞める動作になっており、この上段への動作と対称にするために後方への三歩も、相手の頭部を上へもちあげる動作や暗喩がないままに、上段への攻撃を行なうという流会派が多々あります。

これらの差異は、近代に入って「クーシャンクー」、「チントウ」、「パッサイ」系統の平安初段、三段、四段そして五段と、「チャンナン」の形が原型となった平安二段の構造的な違いの理解に混乱が起こったためかもしれません。平安二段と他の四つの平安の形は、空手の修行者のみならず、空手を修行していない人間から見た場合にも非常に異なったものに見えるのです。

それは視覚から得る情報だけではなく、このように二段を解明した場合に、その機能的な役割から見た形の構造自体が、他の四つの形とは異なるからです。

第19章

第1節　平安三段の解明

平安三段の単独で行なう形の動きを、まず写真で見てみましょう。

（16…後方から撮影）

次にこの単独形を、相手のいる相対形で演じてみて、技の構成を理解してみましょう。

34

35

36

37

38

39

40

41

42

43

44

45

46

47

その1

本章の平安三段と次章の五段は、相手の「捕り手」への自分の「解脱」の方法を形において学ぶことが、おもな目的となります。

そして形の物語性の観点から平安三段を見た場合には、非常に興味深い展開を見せることになります。通常の形は「起承転結」、あるいは「起承転（転Ⅱ、Ⅲ、…）結」という具合に形の構成が成り立っています。しかし平安三段では他の平安の形とは違い、「起承転結」の流れで物語が完結するはずの場面で、思わぬ展開が起こるのです。その後にふたたび「起承転結」の物語が登場し、さらに完結すると思われる場面で、二度目の同じような展開が起こってしまうのです。すなわち物語が「起承転結Ⅰ」＋「起承転結Ⅱ」＋「起承転結Ⅲ」とも記せるように、三回も自分が相手に決定打を与えて行動不能にしようとする場面で、立場が逆転するという展開が起こるのです。

具体的な攻防の動作の説明においては、平安三段では他の平安形と同じく自分を攻撃してきた相手に、自分が武術的に相手の攻撃を避けて攻撃し、さらに他の平安の形と同じく相手に攻撃をかけつづけます。

しかし攻撃を連続して出した自分が、最後に相手に対する決定打を出すことによって行動不能にして、形における物語が終わる、と思われていた瞬間に、相手の反撃が出てきます。

この相手が反撃をかけてくる時に、場面を逆転させてふたたび自分に有利にもちこむのが、平安三段における「解脱」の方法です。そして三回目の起承転結によって、形が終了します。この平安三段の形の物語性は、「起承転結」のある小さな三つの形（物語）が集まって、一つの大きな形（物語）を構成しているとしてもよいでしょう。

以下、詳しく解明していきましょう。

まず本稿の三段の初動は、前記した平安二段の最初の部分と同じような動作となります。「首里は左から」の原則にそって、相手が自分の左腕をつかんできます。これは物語における、「起承転結」の「起」の部分です（図①）。その相手の手を自分は左の広背筋を収縮させて、引きこみながら逆をとります。

この場面ではまだ、相手の攻撃に反応はしていますが、自分の有利な体勢にはなっていません。そのためにこの部分は、平安三段における「承」の部分だとしてもよいでしょう。この時に首里手では「撞木立ち」、あるいは「平安立ち」と呼ばれる、狭い「ナイファンチ立ち」の片方（左）を開いた立ち方となります（図②）。

その後に自分の右腕を、下方に突き出すようにします。この動作は首里手の基本であり究極の形であるナイファンチに

も登場する操作ですが、平安三段においてはこの右腕を地面に突き刺すような行為によって、自分の右足を前方（この時には左側）へ移動させます。すなわち腕の重さで、自分の身体を地面に引きずりこむようになります。

この自分の身体を移動させることで、自分の重心が移動して、さらにこの動作によって自分の腕をつかんでいた相手と、自分の両者が作っていた重心が移動します。しかし相手につかまれていた自分の腕の位置は、自分の広背筋や前鋸筋《ぜんきょきん》（脇）で固定されているために、相手には変化したことが身体感覚として感知できません。

ここで運動の法則が働いて、自分の重心移動によって相手の姿勢が崩れます。その瞬間に地面に突き刺すように出していた右腕を、ふたたび広背筋で内側から外側へ相手へ向けて放ちます（図③④）。

これが現在では、中段受けと下段払いとされている動作です。しかし、もうおわかりのようにこれは受け技ではありません。この左右の腕が行なう動作も、ナイファンチ初段に登場しますが、ナイファンチの形でもこれらの動作は「受け」であると解釈されています。しかしナイファンチにおけるこの動作も「受け」ではなく、相手の頭部を下方へ引くと同時に、下から自分の拳、あるいは肘を打ち上げる操作です。

さて平安三段では、この時にはナイファンチで行なわれるような相手の頭部ではなく、自分をつかんでいた相手の肘を下方から突き上げて極めます。相手の肘を極めて折る、あるいは腕をはずすこの動作の直後に、反対側の自分の左腕は拳で相手の顎を下から突き上げます。この時は拳での突き上げ、または相手との相関関係において裏拳の可能性もあります。

この一連の技で、左側の動作は完了します。これらは平安三段の習得目的である、相手の「捕り手」に対して、自分の「解脱」法を習得する動きです。

現在においては空手の主要な武器は、順突きや逆突きだと思われていますが、武術として伝承された古伝の空手（首里手）においては、下からの突き上げや、裏拳、そして肘打ち、または前腕による技などの多種多用な手技が使用されます。これらのすべてを習得し、各々の当て方が武術的に正しく当てて相手を倒す方法に適っているというのが、アティファー（当法）の修行ということなのです。

そして他の前記した平安初段、四段と同じように、この場面で右側へ反転します。この反転は当然のごとく武術的な身体操作で行なわなければ無意味ですが、平安二段のようには形の構成における機能的な必然性のないものです。左右対称の様式を完結するための動きとしてとらえても、よいかと思います。

その２

右側の動きは、左側のそれとまったく同じです。じつは武術的に考察するとこの左右の動作は違うということになってしまうのですが、この事柄にかんしては本章の**その７**で詳細を述べていきます。

左の拳の突き上げ、あるいは裏拳が終了した後に、右手で相手の頭部を捕まえて九〇度左側、すなわち自分の前方へ移動しつつ、反対側の自分の左手を交差させて前腕部で相手の首を極めていき、さらに頭部をつかみます。もうご存知のように首里の様式としてもよい、左右左の動作です。

この時に前方から見た自分の身体は完全に半身になっており、現代空手のように正中線を相手に曝け出すような行為である身体を開くことはありません。さらに身体を開く動きとは、正中線を相手に向かって丸出しにするということ以外にも、身体を固定する、すなわち居着いた後で腰をまわすという、武術にとっては「悪癖」を生

む原因になってしまうのです。

この時に「首里は左から」の原則に沿って、左足が前に出ます。そして左手で移動させた相手の頭部を引き寄せつつ、自分の右腕を下から突き出します。これが現在の空手の解釈において両手による、「中段への添え受け」とされている動作ですが、本来は突き上げです（図⑤⑥）。

そのまま左手で相手の頭部を押さえてコントロールしながら、自分の右手による貫手が入ります。この部分では平安初段の前方への三歩目、そして四歩目とまったく同じような展開になり、形における貫手は相手の頭部を左手で押さえ、首をひねって露出させた相手の脆弱な首筋へ貫手を入れるという決定打となります（図⑦）。

しかし三段の形では、前記したように思わぬ展開になります。すなわちこの局面は「結」ではなく、三度現れる「結」の一つ、いわゆる「小結《しょうけつ》」あるいは「結Ⅰ」といってよい結果になってしまいます。なぜならここで貫手の技を出した自分の手を、まだ行動可能な相手が片手で、あるいは両手でつかんでしまうのです（図⑧⑨）。

これは他の平安の形には見られない現象ですが、平安三段ではわれわれと彼が形の途中で、攻守ところを変えてしまうのです。この平安三段における「捕り手」と「解脱」の技法の習得のために創出された、「仕手」と「受手」の立場の逆転の場面は、非常に興味深いものがあります。空手を知らない第三者の視点から見ても、平安三段の形の物語性としてとらえてみると、形を演じる人物が波乱万丈の活躍をする活劇を読む、あるいは観る心持ちが

してきます。

形が要求するこの場面において、この時に自分が勝利を得るためには相手のつかみ、すなわち相手の「捕り手」方法から、自分は「解脱」の方法を使って身体を自由にすると同時に、相手に対して有利な立場に立たなければなりません。

この局面を機能的に考察すると、このような仕手と受け手の立場が形の中で変わることが可能なのは、この平安三段が捕り手と解脱の用法をおもに学ぶ形だからです。

私見になりますが、これが打撃系統の突き蹴りのみの技を習得させるのが主題である形の場合では、自分が仕手のみではなく受け手となった場合に、単独形においては技をくりだす時に非常に心理的な困難が生じると思われます。すなわち本書の「受け」の項でも記したように、武道の形を演じているはずが、（仮想の）相手と自分の役割を、空間上で攻撃する側（仕手）と防御する側（受け手）として自分ひとりで交互にやってしまい、下手なパントマイムを演じてしまうおそれが大きくなるからです。または実際の相手が存在しない、殺陣《たて》を演じるということになりかねません。

以下、相手から自分の腕を捕らえた際に、多くの流会派に伝わっている二通りの解脱法を説明しましょう。両者の方法とも、身体の機能的な役割は同じです。ただその応用が腕を上にあげる、あるいは下方へもっていくというように多少異なるということだけです。

まずつかまれていた手を指のつけ根にあたる、手の内の部分を思いきり伸展させます。この筋肉操作によって、

つかまれていた腕や手の位置や長さを変えることなく、相手に向かってエネルギーを放出することができます（図⑩）。

その3

この状態から相手につかまれた腕を上方へあげて、「解脱」をなす方法を記していきます。

まず上げる腕は広背筋の働きで、腕を正中線へ向けて肘が入っていきます。そのために、肘の内側が上方へ向く感覚になります。

さてこの時に正しい武術的身体操作を説明すると、肘を広背筋を使って自分の身体の中心部を垂直に走る正中線へ引きつけることは、相手に向かって腕が伸びていくという結果になります。この腕が伸びることで、自分の腕をつかんでいた相手の身体と、自分の身体の間にある重心がわずかに変化して、変化を予期していなかった相手の身体が崩れます（図⑪⑫⑬）。

この時に反対側の左腕は相手の腕に添えて、はずれないようにします。または、相手の肘の逆をとって極めます。これは現代の口伝その10「転身時は、両手と片手の違い」という首里手の様式の機能的役割が、如実に表れた場面です（図⑭⑮

⑯⑰）。

さらに上に腕を上げる動作と同時に、自分の前足である右足が左側に一足分ほど移動します。この身体を移動させる、すなわち自分の体重移動によって相手の体勢を崩すという身体操作は、もう読者にはよく理解されていることだと思います。さらに次の動作が終了した時には、演武線上に自分の正中線が位置するという形の要求する武術的な身体操作の条件を満たすことになります。

そのまま自分は反転しますが、この反転の方法は前記した平安初段、四段、そして二段とまったく同じです。この時の身体操作は上体の胴部に位置する小・大腰筋は伸展しており、反転した身体の胴体部と下肢は「く」の字を描くようになります。自分の腰は相手に入っていきますが、自分の重心は演武線上の反転した自分の前にあります（図⑱⑲⑳）。

これが首里手のみではなく、古流柔術などの投げの動作でもあります。そのまま相手との位置関係によって、相手の腕を自分の肩口に乗せて折る。あるいは、相手に一歩入って腕を折りつつ投げる、などの技が出ることになりますが、これらの技の数々は応用です。この時に投げながら、あるいは相手の腕を折る勢いによって自分の裏拳が、近距離にいる相手に対して放たれます。

次は腕を下方へ置いて相手の「捕り手」から、「解脱」する方法を解明していきましょう。

腕を上方へ上げる時とまったく同じように、広背筋の働きで腕を固定して下方へもっていきます（図㉑㉒）。

しかしよく考えてみると、腕を固定しながら下方へもっていくという行為は、矛盾しています。でももう読者はおわかりのように、これは腕の長さや角度を変化させずに広背筋で固定して、自分の右膝を前方に抜いて沈みこんでいるということなのです。

この自分が行なった重心移動によって、相手の体勢が崩れます。さらにこの時に、

自分の身体を反転させます。気をつけなければいけないのは、この時に相手につかまれた腕は反転しようとする自分の後方へ移動しますが、これは腕を移動させているのではなく、身体を腕の方へもっていく心持ちで行なうということです。じつはこの方法では彼我の位置の逆転が、現行の三段より一歩、あるいは一動作早く行なわれる可能性もあるかと思われますが、本書ではその詳細は割愛します。

その後に自分の裏拳が、相手の上段へ放たれます（図㉓㉔）。

この相手につかまれた腕を、上方へもっていって解脱する。あるいは下方へ降ろして相手へ反撃するなどは、武術的な身体操作としてはまったく同じ機能であり、相手と自分の相対的な関係によって生まれてくる技の応用です。自分と同等かそれ以上の体格、体力をもった人間を相手にして試してみるといちばんよくわかりますが、自分の一本の腕だけで、相手の身体をコントロールすることは不可能です。しかし身体移動によって相手と自分の間にある重心を、自分の任意にわずかに変化させることで、変化を予知できなかった相手の身体を崩すことは可能なのです。

しかしここで明確にしておきますが、それは刹那と呼ばれる一瞬の間です。自分をつかんでいた相手を自分が解脱法で逆に極めうる瞬間は、相手もそれに対応できる瞬間でもあるのです。

現在行なわれている自分をつかんできた時に逆技を極めるという練習の大部分は、両者が移動せず、すなわち居着いた状態で行なわれてしまっており、相手の位置エネルギーの封殺という事柄がまったくといってよいほど無視されてしまっています。

自分を倒そうとする相手がつかんできた場合は、自分がその逆をとって極めても、相手はまだ位置エネルギーを封殺されていないために反撃が可能なのです。ですから立ち技での関節技の大部分は、実戦では使えないことになります。それらの方法が使えるのは、相手を壁に押しつける、または地面に押しつける（いわゆる寝技）ことを付加した場合にかぎるとしても過言にはなりません。

そのために古来から伝わった日本武道と同じく、沖縄空手ではこの三段の形でもたびたび登場するような相手の逆を極めると同時に相手の膝関節を踏み抜く、相手の上段を突くなどの技で、相手の位置エネルギーを完全に封殺する方法をかならずともなうこととなります。

さらにいえば素手の戦いの場合では相手が自分より歴然として体が大きく、また格段に速く、さらに圧倒的に体力があった場合には、相手からしてみれば極論すると技の必要はありません。自分より大きく強く、かつ速い相手が好き勝手に自分に突き、蹴り、あるいは自分を抱えて放り投げるなどの技（?）を出すだけで、勝負が決まってしまいます。

そのようなことにならないように、自分は相手の好き勝手な行動を許さないだけの、最低限の武力《ぶぢから》を養成しなければなりません。この最低限の武力あってこその技であるということを理解しなければ、空手の技術とは「気」などと呼ばれる摩訶不思議なものを駆使するという、誤解に立脚した修行方法におちいってしまいます。

この武力の養成の後で、空手の形とは、相手が自分より大きかったり、相手が先に自分に攻撃をかけてきたという、自分が不利な条件下にある時に、いかに技術によって自分の身を守るかということで成立しているということです。

ただ人間とは厄介なことに武力を養成する課程において、自分の力のみを養成してしまって技をおろそかにしてしまうことがあります。あるいは武力のある自分の力を、過信してしまうことが多々あります。

沖縄空手には、「力の強い人間や、身体の大きい人間から手を学ぶな」という不文律とも呼べる言葉がありま

した。それは往々にして自分の豪力や、身体の大きさに頼る人間は術の部分を疎《おろそ》かにしてしまい、汎用性に欠ける技のみを習得してしまう傾向を諌める言葉です。

さて「解脱」法で相手の「捕り手」からのがれた自分は、今度こそは相手の顔面（上段）に自分の突き（中段）という決定打を放つことで、勝敗を決めようとします（図㉕）。この偶数の四歩目で決定打を放つ行為は、口伝その11「二歩で極める」という首里手の原則がここでも著明に現れている場面です。

これは、他の平安でもまったく同じです。

その4

しかし、この平安三段では思わぬ展開が起こります。

まずこの思わぬ展開を暗示するように、平安三段では大部分の流会派に伝わる方法においては、この決定打を放つはずの場面で「エイッ！」などという気合を発しません。他の平安の形においては、前方への四歩目、そして後方への四歩目、すなわち偶数の四歩目で動きが終了する時点などで、右手で決定打を出す時に大部分の流会派では気合を発します。しかしこの時の偶数の四歩目の右腕で、中段への突きを出す時には、大部分の流会派に伝わる平安三段では気合を発しません。

なぜでしょうか？

それは、この自分の突きが相手に対して決定打とならないからです。形の物語性として「起承転結」の結ではなく、「小結」の「結Ⅱ」が起こってしまう場面です。すなわち、ここでふたたび相手が自分の突いた腕をつか

㉗

㉖

んでしまうのです。そのために、相手を倒す決定打にはなっていません。だから決定打、あるいは決めを暗示する気合が発せられないのです（図㉖㉗）。

相手がふたたび自分の腕をつかんできたために、この場面でも武術的に正しい身体操作によって「解脱」法を行なわなければなりません。この解脱の方法を学ぶことこそが、平安三段の形を修行する目的でもあります。

この時に「解脱」の機能的な身体操作を学ぶためと、身体はすでに四歩前へ進んでいますので、形の構成上で与えられた空間を使いきってしまっているために、自分が動ける空間を得るために一八〇度反転します。自分の身体が一八〇度反転するために、この平安三段の形の構造が複雑になってしまっていますが、形の解明としてそのまま前方へ歩いていって以下の技の動作を続けると、「見る目」しかない初心者でもこの場面を見とることができて、形の構成を理解することができます。

ですからここでは、そのまま前進して相手の「捕り手」から「解脱」する技《ワザ》と、反転する時に必要な身体操作である業《ワザ》の両方を説明します。

この反転する時に、相手に捕られていた自分の右腕を自由にすると同時に、相手にダメージを与える動きをします。沖縄空手における「解脱」とは相手の捕り手から自由になるだけではなく、自分の身を相手の束縛から自由にして、かつ相手にダメージを与えることが目的です。

すなわち技によって自分の不利な場面を逆転して、相手を制圧するという平安の形の主題は、武器などの得物を含む打撃系の攻撃だけではなく、このように相手が自分の関節の逆をとってきた時、あるいは四肢をつかんできた時に自分の身を自由にして、相手を制圧できることが目的となります。

その5

まず、技としての説明です。

この右腕の肘を鋭角に相手に肘の内側へ向けながら、自分の左足を自分の右足の側へ引きます。この身体操作は自分の足を引いて相手と自分の間の重心を、相手に感知させずにわずかに変化させて相手の体勢を崩します（図㉘㉙）。

後方から

この動作を逆の方向から見ると、上の写真のようになります（図㉚㉛）。平安の形には、ひんぱんに登場する身体操作（業）です。

これをゆっくりやると相手の腕が膠着すると同時に、相手の関節が逆側に曲がっていきます。これは、相手の関節の逆を極める技です。

しかし武術としての空手では、この際に自分の反対側の左手を相手の関節の下側へ当てて、自分の方へ鋭く引きます（図㉜㉝）。

これが自分の両方の肘を鋭角に張って、左右の腰に拳を置く身体操作ですが、これは前記の相手の肘関節を極め

る技ではなく、相手の肘関節を完全に破壊することを目的とする技です。そのために後記するように、単独形で行なう場合でも両腕を交差することとなります。現代の口伝その10「転身時は、両手と片手の違い」の意味が、如実に理解できる場面です。

次は、業としてこの場面を説明しましょう。

まず後にあった左足を、前にある右足に寄せるようにします。しかしこの場合には、まず右の膝は左九〇度に抜きます。そして股関節を開放し、左足を小・大腰筋で地面からわずかに引き抜き、左の腸腰筋で右足の側へと引いていきます。この時に首里手の反転の原則として、右手と左手が交差します。これは技としては、前記したように相手の肘関節を折っているということです。

この後に両足を揃えて、拳を腰に沿えて両肘を鋭角に曲げて左右に張った姿勢で立ちます（図㉞㉟㊱㊲）。その後に、右足が出ます。この右足が出る動作の時に、そのまま右足を一歩進める流派と、右足を上げて地面を踏みつけるような操作をする流会派が存在します。

後者の場合は肘関節を極めて折られた相手の膝関節の後ろを、今度は自分の右足裏で踏み抜く技です。これで相手の頭部（上段）が、自分の腰の位置（中段）へ移動します。その自分の中段の位置にある、膝関節を踏み抜かれて地面に膝を着いた相手の、後頭部の「盆の窪」へ裏拳を放ちます（図㊳㊴）。

さてここで一つ首里の原則からはずれた、身体操作が出てきます。それは反転して両足を揃えて立った後に後

ろ側へ進む時には、他の平安では左足から始まりますが、本稿の平安三段のみでは右足が最初に動きます。

なぜでしょうか？

それは前方への四歩目の足が、右足だからです。この場合に他の平安の形に見られるような左足から進めるのではなく、この平安三段で行なわれている方法の、同じ側の右足から進めなければ形の構成上で矛盾が生じます。ですからこの場面で右足が出るということが、理に適った動きとなります。

平安三段は捕り手・解脱の習得がおもな修行目的のために、相手と自分の相対関係が、打撃系統を主体とした平安初段や四段などと比較すると非常に緊密な関係になります。

初段や四段では相手に対して、自分の打撃技を放出すること、すなわち自分

のコントロール下で相手が動くことのみで形の構成が行なわれています。

しかしこの三段では、相手に自分の身体がコントロールされている状態が、ひんぱんに登場します。そのために前進した四歩目の後の技を出す場合に、実践では反転などは行なわず、そのまま自分の左足を右足側へ寄せて相手の重心を崩します。その後に、相手の肘関節を極めて破壊した後で、相手の膝裏を踏みこむため、または裏拳を出すためには、形の操作にあるように右足でなければ不可能だからです。

このようなことを理解するには、形を演じる際に反転せずに、そのまま前方に一直線で行なってしまえばよいのです。しかし、首里手の形は元の位置に戻るという不文律があり、かつ平安の形の大部分では前後四歩ずつという原則があるために、このような形態になっていると思われます。さらに反転することで多種多様な武術的な身体操作を学び、かつ自分の脳の空間認識能力を高めることが可能になるからです。

この後に反転して両足を揃えて、右足を踏みこみ技を出すという動作と同じ動作が後二回、都合三回同じ動作が続きます（図㊵㊶㊷）。これも、首里手の形の原則に則《のっと》ったものです。

そして最後の四歩目に、「止《とど》め！」としての正拳突きなどが放たれます。しかし、この後方への四歩目の正拳突きの場合でも大多数の流会派では、「気合」が発せられません（図㊸）。

その6

ふたたび、なぜでしょうか？

それは、またもや相手が自分の突きをつかんでしまうからです（図㊹）。またしても後ろへ向かって進む偶数の四歩目の決定打は、「結」となりえなかった技なのです。すなわち、この決定打と思われた技は「小結」の「結Ⅲ」にしかなりえません。

この場面において相手の捕り手から自分の身を自由にして、かつ相手にダメージを与えるための、平安三段における最後の「解脱」方法が行なわれます。

この時も自分の左膝の筋肉を伸展して、すなわち膝を抜き、重力落下を起こすと同時に、自分の後ろ足（右足）を前方の足（左足）へ移動させます（図㊺㊻㊼）。

首里手にひんぱんに登場する、自分の重心移動によって、自分の身体を固定して束縛している相手と自分の間の重心を、わずかに変化させる身体操作です。この時も相手につかまれていた腕の長さなどには、変化はありません。いや！　物理の運動の法則から明らかなように、変化させてはなら

逆方向から撮影

ないのです。自分の腕の長さを変化させないからこそ、相手の身体が変化してしまい、相手の体勢がわずかながらも崩れるのです。

しかし自分が重力落下を起こしたために、腕に変化はなくとも、相手の身体が重力によって落下し、彼我の腕が相手が自分をつかんでいるために結ばれており、相手の身体はやや前方へ傾きます。体勢を崩し前かがみになった相手の体重を利用して、自分の右腕が相手に向かって飛んでいきます（図㊽㊾）。

文章で説明するために、この部分の身体操作を分割して記していますが、形においてはこの時は右突きと右足の前方への寄せは同時に行ないます。平安三段の形における最初の動作と、まったく同じ原理・原則です。

この時は相手の顔面への上段突きになる場合がありますし、あるいは相手の顔面の横を腕が突き抜けていく場合の両方の方法がありますが、相手の頭部（首を含む）を巻きこむことでは同じです（図㊿）。

このように相手の後頭部へ、自分の腕が巻きつきます（図51 52）。そのまま自分の右膝を抜いて、重力落下と右のクシ（広背筋）で相手の身体を引きずりこみます。この時にいちばん注意しなければならないのは、決して

自分の身体をまわしてはならないということです。そのために引き寄せた右足の足首は九〇度左側を向いて、左側へ右膝を抜くという姿勢になります（図53…悪い例、54…良い例）。

そして反転した自分の身体は、次に記す動作を行なうために、完璧なナイファンチ立ちをなしておかなければなりません。その動作と同時に、自分の左足は小・大腰筋で地面から引き抜き、左の腸腰筋で自分の右側へと移動させます。この時の左足は、決して図53のように弧を描いてはなりません。

良い例

悪い例

この動作を瞬時に同時期に行なうことで、自分の左側が完全に空きます。すなわち相手からしたら、この部分の自分の身体が完全になくなってしまうのです。その自分の身体がなくなってしまった空間へ、重力落下と広背筋によって、相手の身体を引きずりこむのです。すると相手はつんのめる格好で、前に身体が泳いでしまいます（図55、56）。

日本武道でも武術として伝承された沖縄空手（首里手）にも、相手を自分の腰にのせて投げるという方法は例外としてしか存在しません。なぜならば、相手を自分の身体へのせて投げるという方法は、まず相手が刃物をもってい

るということが前提になる明治期以前の武術では、大多数の場面においては使用不可能だからです。

さらに自分の方が身体が大きく力が強い場合は是かもしれませんが、相手との体力・体格差で相手が有利な場合は、相手の身体を引きずりこんでしまうと体力負けしてしまうからです。

そのために日本武道、そして沖縄空手（首里手）においては「入り身」で入って、重力落下を利用して相手を投げるという方法を使います。平安三段におけるこの場合も、同様です。

その泳いでいる相手の身体を、今度は瞬時に九〇度の角度で左側へ引き寄せます。すなわち、前につんのめって勢いのついた相手の身体は、今度は直角に身体が泳ぐという体勢になってしまい、受身をとるなどの操作が不可能になってしまいます。

この時に完璧な動歩行の立ち方であるナイファンチ立ちの姿勢を保たなければ、相手の身体を自分の身体の内側に呼びこんでしまい、自分の姿勢が崩れて技の威力が激減します。「見の眼」でみると、ただ足を広げて立っているようにしか見えないナイファンチ立ちとは、重心が自分の両足の間の外にあるという、動歩行の一部を切りとったものなのだということが、如実に理解できる場面です。

この時に静歩行主体の立ち方をしてしまうと、相手の身体の勢いに負けてしまって、技になりえません。さらに今度は、自分の右側から左へと移動する相手の頭部（顔面を含む）に対して、カウンターの要領でナイファンチの形のように左の角（鉤）突きが放たれます（図㊼㊽）。

現在の大部分の流会派では、この最初に行なわれる左側での左拳を胴体の横に置き、右腕を胸前で九〇度の角度で曲げる動作と、右側での動作はまったく同様に行なわれています。これは平安の形のすべては、左右対称で終わるという不文律が存在するからでしょう。

しかしごく一部の流会派ではこの部分では左右対称に見えますが、微妙に左右の手の位置が異なり、最後は自分の中段の位置にある相手の上段へ突きを放つことで平安三段が終わっています。すなわちナイファンチ初段などに出てくる、鉤突きの動作で技が終わるのです。

さらにこの時に演武線をまたぐのではなく、そのまま左側の位置で相手を左側へ投げ、足を移動させず腰を切る動作で相手を右側へ落としこみ、左の鉤突きを放っています。

この一連の動作は大部分の流会派の形の中では、左から右側へ身体全体を演武線をまたいで行なわれますが、これは形における様式です。そのまま演武線をまたがずに左右の動作を行なっても、構造的にはなんら問題はありません。

私見として記しますが、機能的にはこの形式の終わり方が自然で理に適っており、「神速」をめざして単独形を自分のできうるかぎりの速さ、あるいはできる以上の速さを求めて行なった場合には、この形式で終わる以外に方法がないと理解できるはずです。

ただすべての平安の形は、最初が左から始まるのと同じく、自分の身体が演武線の右側の位置にあることで終わっています。前記した平安四段でも本書では正中線上で形が終わっていますが、一部の流会派では正中線の右側へ向いて形をおさめています。そのためにこの平安三段でも、大部分の流会派では様式として正中線をまたいで右側へ身体を運んだあとで、形を終了させたのだと思います。

さらに形においては左と右側の動作はやや区別して行なわれますが、平安三段においては後方へ前進しながらの最後の突きから、相手を巻きこみ、投げて止《とど》めの突き（角突き・鉤突き）までの左右の動作は、すべて一連の動きとなります。すなわち、一呼吸でなされなければならない動きです。

ここで相手をしとめたという証《あかし》としてもよい「気合」が、はじめて平安三段の形において発せられるのです。

その7

平安三段の形を詳細にわたって、武術的な身体操作で行なう方法の解明を記してきました。ここまで読み進められたならば、平安の形が武術的に正しい「刹那の間」にまにあう方法を修行者に要求しつつ、その習得方法もこと細かに明示しているのが理解できると思います。さらに形の構造という面から考察しても、非常に論理的に創作されていることが感じとられるはずです。

しかし、じつはこの平安三段と次に記す平安五段の形では、形の最初に現れる左側の動作の意味することと、右側で行なう動作にはわずかながら、武術的な観点から見て疑問点があります。

その疑問点を、本書で写真を使って明らかにしていきます。疑問点を明らかにするために、動作は非常に誇張された部分があるのをご了承ください。

まず形の最初の動作である自分の左の腕をとられた時には、自分は膝を抜いて身体を左側へ開いて撞木立ちになるだけで臨戦態勢は完了しています。これは自分の身体が形の最初の段階で正面に向かって肩幅ほどに足を広げて立っているために、左側へ身体を開く際には武術的な動作としてなんら不都合も、不整合も生じないからです。

なお読者諸兄は演武者の正中線の下にあるライン（図では白線で表示）が、平安三段の演武線を示すものだと理解しておいてください。

これらの動作は他の平安の形と同じく「起承転結」の「起・承・転」の部分が、一瞬の間で行なわれるという「刹那の間」というものを基準とした、非常に武術的価値の高い身体操作です（図⑲⑳㉑㉒㉓㉔）。

しかし両足を揃えた左の動作が終わった後で、左右対称の動きを右側で行なおうとすると、支障が生じてきます。すなわち左側で相手を倒す技を習得するために、両足を揃えてしまったため次の動作としては後ろをふり向き反対側になる右側を向いて右足を一歩出す、あるいは左足を一歩引く以外に左右対称の態勢にはなれないからです。

この両者の相違を述べると、右足を一歩出してしまうと、左側で行なった武術的に「刹那の間」にまにあう動作である、膝を抜き身体を左側へ開いた行為とは、まったく違った局面に対処した身体操作になりかねません。

このように相手が腕をつかんできた時に、または従来の多くの平安三段の形の解釈のように相手が中段を突い

てきたと想定しても、この平安三段の右側のように自分が一歩進むことができたということは、相手の突然の攻撃に対して、自分は一歩進んで受けることができる時間があるという想定になってしまいます（図㊐㊑㊒）。

しかし相手の攻撃に対して、自分が一〇〇パーセント近く自由に能動的に動けるのならば、受けの必要性はありません。相手の攻撃を避けながら、自分の攻撃を相手に入れてしまえばよいからです。

そのために、形の構造が成り立ちません。すなわち武術としての形が想定している、「刹那の間」における身体操作が必要な局面と比較してみると、異なる場面でのみ使える技の習得ということになってしまうのです。

ではこの矛盾を解消するために、自分の身体が右から相手の攻撃を避けて、左足を一歩左側へ後退するという考えが生まれてきます。この動作を行なった場合には論理的にやや強引ながら、武術的に見て妥当としてもよい左側で行なった行為と同じであるとの解釈が成り立ち、機能的にも左右対称の行為が成り立つかもしれません。

しかし厄介なことに、今度は自分の身体内の正中線が演武線上からそれてしまうという、ジレンマにおちいってしまうのです。

写真では演武線との距離はあまり感じられませんが、本来はもう肩幅一つほど演武者の後方、あるいは左側へずれてしまいます（図⑱⑲）。

すると次に自分が相手の身体を頭部をコントロールしながら正面へ向きなおって進んで下から拳で突くなどを技を出した場合には、演武線から完全にはずれてしまうのです。さらに、このような身体操作では、この時に自分の位置が演武線からはずれるだけではなく、この平安三段の形の終わりまで自分と相手の位置は演武線の外にあるということになります（図⑳）。

前記した平安四段における転身を述べた時に、ある流会派では自分は九〇度横に転身して、自分が投げた相手は自分の真正面すなわち自分と同じ九〇度の位置にいると仮定して、自分と相手の正中線を一致させて蹴りを出す。あるいは他の流派は自分は四五度に転身して、投げた相手も四五度の自分から見て真正面に位置すると想定して蹴る、という形の構成を行なっています。さらに自分は九〇度の転身を行ない、投げた相手は実際に起こる確率の高い四五度の場所に位置するとして蹴りを放ったという、三者の彼我の相対関係の処理方法が存在するのは読者は理解されているはずです。

この平安三段の最初の左右への動きも、一つの方法として右側の動作において左足を（左側へ）引くことで、

左側で行なった最初の動作と同じ状況と武術的身体操作を行なって、機能という面において処理した。しかしこの場合には、自分の正中線と演武線の一致という形の要求する、非常に重要な事柄の一つを犠牲にする可能性も大なのです。

他の方法としては左側の動作が終わり両足が揃ったあとで、右足を右側へ一歩進めて撞木立ちとなって、左側と同じ動作をするという処理方法が存在します。この場合には自分と相手の正中線が演武線上で一致するという形の要求する構成は可能になります。

しかし「受け技」の必然性という形の構造・機能という面からは、形の最初に登場する最初の左側の動きと右の動きは同じような局面ではなく、その機能的な役割も異なるというジレンマにおちいることになります。

なぜ、このようなジレンマが生じるのでしょうか？

それは形は机上の空論ではなく、生身の自分が生身の相手と対峙することを前提として、成り立っているからです。生身の人間の身体は前後、そして横の厚みがあり、かつ身の丈という高さが存在します。すなわち形の中における正中線と演武線は、それぞれ線という二次元の存在ですが、生身の人間は彼我ともに三次元で、あるいは時間を入れた四次元の中に存在しているからです。この机上の空論と、実際の厚みのある人間の身体を使った修行の矛盾点は、首里手の基本であるナイファンチの初段、そして古式ナイファンチの形などにも明確に表れてくるものです。

沖縄空手の単独形における現代の口伝その4「下段、中段、上段は相対」、あるいは現代の口伝その14「九〇度転身後の相手は、真正面か四五度の位置」などは、単独形においても自分の対峙する相手が生身の人間であるということを理解していることで生じる事柄の、解決法へのヒントにほかなりません。

非常に僭越な言い方ですが、この平安三段の最初の左右の動作において唯一正しいやり方があるとすれば、最初の左側の動作が終わった後で、現在は不動立ち、あるいは用意立ちなどの呼び名がある立ち方で、ふたたび演武線を両足でまたぐようにして立ち、その後に右側において同じ動作を行なうことかと思います。

この方法だと歩幅によって差は出てくるものの、次の動作として正面へ進む時には演武線上に自分の身体、かつ仮想の敵の身体が存在するという、形の要求する構成が成り立つからです。

しかし筆者は管見《かんけん》にして、そのような様式で平安三段が演じられているのを拝見したことがありません。

なお沖縄空手の名誉のために述べますが、筆者の修行時代の沖縄においては、この時に左側で足を揃えて立った自分が、その後に真後ろから攻撃してきた相手にいかに武術的に正しい身体操作で対処するのか？という機能の面においての考察や試みは、多くの流会派で行なわれていました。

さらに記せば、単独形において仮想の相手の形態がここまで明確に想定されているのを理解するからこそ、神速を得る修行方法が存在できるのです。そして単独形において自分が神速を得る修行を行なうことで即、相手に対応することができるようになるのです。

第20章

第1節　平安五段の解明

平安五段の単独形を、まず写真で見てみましょう。

1

2

3

4

5

6

7

8

9

10

11

12

13

14

15

16

17

18

19

20

21

22

次が、この平安五段を、相手との相対形として演じた写真です。

または逆手の場合

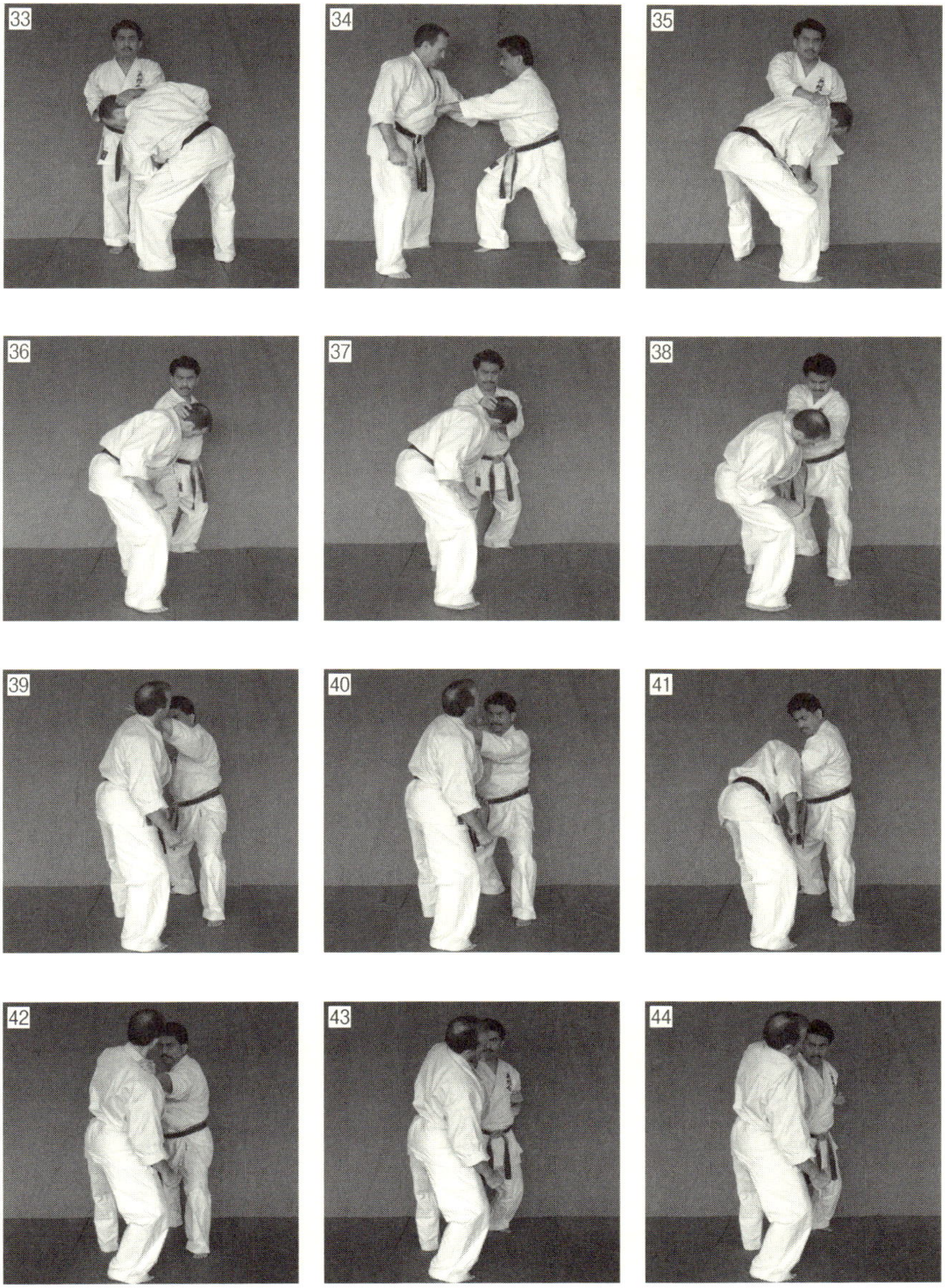
33
34
35
36
37
38
39
40
41
42
43
44

反転した後

または首筋を極めて

同じく左右対称の動き

または首筋を極めて

その1

平安五段は糸洲安恒先生が創作された、平安の各段における最後の形です。

この形は平安三段と同じく、「捕り手」と「解脱」を学ぶのがおもな目的の形です。とくに相手の首を極めて投げるという、非常に殺傷度の高い危険な技が二度登場します。

まず出だしは三段と同じく、左側から相手が自分の左腕をつかんでくるというところから形が始まります（図①）。

これは相手が左側から、自分の中段を突いてくるという解釈も成り立ちます。しかし、通常は人間が素手の場合は、相手の絶対急所である頭部を殴ってくるなどの動作を行ないます。そのた

めに最初から中段を突いてくるという動作は、前記した設定の応用だと理解しておけばよいでしょう。

三段と同じくつかまれた自分の左腕を広背筋の働きで動かして、相手の重心をわずかに崩し、その間に自分の右の突きを相手の中段へ放ちます（図②③）。

その後に、自分の自由になった左手を相手の頭部へまわし、同時に自分の後ろ足になる右足を左足へ寄せます。実際には突きと後ろ足の寄せが、同時になるような心持ちがするほどに一瞬の間です（図④⑤）。もう再三登場するので理解しているでしょうが、自分の体重を利用して相手と自分の間の重心を変化させる身体操作です。

では今度は相手の身体を裏返しにするやり方を見てみましょう。すなわち左側の相手が、左手で自分の左腕をつかんできた時に対処する場面です（図⑥⑦⑧⑨⑩）。いずれの場合にもこれらの時には様式として、ナイファンチ初段に出てくる、あるいは平安四段に登場するように、

相手の頭部（首筋を含む）を自分は両手で抱えこみ、相手の身体を完全にコントロールしているという暗喩が登場します（図⑪⑫）。

⑬

⑭

ここまでが、口伝その1「首里は左から」での左側の身体操作です。右側も、これと同じく左右対称のカタチで行なわれます。

すると両足を揃えて左右が逆になり、左拳を胸の横に構え、かつ右腕が胸前で九〇度の角度をもって構えているという動作になります。右拳を胸横に置き、その縦拳を重ねる動作です（図⑬⑭）。

ここから平安五段では右足が前方へ移動して、相手の頭部をつかんでいた自分の右腕を引きつつ、左の突き上げ（アッパー）が相手の上段へ放たれます（図⑮⑯⑰）。

今度は左足を前に出して、突き上げた相手の首を左手で押さえたまま、右腕で相手の「盆の窪」、または顎を突きます。そして相手を押さえていた左腕で相手の頭部を上方へあげて、右の手刀で相手の喉仏を打ちます。または、前腕で相手の首筋を打ちます。あるいは、貫手で相手の首筋を刺し抜きます（図⑱⑲㉑㉒㉓㉔）。この場合は左右どちらの手でつかみ、攻撃しても構造的には変化はありません。

他の平安の形と同じく、相手が右足、あるいは左足前で攻撃してきても、自分の対処の仕方には変化の必要がない汎用性に富んだ身体操作です。

⑮

⑯

⑰

横から撮影（㉑〜㉔）

横から撮影

そのまま左の手で、相手の頭部をコントロールしているという暗喩の動作がなされます。再三記しますが、この暗喩の動作は首里手の代表的な形であるナイファンチの形などにひんぱんに登場するものです。

そして右足が一歩前進して、左手を引きつけながら右の突きが相手の顔面へと放たれます（図㉕㉖㉗㉘㉙㉚）。

自分の右手の突きで相手の顔面を攻撃した後に、相手の頭部をつかみ、一八〇度後方へ演武線上で反転します。この時の身体操作は、決して身体をまわさずに引き戸を引く要領で、自分の身体を左右に分割して折りたたむようにして、自分の右腕を広背筋の作用で相手の身体をコントロールしながら行ないます（図㉛㉜）。

この時には両手を交差する動作が入る流会派も存在すると思いますが、現代の口伝その10「転身時は、両手と片手の違い」を参照にして形の構造から考察するに、この場合に両腕を交差させても相手に対する機能の役割は果たしてはいない

横から撮影（㉚〜㉜）

と愚考します。

さらに流派間の違いもありますが、反転して一八〇度引きずりこんだ相手の膝裏を右足で踏みこむ、平安三段と同様の動作が挿入される時もありますが、これは機能の応用です（図㉝）。

さらにこの動作は前に一歩進んだ右足が、二歩目で反転するという、口伝その12「二歩は投げ」の応用としてもよい動作です。

次に自分の左手を手刀のカタチにして、相手の首筋からコメカミに当てる。あるいは流会派によっては鉄槌によって相手の首筋や頭部を打ち、そのまま相手の身体をふたたび前方へ一八〇度移動させます。この場合の手刀を用いるのは、相手（の頭部）が自分の手の示す位置にいるということであり、流会派による差異はありますが、ナイファンチ初段や二段などにも出てくる動作でもあります。

この手を手刀、あるいは四本貫手のカタチにして横に出すという様式は、首里手の形でひんぱんに登場するものです。じつはこれは相手の喉仏をつかみきる「喉輪」の技であったのが、首里手の形において様式化したものだと筆者は思っています。なぜなら同じ相手をコントロールすることを暗喩するにしても、もとは非常に直截的な方法で行なわれていたはずだからです。

その論拠の一つはナイファンチ初段のように、首里の様式で厳しく箍《たが》を嵌《は》めた形では腕からまっすぐに伸びる手刀、あるいは貫手に見えます。

しかし糸洲安恒先生がオリジナルのナイファンチ、いわゆる古式ナイファンチと呼んでもよい形を三分割したナイファンチ二段、三段における部分では、親指と他の四本の指で喉輪の形態を作って形を行なっているのが大部分だからです。さらに形のこの部分における構造と機能を吟味した場合には、相手の喉仏を極めて技を出しているという動作と解釈することが、非常に自然だからです（図㉞㉟）。

ではなぜ元来は「喉輪」の技であったのが、「手刀」や「四本貫手」の形態に変わったのでしょうか？　それは様式、そしてとくに機能に面において日本武道の影響であったと思います。

なぜなら喉輪の場合は、自分の人差し指と親指が形作る弧《こ》の部分で、相手の首筋へ当てていきます。この時の親指の形状は、当然の事ながら半月、あるいは三日月状となっており、他の四本の指から突出してしまいます。すると現代の**口伝その5**にある「身体が武器を隠し、武器が身体を隠す」を身上とする首里手の身体操作からは、修行者の心情に違和感がわいてしまうのです。

しかし最大の理由は、この喉輪の技を出す場合に突出してしまう親指が、日本剣術の心身思想のもとで発達していった日本柔術では注意事項、あるいは弱点として捕らえられていたからでしょう。

すなわち日本柔術では四本の指だけではなく、親指を使って相手をつかむと、その親指の逆をとられて自分の力を相手に制される危険性が高いとされています。そのために柔術の当身技、すなわち空手の突き技に相当する技では、拳を作るときには親指を曲げて他の指で包み隠す流派も存在するのです。そのために日本文化の影響の強かった首里の手では、形における喉輪の技が手刀や四本貫手のカタチへと変化していったのだと愚考しています（図㊱㊲）。

この前方へ固定しながら移動させた相手の頭部、あるいは胴体へ自分の足裏による蹴りが入ります。さらに蹴り足を着地させる直前に、相手の頭部に向かって、自分の右の肘当てが放たれます。そして相手の頭部へ、自分のさらなる右の裏拳が出ます（図㊳㊴㊵）。

この裏拳はもうおわかりのように、相手の「盆の窪」と呼ばれる絶対急所の一つである、頭の後ろの部分へ放たれるものです。

現在の形における

様式ではこの場合は、交差立ちによる裏拳となりますが、本来はナイファンチ立ちなどで裏拳は放たれるものです（図㊶㊷㊸）。

これらがタイムラグを必要とする動作であるということは、本書の平安四段の解明などで読者はすでに理解されているはずです。すなわちこの場面ではＡの動作と次のＢの動作が、ＡＢとして同時になされていますが、本来はＡの裏拳の後に次のＢの動作である交差立ちを行なう際の身体操作がなされるのです。

さて次に述べる部分の身体操作が、平安五段の真骨頂、あるいは醍醐味ともいえる部分になります。

この相手の「盆の窪」へ裏拳を放つという、他の平安やナイファンチの形に見られる共通の動作によって相手を行動不能にした後で、裏拳を放った自分の右手で相手の頭部をつかみます。さらに表演としては、この時に右手での裏拳の腕に反対側の左拳を添える動作でおこなう流会派が存在します。もうおわかりのように、この裏拳、交差立ち、そして他の腕の添えはタイムラグが必要な動作なのです。

すなわち形の場面では諸手裏拳とも呼ばれる、裏拳に反対側の手を添えてさらに交差立ちで相手に技を出します。しかし実際に形を使うとすれば、ナイファンチ立ちなどの立ち方で、左手で相手の髪の毛、頭部、首筋、または襟などをもって引きずりこみ、右手で相手の盆の窪へ裏拳を放つ。その後に裏拳を放った手も相手の襟などをつかみ、交差立ちになって瞬時に相手を投げる、という最低でも三つ、数え方によっては四つや五つの動作に分割する必要があるのです。

ここでも技を出した前後での（相手の身体への）つかみという、首里手における基本的な身体操作が作動します。これは技の後の、「返し」と呼んでもよい身体操作です。筆者の私見として、現代まで伝わる首里手の古伝の形の大部分も、このような動作はすべて単純化されてしまい、現在行なわれている平安の形と同様な身体操作になってしまっています。しかし本来はこの場面は個々の技を刹那の速さで行なったために、後世の人間にはその一瞬の差を見てとることができなかったために生じた、まちがいだと思っています。

そして本書の平安の形を学童・生徒に指導する際には、このような複雑な武術としての技をはぶいて、現在なされている方法で行なった可能性が高いのです。さらにいえば、このように簡素化された武術の身体操作を平安などの形で学んだ当時の次世代の修行者が、古伝の形を学び伝承する時にも平安の形と同様な、簡素化された武術の身体操作を行なって現代まで伝えたのだと思っています。

このように技における歴史的な流れを理解していくと、現代の空手家が武術として伝承された古伝の沖縄空手（首里手）の形を理解することの困難さが、理解できてくると思います。さらに記せば、本書でとりあげる平安の形が、古伝の形を理解するうえでいかに重要かも理解されるはずです。

その２

ここまでの動作において相手の頭部（襟元を含む）を、裏拳の返しとしてのつかみで固定しました。この相手の頭部、あるいは身体全体を、膝の抜きで重力落下をした自分が、瞬時ながら拳で下から突き上げる、または頭部や襟元をもって上方へもちあげます（図㊹）。さらにもちあげながら、自分の

左足が自分の身体後方をすり抜けるようにして交差します。この際の交差とは、口伝その14「交差は投げ」の動作です（図㊺㊻）。

他の平安の形においては、みずからの身体を利用して、自分が相手を「つかんだ」時、あるいは相手が自分を「つかんだ」際に、「つかまれた」自分と相手の間の重心をわずかに変化させます。

この平安五段の場面でも同様に、自分の足を交差しつつ相手の身体をわずかにもちあげて、自分の体重を利用した重心移動によって相手の身体を投げます。投げるという言葉で表現しますが、この時は自分の両膝を瞬時に抜き、彼我の重心移動とみずからの体重移動とを同時に行ない、相手を地面へ叩きつけるという言い方があてはまるほどの技の威力が生じます。

この方法を相対ではなく、単独で行なった場合には、自分の片膝が地面に激突してしまうくらいの威力となります（図㊼㊽㊾㊿）。機能の面から説明してみると、自分の左足を前方へ進めて右足と交差した瞬間に、相手の首筋を極めて

いた自分の両腕が広背筋で引かれると同時に、両足の「膝の抜き」によって地面に対して急激な重力落下を起こすからです。これで相手に対して武術において「あそび」と呼ばれる動作が皆無な、非常に殺傷能力の高い業、あるいは致命傷を与えるほどの技を習得することになるのです。

形において口伝その14「交差は投げ」、そして口伝その13「転身は投げ」が、完璧にあてはまる動作になります。この前方への動作の最後に反転して相手を投げる技が、平安五段における白眉であるとしてもよいでしょう。

この方法は、実際に相手に使用する時の直截的な方法です。しかし形と呼ばれる、様式の存在する身体操作では、わずかながら違いが生じます。

形を整える「様式」の作用によって、口伝その１「首里は左から」の原則に沿って、反転した後で左足を自分の進んでいく後方へ出すことになります。沖縄語でいう、「ナカユクイ（小休止）」が入った場面としてもよいかもしれません（図51 52 53）。

この左足を前に出す様式に沿った動作の後で、相手の首筋を両手で極めた自分の身体は、一歩踏み出すと同時に、真下へ向かって重力落下を行ないます。

この一歩、あるいは半歩踏み出す動きをくわえることは、瞬時に相手を地面へ叩きつける動作と比べると緩慢であるという感は否めません。

しかし形の構造や様式においては必要ですし、かつ平安の形は児童・生徒に空手を普及させるために創作されたという歴史的背景が存在するために、安全性を考慮した場合でも妥当なのでしょう。

この時には流会派によって片膝立ちの「居合い立ち」とも呼ばれる立ち方を行ない、相手の首を極めています。

さらに場合によっては片膝は相手の腹の上にあり、胴体部に衝撃を与えると同時に相手の動きを制御します。

この時に相手の首を極めると記しましたが、このような動作で技を出されると、地面に激突した相手の頭部へ自分の右の突きが入る場合も存在しているので、致命傷となります。

その後に、相手の身体をコントロールしながら自分の身体を立ち上げます。

この後はナイファンチ立ち、あるいは四股立ちになって横向きになる形態と、そのまま後方へ一歩右足を踏み出してひき起こした相手を右手で引き寄せ、左を突きあげる形態など流会派によって違いがありますが、彼我の相対関係や身体操作の機能には大差はありません。

この時にいちばん注意しなければならないことは、相手の身体を自分の身体内部に引きこんではいけないということです。引き上げる自分と、引き上げられる相手の身体が作りだす重心は彼我の間、すなわち相手と自分の間にあります。そして相手の身体を引き上げた時にも、彼我の作り出す重心は自分の両足の外にあるという、動歩行の思想でなければならないということです。

この動作では重力落下を利用して、一瞬にして自分と相手の身体をもちあげるという非常に矛盾した困難な身体操作が要求されます。この動作を現代の読者にいちばんわかりやすい例であげると、重量挙げの競技でスナッチと呼ばれる競技の途中動作がそれに近似するかと思います。前記した前方へ進む際の最後に裏拳の後での交差しての投げと同じく、この場面での動作が平安五段に含まれている武術的に非常に高度な業であるとしてもよいでしょう（図54 55 56 57 58）。

そのような身体操作を可能にする立ち方とは、重力の作用する地球上で、常時直立二本

足歩行をする人類の動きを解明して、精密度を増したナイファンチの形と立ち方に含まれている首里手の原理・原則以外にありません。

自分の身体操作によって立ち上げた相手の身体に対して、今度は相手のコメカミと反対側の首筋に両手を揃えます。そして立ち上がる動作と同時に、そえた両手を交差させます（図59 60 61）。この交差とは相手の首を折る、あるいは相手の首筋を打ちこむという動作を示します。

62

63

この動作の応用として、片手（この場合は左手）を相手の首筋にそえて、他の右手を相手の内股にそえます（図62）。そのまま立ち上がりつつ、身体前方でいわゆる卍《まんじ》を切ります。

すると首筋へ当てた左手が左下方へ、さらに内股へ当てた右腕が右上方へとエネルギーが放出されることで、相手の身体が上下に一八〇度反転して、相手の頭部から地面へ叩きつけられることとなります（図63）。

この卍の動作や、平安三段の初頭に出現する左右の腕を上下させる動作は、現在は受けだと解釈されています。しかし筆者の私見として明確にしたうえで記しますが、実際の戦いでこれらの動作を受けとして使用できる人間は皆無なはずです。なぜなら受ける側にとっては、このような動きを受けの際になすことは不合理で、不自然であるからです。さらに記せばこのように受ける方にとって不都合な動きは、攻撃する側にとってはもっとも好都合な動きでもあります。ならば、そのような動きを武術として伝承された形の中に、修行目的としてとりいれるはずがありません。

これらの「卍の受け」などに代表される解釈は、近代に入って武術的教養が皆無な人間たちが、古伝の首里手を学んだ際にみずからが学んだ西洋心身文化である、スポーツの思想で形を解釈したがゆえに生まれてきたものです。または当時非常に盛んであった柔道などの組み技系統の武道などとの差別化をはかるために、空手の突き蹴りなどの打撃系の技が強調されました。そして武術的思考方法を喪失してしまった後世の人間たちが、その打

撃系の技のみで形を解釈してしまったのです。あるいは明治後に首里の文化が崩壊・喪失する過程で、従来とは異なる中国拳法の心身思想・操作の影響下で生まれてきたものなのです。

さて形の様式においてはこの時の動作の終了時においては、身体は左四五度へ向くこととなり、立ち方はナイファンチ立ちを左側に開いての平安立ち、または撞木立ちとなります。あるいは古式のクーシャンクーなどの形の影響の強い流会派では、地面に伏すような姿勢、または日本剣術で斜《しゃ》と呼ばれる姿勢になる場合もありますが、これも機能的には大差はありません（図64 65）。

卍の動作で行なった時には、相手から見た場合に自分の前腕は大腿四頭筋と平行に位置し、かつ後腕は自分の頭部によって完全に隠されている状態となり、**現代の口伝その５「身体が武器を隠し、武器が身体を隠す」**という、矛盾した状態を可能にするという首里手、そして日本武道の極限の思想を具現化したことになります（図66 67）。

この動作は地面から垂直に伸びて自分の身体を前後左右に分割する「正中線」、そして地面から平行して存在する「天地線」、そして自分の正中線と相手の正中線をマッチさせる演武線の存在が如実に理解できる場面でもあります。

さらに動作を演武線を横切って「左右対称」に行なうために、自分の右四

五度の角度で行なった後で、平安五段が終了します。

その3

以下は、筆者の私見であると明記したうえで述べていきます。

平安の初段から四段まではナイファンチの形をはじめとして、チャンナンやクーシャンクー、あるいはクーサンクー、公相君、観空などとも呼ばれる形、そしてチントウやパッサイなどの形の構成から影響を受けたということが明確に理解できます。

これらの平安の形が、児童・学生向きに創作されたという事情から、やや単純な構成であることは否定できませんが、首里手の形の四要素である形の構成、機能、様式、応用のすべてを満たしているとしても過言ではありません。

唯一の例外は後記する本章の平安五段の最初の部分と同じような、平安三段の最初の左右対称の動作です。しかしこれとても演じる人間の、形の機能的役割の理解度を測られる場面です。

かつ同じく平安三段のように、後方に向かって三歩進む際に他の平安の形のように左からではなく、右足から進むという行為が存在します。しかし、これとても形の構成から見れば非常に理に適ったものです。もし平安三段のあの場面で左足から進むのであれば、その行為自体が形を理解していないということにもつながるほどに、よく構成された形だといえます。

しかし平安五段にかんして述べると、口伝その1「首里は左から」の原則をはじめとして、多くの首里手の原則とは異なる、すなわち口伝の教えからははずれた構成によって、形が成り立っているのが明確になります。

まず最初の動きが、攻撃してくる相手から自分の左腕を捕られた状態が発生します。その時に平安二段と同様に自分は広背筋を利用して、相手の逆をとって右腕での中段突きを出します。この場面はナイファンチ初段など

と同様の動きだとしてもよいでしょうが、ナイファンチでは自分の左手で相手の頭部を引きつけて、絶対急所の一つである頭部や首筋を攻撃します（図68 69 70）。

さらに平安の他の形でも相手の最初の攻撃に対しては、自分は相手の絶対急所である頭部（上段）への反撃から形が始まります。

始まりの部分が似ている平安三段でも、自分をつかんできた相手の腕の逆を捕って肘関節を破壊して、それと同時に相手の絶対急所の一つである顔面（上段）へ裏拳、または突き上げ（アッパー）をくりだします（図71 72 73 74）。

しかし平安五段では、相手の中段である腹部なのです。その腹部への撞木立ち、あるいは平安立ちになってくりだす自分の中段逆突きも、相手の身体内へとどく

かどうかは疑わしい微妙な距離での動作です（図⑦⑤⑦⑥⑦⑦）。

これを相手に対して威力のある技としてくりだすには、形の動作を一部変化させなければなりません。

しかしもう読者は理解しているように、本来の武術としての沖縄空手（首里手）の形は、その動作のままで技として相手に使用できるのです。だからこそ、分解などといわれる操作は必要なかったのです。

次に左右対称の動きで、様式としてもよい左側の動きが終了して、両足を揃えて立ちます。しかし位置関係を示す演武線の存在を示すライン（図では白線で表示）を見ると明らかになりますが、次は右足が右側へ一歩出るということで、動作が始まります（図⑦⑧⑦⑨⑧⓪）。

これは平安三段の最初の左右の動作と同じく、左側の動作と比較した場合には、完全に異なる局面での身体操作でしかありません。なぜなら能動

的に「受け技」、あるいは対処法が出るという、形の構成から考慮すれば形の存在意義を問われることになりかねないのです。

同じ捕り手を学ぶ平安三段と五段は、最初の左右対称の場面において同様な問題を抱えながら形が始まるというジレンマにおちいってしまいます。これは三段、五段とも、相手の捕り手からの解脱法を形の最初に学ぶということに関係があるのかもしれませんが、筆者には解けない謎でした。

このジレンマを解消するには、左側の動きを「様式」とのみ解釈していけば形の構造上に問題はありません。ただ実際の「機能」として学ぶためには、右側の動きを左側で両足を揃えてから始めるのではなく、演武線上で肩幅に左右の足を広げなおしてから始めるという解釈・対応をすることが、求められると思っています。

しかし以下に記す事柄は平安五段は首里手の法則を無視して、あるいは法則がなくて、形が構成されているのではないかと筆者が愚考している部分です。

平安五段の最初の左右対称に見える動作が終了した後で、足を揃えた自分は正面を向きます。その後に、右足が一歩出ます（図⑧①⑧②）。

しかしもう首里手の法則を熟知している読者は、「はて？」と疑問に思うはずです。なぜならこの場面では、口伝その１「首里は左から」の影響下にあるとしてもよい「左右左」の法則で左足から出るのではないか？と思われるからです。読者の疑問はもっともなことで、この平安五段以外の他の平安の形は、すべてこの場面で左足を一歩出して前方へ向かって進んでいきます。

そして他の平安の形とは異なり左足ではなく、この右足から一歩前方へ歩を進めたことで、平安五段の形は首里手の法則からはずれた動作が続いていくのです。

まず右足前で相手の上段である頭部（顔面を含む）をつかんで前方へ運ぶと同時に、右手を引きこむ動作と左の上げ突きが同時に行なわれます（図82…一歩目）。次に左足が進み、ここで相手の頭部を下方へ引きずり下ろして突きを出す、あるいは首筋を極めます。さらに上段へ現代は上段十字受けとも呼ばれる動作で、本来は相手の首筋を極める動作や、かち上げる動作が連続で行なわれます（図83 84…二歩目）。

つぎに相手の頭を抱えて左腕で前に送り、それと同時に右足を前に一歩進め、前方での決定打としてもよい、自分の右足前での右の中段突きが相手の頭部へ放たれます（図85 86）。

しかしここまでの歩数を数えてみると、この決定打は他の平安の形で行なわれる偶数の四歩目ではなく、平安五段では奇数の三歩目で行なわれてしまっています。**口伝その7**「逆突きはない」が示すように、順体が主である首里手では右手で相手に決定打を入れるためには、右足が前に出なければなりません。しかし左右対称後に足を揃えて、右足を最初に出したために、この場合は偶数歩の二歩や四歩ではなく、奇数の三歩目で右手の決定打を放つという行為になります。この動作はあきらかに、首里手の原則からはずれており、他の平安の形との同一性がありません。

これは筆者の文責を明らかにしたうえで記しますが、じつはこの偶数、奇数の意味する首里手の法則からはずれているのは、近代になって創作された平安五段だけではありません。古伝の形とされるクーシャンクーの一種であ

る「北谷屋良《ちゃたん・やら》のクーシャンクー」でも、四歩で決定打を放つ場面で、三歩目と同じ動作を続ける形態でなされる場合が一部の流会派には存在します。

しかし筆者は、これは首里手の法則ではありえないのではないか？と愚考しています。本書では空手の歴史を記す余裕はありませんが、この四歩目まで同じ技が続く行為は伝承の途中で混同してしまったのか？　あるいは、オリジナル自体がそのようであったのか？との疑問がわくところです。

その４

さて平安五段では次の動作として、自分が中段へ出した右の突き腕を開手にして相手の身体をつかみ、つぎに後方へ一八〇度まわして移動させる動作が出てきます。この時に相手の膝裏を踏み抜く動作が入る流会派も存在します。

そして次に両手を胸のあたりに両手を揃えて、相手の頭部をつかんでコントロールしているという暗喩の行為がとられた後に、相手の身体を反対側へ運びます(図87 88 89)。

この時には、ナイファンチ立ちという重力の作用する地球上で、常時「二本足直立歩行」する人類が生み出した究極の立ち方で、相手の身体によって自分の身体が居着くことなく、同じ場所にとどまったままで相手の身体をコントロールします。

この動作と近似している平安四段では、相手の頭部をコントロールしたという暗喩の動作の後では、重力落下によって自分の身体を左右に移動させつつ、自分の体重移動によって相手の身体をコントロールして蹴りと肘当てを出すという、空手の醍醐味を示す場面が存在します。

しかし筆者の私見、あるいは独断として記しますが、平安五段でのこの場面の動作とは非常に緩慢、あるいはむだの多い動きであるのではないか？という疑問が生じます。武術的に正しい身体操作である、位置エネルギーを運動エネルギーに変化させて相手の身体を移動させるという他の平安の形で行なう方法とは違った、自分の腕だけで相手の身体を扱っているだけではないか？との疑問が払拭できないのです。

自分を攻撃する意志に満ち、かつ自分へ致命傷を与えることのできる技量を保持した人間を相手にして、このように相手の身体をただ前後、あるいは左右に運ぶ（移動させる）身体操作とは、エネルギーの浪費であり、かつ刹那を基準とする武術としての身体操作として最適であるのか？という素朴な疑問が、形を極めるために修行した人間から生じるのは、当然のことではないかと愚考します。

さらに前記したようにこれらの肘打ちが相手の顔面、そして裏拳が相手の後頭部へ放たれたあとに、後方へ進む時に自分の足を交差させて相手を投げて、自分へ叩きつけた相手へ居合い立ちになった自分が決定打を出す部分は、非常に理に適った動きであり、平安五段の白眉だとしてもよいと記しています。しかしこのやり方でもって平安五段を演じている大多数の流会派では、もとの位置に戻るのが不可能になります。

なぜなのか？

それを明らかにするために、大部分の流会派で行なわれている平安五段の歩数を検証してみましょう。すると、表のような数になります。なお動作の詳細は各流会派で微妙に異なるために、最大公約数的なものとしました。

方向	歩数（動作の詳細）	小計	総計
前方	一歩（右中段）二歩（下段・上段）、三歩（突き）		＝プラス3
後方	二歩（下段へ引きまわし）	マイナス2	＝プラス1
定位置	（中段へ引きまわし）	0	＝プラス1
前方	一歩（まわし蹴り）	プラス1	＝プラス2
前方	半歩（裏拳交差）	プラス½	＝プラス2½
後方	半歩（様式）	マイナス½	＝プラス2
後方	一歩（居合い立ち）	マイナス1	＝プラス1
前方四五度	一歩卍投げ	マイナス½	＝プラス½

この歩数の足し引きで理解できるように、前方へ半歩が余分です。あるいは後ろへ半歩たりないことになります。この場合に後ろ足を前足に揃えるために出した場合には一歩半、または前足を引いて後ろ足に揃えても、元の位置からは半歩前方へ余分の歩数になってしまいます。

すなわち形の構成において、数え方によって前後に一歩、あるいは最低でも半歩の欠落があるのです。穿《うが》った見方をすれば、他の平安や首里手の原理・原則では四歩となるべき前方へ、この平安五段だけが三歩だけにとどまってしまったことの影響が、ここまで響いてきているのが理解できてきます。

この歩数を合わせるためには、この平安五段の後方へ進む動作には、流会派によっていろいろな形態が存在します。すなわち相手を交差で投げて居合い立ちになるのではなく、この場面において身体が空中へ飛ぶ流会派も存在するのです。

技の機能の面から検証してみると、相手を投げて地面へ叩きつける動作と、空中へ飛ぶということはまるで反対の動作です。しかしここまで読みすすめられた読者には、これは身体操作の機能において重力落下によって落ちる身体操作と、膝を抜いて空中へ浮く動作とはまったく同じ身体機能である。「落ちる」と「浮く」、あるいは武術的に「飛ぶ」という動作は、同じ身体操作の違った現象として現れてくるものにすぎない。すなわち業は同じである、と結論づけられるほどの見識があるはずです（図⑨⑨⑪）。

武術的に正しい跳躍とは両膝を瞬時に抜き、その両膝を自分の胸元へもってくるということです。これは足を曲げて地面を押す反動でジャンプするなどの、西洋の心身思想であるスポーツの身体が伸びきったような飛び方とは似て非なる身体操作です。そしてこの跳躍と、平安五段の交差後の両膝の抜きは、基本的にはまったく同じ身体操作なのです。そのために機能の面だけを見てみると、投げ技によって相手を地面に叩きつける行為と、空中へ飛ぶという方法は同一の身体操作だとしてもよいでしょう。

しかし、ここで形の構造の面で問題が生じてくる可能性が高いのです。すなわち「相手を投げて地面に叩きつけるために、あるいは相手を投げた後でなぜ飛ぶのか？」という、非常に素朴な質問が出てくるのです。

ここまで読み進めた読者は、現代の口伝その3で形の「相手は単独で同一人物」であるということは、完全に理解されたはずです。ならば相手を投げた自分がなぜ空中へ飛ぶのかという、形のもつ整合性への答えが、この動作には皆無であるということが理解できます。

以下は文責を筆者として記していきますが、この五段を武術的に完全に解明することは、首里手の法則をもってしては武才のとぼしい筆者には不可能です。これは筆者の武才の浅さ、修行の未熟さにも多大な責任があるのは確かでしょう。

前記したように平安の四段までは、首里手の基本法則に沿った形の構成を忠実に墨守《ぼくしゅ》しています。しかしこの平安五段の形は他の平安の形のように武術的に妥当な構成ではなく、非常に不自然な形の流れになっているという感が否めません。

筆者がそれらの疑問への答えを模索して最終的に得たものは、「平安五段は糸洲安恒先生が作った、あるいは完成させた形ではない」のではないかという感触です。

筆者は平安の形の解明を志した時に多くの尊敬する先達、あるいは識者のご意見をうかがいました。その際に直截に筆者の平安五段への疑問をおたずねした時に、筆者の感触と同じような証言もあったのですが、筆者には確証が得られません。

今後の研究を、期待したいと思っています。

第２節　平安の形の総括

ここまで平安の形の、初段から五段までを詳細に述べてきました。

もう読者には、武術として伝承された沖縄空手（首里手）の心身思想・操作の根源となるものの正体が、おのずから明らかになったと思われます。

さらにチャンナンが原型にあったと思われる平安二段と、ナイファンチ、クーシャンクー、チントウ、そしてパッサイなどが原型にあった他の平安の形の違い、あるいは筆者が平安五段に感じる違和感の根拠なども、読者は理解されたと思われます。

どの形が原型であるかの別は存在しても、平安の形の初段から四段までは、さらに五段の大部分においても首里手の法則に順じた形の構成になっているのは、本書をお読みになった読者には明らかなはずです。

このように平安の形が、古伝の形を原型として創作されたのは歴史的な事実であり、形の構造、機能、様式、そして応用の四要素、さらに形の物語性などは古式の形のあり方を墨守しています。

ただ形の中における身体操作を、学童・生徒に向けて簡素・簡単にした可能性があります。すなわち古伝の形においては意味のある動作だったのが、平安では外見だけを似せて指導したために、似て非なるものになった可能性も大なのです。

さらに日本本土の近代化、そしてそれに追いつこうとする沖縄社会でのかぎられた時間において創作されたためか、それ自体に体系立った主題が存在せず、個々の形においても首里手の原理からはずれた部分があるかと疑問符がつくような様式も存在します。

またはもうすでに武術的思考方法が失われていたために、指導する人間たちに武術的知識が欠落して、技の意味をとり違えてしまい誤用をまねいた可能性も大だと思っています。

この技の簡素化または誤用、あるいは欠落が現代における空手の形にかんする、誤解・曲解の主なる原因ともなったものです。

しかし本書を読まれ、平安の形を武術として伝承された首里手の法則に従って修行したならば、十分に武術としての使用、あるいは修行に耐えうるものであるとの感想をもたれるはずです。

そして西洋身体操作である、スポーツの身体理論と操作で成り立っている空手を学んでいる大多数の現代空手家、さらには琉球王国時代の武術として伝承された沖縄空手（首里手）とは、異なる心身理論で構築された身体操作が混交された空手を学んでいる現代空手家にとっては、武術として伝承された沖縄空手（首里手）を理解し、習得するうえで非常に価値あるものです。

極論になりますが東洋独自、あるいは日本古来の心身操作を完全に喪失してしまった現代の空手は、試合形式によってのみにしか、みずからの流会派のアイデンティティを明確にする方法は存在しません。すなわち相手に直接打撃を当てる方法、相手に当てる直前で技を止める方法、防具をつけて打ちあう方法、打撃技だけではなく組み技、投げ技も含めて勝敗を決める方法、または寝技も含めて勝敗を争う方法などです。

しかしそれらはすべて試合形式の違いのみであり、その中で優劣を競うとするならば、試合ルールを熟思して多くのすぐれた競技者を育成・保持するだけの組織を作り上げればよいだけです。それは、オリンピックを頂点とする西洋スポーツが歩んできた道です。

筆者はそれらの競技空手、スポーツ空手を否定しません。なぜなら若い修行者にとって勝負の厳しさを学ぶことは、みずからの人生に多大なる教訓を学ぶ機会になるからです。そして空手という武道を一般社会へ普及させる、非常にすぐれた広報活動でもあると思っています。

しかし心身文化である武道を語った場合には、それは非常にかぎられた一面でしかありません。そして現代社会から求められているのは、限界をむかえた西洋文明のもとで発達したスポーツ一般の影響下にある競技空手の思想ではなく、空手の保持する深遠な心身文化としての価値なのです。

本書でも前記したように、ナイファンチによって首里手の心身思想・操作における身体の動かし方を己のものとして、かつ形の構造を理解すれば、平安の形における身体操作はおのずから自明のものとなり、かつ形を使うことが可能になります。

そしてこの平安の形とナイファンチの形を理解することで、武術として伝承された沖縄空手（首里手）の形であるクーシャンクー、チントウ、パッサイなどの全貌がおのずから明確になってくるのです。

その明確になった沖縄空手（首里手）の形をまのあたりにしたすべての人間は、人類の至高の心身思想としてもよい東洋の、日本の、そして沖縄の文化に目を瞠《みは》るはずです。

それと同時にすべての空手修行者と、沖縄、日本そして東洋の人間の多くは、みずからの立脚する文化に対して、いい知れぬ尊敬と自信がわき起こるはずであると確信しています。

あとがき

数多くの関係者のご理解と、ご支援によって本書は生まれてきたものである。それらの方々に感謝を述べると同時に、本書におけるすべての責任は筆者にあることをまず明記しておく。

本書で詳細を記した初段から五段までの平安の形が存在することで、日本国のもっとも鄙《ひな》であるとしてもよい沖縄県（旧・琉球王国）の心身文化が、近代において辛うじて生き残ることができたとしてもよいだろう。

さらに驚くべきことに、この平安の形の創作などに代表される数々の変革をへることによって、空手と呼ばれる武道は日本国内だけではなく、世界のすみずみまで普及を果たした。それは沖縄と呼ばれる日本国の一地域の心身文化としては、驚異的な飛躍だとしても過言ではない。

それはひとえに平安の形を創作した「近代空手の祖」と称してもよい、糸洲安恒《いとす・あんこう》と呼ばれる人物の存在があったからだ。この人物の存在は沖縄の心身文化の歴史において、一つの奇跡としてもよいであろう。かつ日本の心身文化においても、特筆されるものだったとしてもいいすぎにはなるまい。

糸洲の書き残したものを読めばわかるが、沖縄という鄙で生まれ育った一人の人間が、日本全国における空手の普及の可能性を述べてさえいる。それはたとえ明治以後は沖縄県として日本の一地方にすぎなくとも、糸洲が生まれ育った環境においては琉球王国として、まがりなりにも一独立国として存在していた時代であったということに、関連しているのかもしれない。

筆者は武術として伝承された沖縄空手（首里手）の基本であり、究極の形でもあるナイファンチと呼ばれる形の解明を、「沖縄武道空手の極意」（福昌堂）と呼ばれるシリーズで試みた。さらにナイファンチの修行中に空手の歴史を調べ上げて、『沖縄空手道の歴史』（原書房）なる本を発刊する幸運を得た。

武術としてのナイファンチの形を修行し、みずからの手で解明して、これらの本を記した時に愕然としたことがある。

それは近代に入ってこの方、誰一人として武術としての空手とその修行体系である古伝の形を理解してはいなかったということだ。それは、当然のことながら筆者自身も含まれるものである。

だからこそ「まえがき」で記した「なぜ、これほど異なるバージョンの平安の形が生まれてきたのか？」、「その差異は、どこにあるのか？」、さらに「平安の形本来の、心身思想・操作とはいかなるものであるのか？」などの、当然至極の質問に誰一人として答えることができなかったのだ。

しかしその愕然たる思いは、みずからが修行している空手に対する、さらにはそれを伝承した先達への失望も、あるいは怒りも含まれてはいなかった。

なぜならそれこそが近代を迎え西欧の列強から開国を迫られ、みずからの自主独立を保持するために変革を余儀なくされた日本の苦難の歴史の証明であったからだ。さらには変革する日本国政府下に編入されなければならなかった、沖縄のもつ哀しみでもあったはずだからなのだ。

その哀しみには、近代に起こった世界の戦史上においても激戦地の一つであった沖縄における戦いと、戦後の混乱も含まれるものだ。

空手の歴史をかえりみるたびに、よくぞあの激変の世の中で、そしてあれほどの混乱の中で、これほどの心身文化を残してくれた、という驚きと同時に、感謝の気持ちでいっぱいであった。

現代にまで続く空手と呼ばれる心身文化は、平安の形の創作に代表されるように、日本文化の不易の部分に深く根を張り、大きく飛躍させるために己の人生を懸けた人間たちの、それこそ血と汗の結晶でもあったはずなのだ。

それは空手発祥の地である沖縄だけではなく、一地方の心身文化を大きく育み世界的な飛躍をさせうることになった日本本土の空手家たちの努力。さらにはいま現在、世界中で空手を修行している一人一人の人間たちにもいえることである。

幕末の志士である中岡慎太郎に「降りしきる雨を冒して思う同士《ドチ》、急ぐ旅路の川渡りかな」という句がある。空手の普及の際に、個々の空手家には武才の有無、修行の深浅、武運の差もあったであろう。しかしその一人一人が、降るしきる雨を冒して、志を果たすために旅路を急ぐ者たちであったのは、まぎれもない事実であるはずなのだ。

その延々と列なる同士《ドチ》たちの思いの果てに、現在の平安の形があり、空手が存在するのである。

私事になるが筆者が己の拙い修行の果てに理解できたことは、漢《おとこ》のもつ志《こころざし》とは、つねに哀しみというものを含有するものであるということだ。さらに記せば志とはもつものではなく、もたざるをえないものである。だからこそ、漢だから志をもつのではない。志をもつからこそ、漢なのである。

現在では男子だけではなく、女子の空手修行者もその数を増している。ならば、志をもたざるをえなかった空手修行者を、漢という言葉だけで表すことは不可能であろう。

本書はその志をもたざるをえなかった、すべての人たちに捧げるものだ。それらの人々の修行の過程において、本書が少しでも役立つことができたならば望外の幸せである。

最後に記すが筆者の修行においては、まず首里手の基本であり究極の形であるナイファンチを極め、解明して世に問うという幸運を得た。その後にこの平安の形を解明したわけだが、あと残っているのは、琉球王国時代に武術として修行された古式の形の解明である。

己の人生において、残された時間がどれほどのものかはわかるはずはない。しかしできるかぎりの努力で、残された時間において、武術として伝承された沖縄空手のすべてを解き明かすことに、精進してみようと思っている。

拙い武才しかない筆者だが、皆様のご教授、ご鞭撻を引き続きお願いする次第である。

二〇一三年春

新垣清

◆著者略歴

新垣清（あらかき・きよし）

1954年沖縄県那覇市生まれ、米国ユタ州ソルトレイクシティ在住。沖縄空手（首里手）の基本であり､かつ究極の形であるとされているナイファンチの形を極めて解明し､さらに『沖縄空手道の歴史』（原書房）によって、謎に包まれていた琉球王国時代の武術として伝承された空手の歴史を、はじめて解き明かした現代空手家として世界的に有名である。ナイファンチの形の解明である「沖縄武道空手の極意」シリーズ（福昌堂）は日本国内のみならず、すでに英語、スペイン語、そしてイタリア語などに翻訳出版されている。他に著書多数。沖縄空手道無想会会長、最高師範。米国硬式空手連盟会長。

◎写真撮影

Bijan J. Hosseini

Ryowa D. Arakaki（新垣龍和）

◎演武協力

Dr. Frederick H. Hausheer, M.D., FACP

Bijan J. Hosseini

沖縄《おきなわ》空手道《からてどう》の真髄《しんずい》
秘伝《ひでん》の奥義《おうぎ》「平安《へいあん》の形《かた》」の検証《けんしょう》

●

2013年6月10日　第1刷

著者………新垣清《あらかききよし》
装幀………スタジオ・ギブ（川島進）
本文組版・印刷………株式会社ディグ
カバー印刷………株式会社明光社
製本………小高製本工業株式会社

発行者………成瀬雅人
発行所………株式会社原書房
〒160-0022　東京都新宿区新宿1-25-13
電話・代表 03(3354)0685
http://www.harashobo.co.jp
振替・00150-6-151594
ISBN978-4-562-04914-1